Phänomene der motorischen Entwicklung des Menschen

D1725926

Beiträge zur Lehre und Forschung im Sport

156

Peter Hirtz & Forschungszirkel „N.A.Bernstein"

Phänomene der motorischen Entwicklung des Menschen

hofmann

Bibliografische Information der Deutschen Nationalbibliothek
Die Deutsche Nationalbibliothek verzeichnet diese Publikation in der Deutschen National-
bibliografie; detaillierte bibliografische Daten sind im Internet über http://dnb.d-nb.de
abrufbar.

Bestellnummer 4560

© 2007 by Hofmann-Verlag, 73614 Schorndorf

www.hofmann-verlag.de

Alle Rechte vorbehalten. Ohne ausdrückliche Genehmigung des Verlags ist es nicht
gestattet, die Schrift oder Teile daraus auf fototechnischem Wege zu vervielfältigen.
Dieses Verbot – ausgenommen die in §§ 53, 54 URG genannten Sonderfälle – er-
streckt sich auch auf die Vervielfältigung für Zwecke der Unterrichtsgestaltung.
Dies gilt insbesondere für Übersetzungen, Vervielfältigungen, Mikroverfilmungen
und die Einspeicherung und Verarbeitung in elektronischen Systemen.

Texterfassung und Layout: Peter Hirtz

Erschienen als Band 156 der „Beiträge zur Lehre und Forschung im Sport"

Gesamtherstellung: Druckerei Hofmann, Schorndorf
Printed in Germany · ISBN 978-3-7780-4560-2

Inhalt

Vorwort

Die Erforschung der motorischen Entwicklung des Menschen ist gleichermaßen reizvoll wie problemgeladen. Viele interessante Studien wurden in der Vergangenheit durchgeführt und ihre Ergebnisse publiziert. Auch der 1971 gegründete Greifswalder Forschungszirkel „N.A.Bernstein" hat sich bis heute intensiv mit diesem Gegenstandsbereich beschäftigt. Dabei konzentrierten sich die entsprechenden Studien besonders auf die koordinative Seite der motorischen Handlungskompetenz sowie auf Besonderheiten der motorischen Entwicklung der Kinder und Jugendlichen im Schulalter. In den zurückliegenden Jahren kamen Studien zum Vorschulalter, zum jüngeren Erwachsenenalter, zum Seniorenalter sowie zur motorischen Entwicklung behinderter Menschen hinzu. Alle Autoren der vorliegenden Publikation sind Mitglieder dieser Greifswalder Forschungsgruppe.

Im Mittelpunkt der Betrachtungen stehen einige ausgewählte, aus unserer Sicht besonders bedeutsame Phänomene der motorischen Entwicklung wie die kulturwandelbedingten Veränderungen (säkulare Akzeleration), wie Dynamik, Stagnation und Regression (Diskontinuitäten), Variabilität und Stabilität (Individualität) sowie Plastizität.

Die vorgelegten Ergebnisse basieren auf verschiedenen empirischen Untersuchungen, auf zwei umfangreichen Querschnittstudien zur motorischen Leistungsfähigkeit von Kindern und Jugendlichen (1974 und 1994), besonders jedoch auf zwei relativ seltenen (acht- bzw. sechsjährigen) Längsschnittstudien, die 1975 bis 1983 sowie 1988 bis 1994 durchgeführt wurden.

Hinzu kommen zahlreiche kleinere Entwicklungsstudien sowie Untersuchungen, die mit internationalen Partnern gemeinsam realisiert wurden, mit Forschungsgruppen aus Katowice (Polen) um J. Raczek, aus Warschau (um W. Starosta) und aus Prag (Tschechien) um M. Kohoutek.

Das Ziel der Publikation besteht darin, durch vergleichende Studien und integrative Betrachtungen empirische Belege für die Existenz und Wirkungsweise, die Kompliziertheit und Vielschichtigkeit der verschiedenen Phänomene der motorischen Entwicklung zu erbringen und Denkanstöße für die praktische pädagogische Arbeit zu vermitteln.

Greifswald, 1. Juni 2006, Peter Hirtz

1 Phänomene der motorischen Entwicklung – Einführung, Problem- und Zielstellung sowie theoretische Grundlagen

Inhalt

1.1   Einführung, Problem- und Zielstellung

Moderne Entwicklungskonzeptionen betonen die dialektische, kontextualistische Betrachtungsweise, orientieren auf die gesamte Lebensspanne, heben die hohe interindividuelle Variabilität und intraindividuelle Plastizität hervor und verweisen auf die Vielfalt ontogenetischer Phänomene.

Diesen Ansätzen fühlen sich die Autoren grundsätzlich verpflichtet, wollen sie jedoch mit ihren vielfältigen und langjährigen empirischen Untersuchungen stützen, bestätigen, aber auch kritisch „hinterfragen". Dabei wollen sie sich auf verschiedene *Phänomene* der motorischen Entwicklung wie „Kulturwandeleinfluss" (säkulare Akzeleration), „Dynamik, Stagnation und Regression" (Diskontinuitäten; Multidirektionalität), „Variabilität und Stabilität" (Individualität) sowie „Plastizität" konzentrieren.

Wichtig ist die Frage, welche Einflussfaktoren als hinreichend und notwendig für das Auftreten dieser Entwicklungsphänomene zu kennzeichnen sind bzw. wie sie zusammenwirken. Dabei interessieren altersbezogene und nicht-normative ebenso wie kulturwandelbezogene Einflüsse (Prädiktorvariablen) und ihre wechselseitigen Abhängigkeiten und Verknüpfungen.

Nicht zuletzt geht es darum, allen an der motorischen Entwicklung des Menschen Interessierten Einblicke in die Kompliziertheit und Vielschichtigkeit der Entwicklungsphänomene zu vermitteln und Denkanstöße für ihre praktische pädagogische Arbeit zu geben.

Hinsichtlich des historischen Wandels und der *kulturwandelbezogenen Einflussgrößen* interessieren besonders solche Fragen:

Wie sind die altersbezogenen Einflussfaktoren in kulturwandelbezogene und historische Prozesse einbezogen bzw. eingebettet?

Hält die säkulare Akzeleration weiter an?

Ist die nachweisbare säkulare Akzeleration der körperlichen Entwicklung mit einer motorischen bzw. sportlichen Akzeleration verbunden?

Ist die allgemein verbreitete „Verschlechterungsthese", nach der das motorische Funktionsniveau von Kindern immer mehr nachlässt, generell zu bestätigen?

Hinsichtlich der *altersbezogenen Einflüsse* ist festzuhalten, dass das Lebensalter als wichtigste Einflussgröße der Entwicklung immer trügerischer erscheint. Es dient nach Scheid (2003) nur noch der beschreibenden Aufzeichnung von Veränderungen, nicht ihrer Erklärung. Das Lebensalter kann auch nach Wollny (2002, S. 78) weder als hinreichender noch als notwendiger Bedingungsfaktor für das Auftreten einer motorischen Entwicklungsphase angesehen werden. Eine verlässliche Zuordnung der vielfältigen Veränderungen zu bestimmten Altersstufen sei in der Regel nicht möglich. Verhaltensveränderungen treten nach Oerter und Montada (2002, S. 13) nicht ein, „weil jemand älter wird, sondern weil Prozesse und Ereignisse eintreten, die das bewirken."

Das Lebensalter dient andererseits in der Entwicklungspsychologie nach Oerter und Montada (2002, S. 12) durchaus als Zeitdimension für die Registrierung von Veränderungen und Nicht-Veränderungen, wenn es auch allein keine ausreichende Erklärung darstellt. Das sollte für die motorische Entwicklung ebenfalls Gültigkeit besitzen. Denn aus der Sicht der Sportpraxis interessiert über die Anerkennung der Vielfalt, Variabilität und Individualität der motorischen Entwicklung hinaus auch die Frage, ob damit die Beachtung von Altersbesonderheiten für den Sportlehrer und Trainer hinfällig wird. Deshalb müssen wir uns in ihrem Interesse auch den folgenden Fragen ernsthaft stellen:

Ist das Alter wirklich nur noch ein „Stellvertreterindikator" mit Hilfsfunktion zur Erklärung von Entwicklung?

Besitzt es tatsächlich keine eigenständige erklärende Funktion? Oder ist das Alter nicht doch ein „potentieller Entwicklungsfaktor" (Wollny, 2002, S. 79)?

Gibt es keine altersspezifischen Handlungsmuster?

Sind Leistungserwartungen an Heranwachsende nicht gerade auf das Lebensalter bezogen?

Allerdings sind natürlich die Zusammenhänge kritisch zu hinterfragen, sind interindividuelle Differenzen zu ermitteln und aufzuklären.

Wir sollten uns jedoch hüten, von einem Extrem (Alter als zentraler, alles bestimmender Einflussgröße für die Beschreibung von Entwicklung) gleich ins andere Extrem (völlige Abkehr vom Alter als wichtiger Indikator, völlige Infragestellung des Erklärungswertes des Alters) zu verfallen.

Auch der Erklärungswert systematisierender allgemeingültiger Ordnungsprinzipien oder des *Phasencharakters* der Entwicklung wird zunehmend in Frage gestellt.

Besonders im Alter verlieren Mittelwerts-Kennlinien der Entwicklung durch die wachsende individuelle Variabilität an Aussagekraft. Nach dem Kindesalter verliert das kalendarische Alter zunehmend an Erklärungswert.

Altersabhängige Entwicklungseinteilungen verdecken individuelle Unterschiede zwischen Gleichaltrigen. Nach Wollny (2002, S. 77) wird den klassischen Auffassungen von der Altersnormierung und den vordergründigen Altersbezügen immer

mehr massiv widersprochen und auch gegen die Annahme von Entwicklungspha-
sen „besonderer Progression oder Stagnation" argumentiert.

Hier fügt sich auch die Frage nach der Existenz so genannter *sensibler Perioden*
an, also von Entwicklungsabschnitten, in denen – im Vergleich zu vorangehenden
und nachfolgenden Perioden – spezifische Erfahrungen maximale positive oder
negative Wirkungen haben (Oerter & Montada, 2002, S. 35). Gibt es solche Perioden erhöhter oder verringerter Plastizität auch in der motorischen Entwicklung
tatsächlich?

Gibt es nicht auch „normative, altersbezogene, lebenslaufzyklische Prädiktorvariablen" (Wollny, 2002, S. 75) oder sogar „altersspezifische Entwicklungsphänomene" (Trautner, 1992, S. 28)? Kann die Ontogenese tatsächlich nicht nach allge-
meingültigen Ordnungsprinzipien systematisiert werden? Vielleicht fehlt auch nur
die „mangelnde Ordnungskraft unserer theoretischen Ansätze" (Brandtstädter,
1990, S. 335)? Was ist z.B. mit den so genannten *Entwicklungsaufgaben*, die dadurch gekennzeichnet sind, „dass eine Mehrheit in der Population mit derselben
Klasse von Aufgaben in einer spezifischen Periode des Lebens konfrontiert ist"
(Oerter & Montada, 2002, S. 42) und deren Quellen in biologischen Veränderungen und sozialen Kontextfaktoren wie auch gesellschaftlichen Faktoren zu suchen
sind bzw. Erwartungen und Anforderungen darstellen, die an Personen in einem
bestimmten Lebensabschnitt gestellt werden (Scheid, 2003, S. 172)?

Nicht zuletzt interessiert auch die Frage nach der *Individualität* der motorischen
Entwicklung. Ist sie ausschließlich durch eine große inter- und intraindividuelle
Variabilität oder auch durch stabile Elemente gekennzeichnet?

Gibt es Typologien der motorischen Entwicklung?

Wie wirken sich z.B. kritische Lebensereignisse (*nicht-normative Einflussgrößen*)
auf die motorische Entwicklung aus?

Können Formen der Multidirektionalität der Entwicklung nachgewiesen werden?

Können Nachweise für Determinationswechsel und ihre Folgen erbracht werden?

Hinsichtlich der *Plastizität* interessieren neben den bereits erwähnten zur Existenz
sensibler oder kritischer Phasen u.a. noch folgende Fragen:

Wie ist die Trainierbarkeit/Beeinflussbarkeit verschiedener motorischer Ressourcen und Kompetenzen in bestimmten Altersstufen einzuschätzen?

Gibt es Nachweise einer hohen Modifizierbarkeit individueller Entwicklungsverläufe? Gibt es altersbedingte Grenzen der Plastizität?

> Das *Ziel* der langfristig angelegten Studien besteht darin, durch vergleichende Betrachtungen umfangreicher Greifswalder, aber auch binationaler Quer- und Längsschnittstudien, empirische Belege für die Existenz und Wirkungsweise der verschiedenen Phänomene der motorischen Entwicklung zu erbringen und Konsequenzen für die sportliche Praxis abzuleiten.

1.2 Kontextualismus und bio-psycho-soziale Einheit – theoretische Ansätze

Immer mehr setzt sich die Erkenntnis durch, dass der Mensch – bei Beachtung seiner genetischen Prädispositionen – seine Entwicklung lebenslang selbst beeinflussen und gestalten kann (Aspekt der dialektischen, kontextualistischen Betrachtungsweise).

Es besteht hier nicht die Absicht, einen Gesamtüberblick über relevante Entwicklungstheorien zu geben. Dazu gibt es eine Reihe von Standardwerken. Auch ist der Auffassung zuzustimmen, dass zur Erforschung der motorischen Entwicklung des Menschen ein ganzes „Theorienetz" erforderlich sei. Aus unserer Sicht tragen die im folgenden kurz charakterisierten Theorieansätze von Baltes (1990) sowie Tembrock und Wessel (1998) bei angemessener Beachtung der vielen interaktionistischen Ansätze zur weiteren Aufhellung der Problematik in hohem Maße bei und dienen u.a. als Grundlage für unsere folgenden Studien und Abhandlungen.

Kontextualismus bedeutet, dass jeder individuelle Entwicklungsverlauf durch die Wechselwirkung verschiedener Einflussfaktoren (Kontexte) bestimmt wird, dass bei der Bewertung von Daten zur Entwicklung des Menschen stets die Vielfalt der Einflusssysteme und Einflussfaktoren, also biologische, historische und soziale (biogenetische und exogene), sowie deren direkten und indirekten Interaktionen zu berücksichtigen sind. Ohne Zweifel hat deshalb Baltes (1990) durch die Bestimmung des Kontextualismus zum *grundlegenden Leitsatz* der Entwicklung und sein so genanntes Drei-Faktoren-Modell die Betrachtungsweisen erweitert und beeinflusst. Neben den biologischen und ökologischen Grunddeterminanten nennt Baltes altersbezogene, kulturwandelbezogene und nichtnormative Entwicklungssysteme und Entwicklungseinflüsse bzw. Prädiktorenbereiche.

Altersbezogen sind bestimmte biologische und umweltbezogene Einflüsse, die zu vorhersagbaren Veränderungen führen. *Kulturwandelbezogene* Entwicklungseinflüsse beziehen sich auf den epochalen historischen Wandel. Als *nicht-normative* Entwicklungseinflüsse gelten solche, die nicht den überwiegenden Teil einer Altersgruppe betreffen, aber die Entwicklung dennoch deutlich beeinflussen und beeinträchtigen können, wie kritische Lebensereignisse, Krankheiten, familiäre Veränderungen u.a.m. Während den altersbezogenen Einflüssen – auch bei Untersuchungen zur motorischen Entwicklung – bisher meist die größte Aufmerksamkeit geschenkt wurde, besteht bei Nachweisen kulturwandelbezogener, also generations- und länderspezifischer, sowie nichtnormativer Einflüsse ein gewisser Nachholbedarf.

Grundsätzlich decken sich diese Aussagen mit den verschiedenen *interaktionistischen Entwicklungsmodellen*, die gleichermaßen endogene und exogene Entwicklungsvoraussetzungen berücksichtigen. Jedoch werden diese Entwicklungsvoraussetzungen nicht als entwicklungsbestimmend aufgefasst, sondern die menschliche Tätigkeit. Der Mensch selbst gestaltet durch sein aktives Handeln das Wirkungsgefüge biogenetischer und sozialökologischer Entwicklungsfaktoren. Diese können den Verlauf der Entwicklung nicht bestimmen, sondern definieren den Rahmen der individuellen Entwicklungsmöglichkeiten. Der Mensch ist bezüglich seiner individuellen Entwicklung jedoch nicht seinem biogenetischen Potential oder den sozialökologischen Realitäten „ausgesetzt", sondern er kann den Verlauf seiner Entwicklung durch die eigene Aktivität wesentlich beeinflussen. Art, Umfang und Intensität der eigenen Tätigkeit bilden das entscheidende Kriterium für den Verlauf der individuellen Entwicklung.

Dieser Ansatz entspricht grundsätzlich auch der *dialektischen Sichtweise* und ist immanenter Bestandteil der sich in den 80er Jahren des vorigen Jahrhunderts entwickelnden Wissenschaftsdisziplin von der Humanontogenetik auf der Grundlage der *bio-psycho-sozialen Einheit* des Menschen (Wessel, u.a. 1994, 1998; Tembrock & Wessel, 1998). Danach ist Entwicklung die Existenzweise des Menschen schlechthin und dieser wird als eine hochkomplexe Ganzheit personaler, biotischer und psychischer Zustände und Prozesse – eingebettet in soziokulturelle Kontexte und Vorgänge – verstanden (Tembrock & Wessel, 1998, S. 3; Hummel, 2003, S. 259). Trotz mancher Einwände (Konglomerat von Wortstämmen u.a.) halten die Vertreter dieses Ansatzes an der Begriffsbestimmung fest, weil „bio" das biologische Fundament der menschlichen Existenz ausweist, „psycho" die eigene Qualität menschlichen Verhaltens kennzeichnet, „sozial" die besondere Form der sozialen

Interaktionen charakterisiert und „Einheit" schließlich den Sachverhalt kennzeichnet, dass diese drei Bedingungsgefüge ein Systemganzes bilden, das mehr ist als die Summe seiner Teile (vgl. dazu Tembrock, 1987 und Wessel, 1998).

Als Querschnittswissenschaft verarbeitet und generalisiert die *Humanontogenetik* Erkenntnisse der Einzelwissenschaften und entwickelt neue Hypothesen für die Untersuchung von Entwicklungsphänomenen, auch für die Einzelwissenschaften. Zentrales Leitprinzip ist dabei das methodologische Konzept der Einheit von Komplexität und Zeit. Erkenntnisse zur Eigenzeit der Entwicklung des Menschen erzwingen geradezu die Beachtung der Komplexität. Die zwei wichtigsten, sich einander bedingenden Prämissen dieser Humanontogenetik sind einerseits die irreversible Folge von Zuständen in der Ontogenese und andererseits die Betonung der biopsychosozialen Einheit Mensch. Entwicklung wird hier also im Unterschied zur Veränderung als ein irreversibler Prozess charakterisiert, d.h. ein Zustand wird durch einen anderen abgelöst und die Folge von Zuständen ist nicht umkehrbar. Die Veränderungen vieler Zustände im Leben sind durchaus reversibel, entscheidend aber ist der Gedanke, dass die Folge von Zuständen irreversibel ist (Wessel, 1998). Diese Irreversibilität gilt als entscheidendes allgemeines Merkmal von Entwicklung. Darüber hinaus geht das Konzept von drei übergreifenden Lebensphasen aus, der Reifungs-, Leistungs- und Erfahrungsphase. „Jedes Individuum kann nur an Maßstäben gemessen werden, die der Phase entsprechen, in der er sich aufhält" (Wessel, 1998, S. 24). Auf diesen Ansatz kommen wir im Zusammenhang mit dem Kompetenzmodell noch einmal zurück (vgl. 1.3). Defizitären Vorstellungen im Alter wird mit dieser Betrachtungsweise entgegengetreten. In den Phasen wird nicht das chronologische Alter präferiert, sondern es wird daran gemessen, welches Maß an Entfaltung erreicht werden kann. Von biologischen Abbauprozessen im Alter ist nicht auf das Ende von Entwicklung zu schließen.

1.3   Die Kompetenzen des Menschen – der Kompetenzansatz

Die Entwicklung des Individuums wird als die „Entfaltung eines ganzen, hochkomplexen und sensiblen Systems von Kompetenzen" (Wessel, 1994, S. 21) angesehen. Dieser Kompetenzansatz stellt ebenfalls eine Grundlage unserer Studien dar. Der *Kompetenzbegriff* kommt ursprünglich aus dem Lateinischen und bedeutet so viel wie Zuständigkeit, Befugnis. Competence, competency bedeutet im Englischen Fähigkeit, Befähigung, Tauglichkeit, Qualifikation und in zweiter Linie auch Zuständigkeit und Befugnis (nach Lehr, 1989).

Der Kompetenzbegriff fand in den 60er Jahren Eingang in die psychologische Diskussion und geht in der Entwicklungspsychologie auf White (1959) zurück und beschreibt hier die „Möglichkeiten eines Menschen, jene Transaktionen mit seiner Umwelt auszuüben, die es ihm erlauben, sich zu erhalten, sich Wohlzufühlen und sich zu entwickeln" (nach Olbrich, 1990, S.8). Das Streben nach Kompetenz ist der Wunsch, die Umgebung „in den Griff zu bekommen".

Auch Baltes und Baltes (1989) betonen in ihrer Begriffsbestimmung die Möglichkeit, unabhängig und eigenverantwortlich Aktivitäten durchführen zu können.

Umgangssprachlich wird unter Kompetenz eine optimale Funktionstüchtigkeit, ein effektives Verhalten oder eine Tauglichkeit für das Angestrebte, ein den Anforderungen Genügen-Können verstanden. Etwas zu bewirken, effektiv zu sein, den Anforderungen gewachsen zu sein, eben sich kompetent zu fühlen, stellt eine grundlegende menschliche Motivation dar. Kompetenz zu erstreben und die eigene Kompetenz zu erfahren, erweisen sich als Grundbedürfnisse des Menschen.

Theoretische Ansätze und Modelle zur Kompetenz entwickelten sich außerordentlich facettenreich (vgl. Übersichtsbeiträge von Kruse, 1987 und Olbrich, 1990). Auch gegenwärtig wird der Kompetenzbegriff noch unterschiedlich gebraucht.

In seinen Studien zur *Humanontogenese* betont Wessel: „Die Individualität ist durch die Vielfalt der Kompetenzen und der Möglichkeiten ihrer Verknüpfung ... erklärbar" (1994, S. 21). Unter Kompetenz versteht er die „Grunddisposition für Fähigkeiten und Fertigkeiten und ihre jeweilige Entwicklungsstufe" (1998, S. 27).

Diese Kompetenzen sind hierarchisch strukturiert: auf so genannten Basiskompetenzen, zu denen neben der optischen, akustischen, taktilen u.a. auch die motorische Kompetenz gehört, bauen sich kognitive, volitive, soziale und kommunikative sowie ästhetische Kompetenzen auf, während sich auf der höchsten Stufe die so genannte temporale Kompetenz (Souveränität des Alters) entwickelt. Wichtiger als die einfache Aufzählung der Kompetenzen ist ihr Strukturcharakter, sind die zahlreichen Verknüpfungen, Wirkungen und Rückwirkungen (Ausstrahlungen auf andere Kompetenzen), auch die zahlreichen und notwendigen Kompensationsmöglichkeiten und nicht zuletzt die unterschiedliche Entwicklungsdynamik der Kompetenzen.

In der *Soziologie* ist die *Handlungskompetenz* nach Hurrelmann (1986) ein Schlüsselbegriff interaktiver Entwicklungskonzeptionen (S. 23). Die Kompetenz zum Handeln kennzeichnet „den Zustand der individuellen Verfügbarkeit und der angemessenen Anwendung von Fertigkeiten und Fähigkeiten zur Auseinandersetzung mit der äußeren Realität und der inneren Realität" (S. 24). Von Handlungskompetenz kann gesprochen werden, wenn sich die bereits genannten Basiskompetenzen ausgeprägt haben und „selbständiges, selbstgesteuertes Interagieren und Kommunizieren ermöglichen" (S. 24). Kompetenzen sind danach als eine Ausstattung an Fähigkeiten und Fertigkeiten zu verstehen, die das Individuum in die Lage versetzen, komplexe Aufgaben in realen Alltagssituationen zu meistern.

Die *Motopädagogen* betonen nach Fischer (1997) die besondere Rolle des Aufbaus bzw. der Ausbildung so genannter basaler Kompetenzen (Basiskompetenzen) in frühen Lebensabschnitten (vgl. die kompetenztheoretische Bestimmung des Zielbereiches Motopädagogik bei Kiphard, 1984 und Irmischer, 1993). In Anlehnung an Hurrelmann (1986) gehören zu diesen Basiskompetenzen sensorische, motorische, interaktive, intellektuelle und affektive Qualifikationen bzw. Fertigkeiten und Fähigkeiten. Das Kind entwickelt zunehmend eine eigene Identität (Ich-Kompetenz) sowie einen kompetenten Gegenstandsbezug, der sich auf die Sachkompetenz (Können, Wissen) und auf den Aufbau interaktiver und kommunikativer Kompetenzen richtet. Auch in der *Psychomotorik* Kiphards spielt das Konzept der Handlungskompetenz eine entscheidende Rolle. „Handlungskompetenz heißt, dass die Kinder in der Lage sind, sich selbst ein Handlungsziel zu setzen und die Verwirklichung des Ziels selbständig zu planen" (Schminder & Fritz, 1993, S. 17).

In der *Gerontologie* entstand das Kompetenzmodell besonders in Gegenüberstellung zum verbreiteten Defizitmodell des Alterns. Dabei wird die Kompetenz als relationales Konstrukt bezeichnet, das sich aus dem Zusammenwirken von Umweltanforderungen einerseits und den verfügbaren Ressourcen einer Person andererseits ergibt. Für diese Verhaltenswissenschaftler bestimmt sich Kompetenz erst aus dem Verhältnis zwischen den Anforderungen an eine Person und deren Ressourcen zu ihrer Bewältigung. „Kompetenz wird stets durch situative und personspezifische Faktoren definiert und beschreibt Interaktionen zwischen Person- und Umgebungsfaktoren" (Olbrich, 1987, S. 320). Kompetenz ist danach kein generelles, übersituatives oder universelles, überindividuelles Konstrukt. Jedes Alter kann durch seine spezifischen Kompetenzen charakterisiert werden. Auch nach Lehr (1989) beschreibt die Kompetenz die Interaktion zwischen Person und Umgebung, wobei sie hinzufügt: „...in einer spezifischen Zeit" und „Spezifische Umgebungen verlangen spezifische Kompetenzen" (S. 3). Das Kompetenzmodell verbreitete sich besonders in der Altersforschung, um zu verdeutlichen, dass ältere Menschen in bestimmten Belastungssituationen durchaus noch in der Lage sind, ihre Ressourcen zu organisieren und auszuschöpfen. „Unter dem Gesichtspunkt der Erhaltung von

Selbständigkeit und Lebensqualität im Alter kommt dem Kompetenzmodell eine herausgehobene Bedeutung zu" (Kirchner & Schaller, 1996, S. 25). In Anlehnung an Kossakowski (1991) und in Übereinstimmung mit ökopsychologischen Ansätzen (z.b. Nickel, 1985) wird die Persönlichkeit als ein aktives, seine eigene Entwicklung generierendes, d.h. mit seinen Umweltbedingungen aktiv interagierendes Handlungssubjekt, „das die Umweltbedingungen wahrnimmt und verarbeitet, auf sie einwirkt, sie verändert und sich in diesem aktiven Wechselwirkungsprozess entwickelt" (1991, S. 72), angesehen. Persönlichkeitsentwicklung wird dann als durch Tätigkeit und Lernen bedingte und ermöglichte Erweiterung der individuellen Handlungskompetenz gekennzeichnet. Erfahrungserwerb und Wissensaneignung sind wesentliche Voraussetzungen der Entwicklung der individuellen Handlungskompetenz (Kossakowski, 1991, S. 179). Dieser Ansatz baut auf der kulturhistorischen Tradition der dialektisch ausgerichteten Erforschung der psychischen Entwicklung durch Rubinstein (1958) und Leontjew (1964) auf, zeigt jedoch auch eine deutliche Anlehnung an Positionen der handlungstheoretischen, kulturökologischen Perspektive z.B. von Oerter (vgl. Oerter & Montada, 2002). „Entwicklungskriterium ist die Handlungskompetenz als Hauptfunktion des Psychischen, verstanden als informationsgeleitete Regulation der Individuum-Umwelt -Wechselwirkung" (Fischer, 1997). Als wesentliches Periodisierungskriterium der Entwicklung wird nicht die kognitive (oder auch motorische) Entwicklung angesehen, sondern die Handlungskompetenz des Menschen als ganzheitliches Konstrukt. Dies ermöglicht Periodisierungen sowohl „unter dem Aspekt der Entwicklung partieller Komponenten als auch unter dem Aspekt der Gesamtkompetenz" (Kossakowski, 1991, S. 77).

Zusammenfassung

Kompetenz ist also zusammenfassend immer ein relationales Konstrukt, das sich aus dem Zusammenwirken von Umweltanforderungen einerseits und den verfügbaren Ressourcen einer Person andererseits ergibt (vgl. Abb. 1 in 1.4). Diese Kompetenz zum Handeln kommt in der den Anforderungen angemessenen Anwendung, Verknüpfung und Ausschöpfung der vielfältigen menschlichen Ressourcen zum Ausdruck.

1.4 Motorische Entwicklung als Entwicklung der motorischen Kompetenz und ihrer Ressourcen

Das Denkmodell von der *biopsychosozialen Einheit* Mensch und seinen verschiedenen *Kompetenzen* beeinflusste die Greifswalder Studien zur motorischen Entwicklung nachdrücklich. Die motorischen Lern- und Entwicklungsprozesse werden grundsätzlich aus dem Wirken biotischer, psychischer und sozialer Faktoren abgeleitet, die motorische Individualentwicklung wird letztlich nur aus der Sicht der biopsychosozialen Ganzheit und Einheit des Menschen hinreichend umfassend, transparent und in ihren Zusammenhängen verständlich.

Motorische Entwicklung umfasst aus unserer Sicht nicht nur die „lebensalterbezogenen Veränderungen der Steuerungs- und Funktionsprozesse, die Haltung und Bewegung zugrunde liegen" (Singer & Bös, 1994, S. 19), nicht nur „die lebenslangen Veränderungen somatischer Merkmale, konditioneller und koordinativer Fähigkeiten sowie fundamentaler, elementarer und sportbezogener Bewegungsfertigkeiten (Scheid im sportwissenschaftlichen Lexikon, 2003, S. 169), sondern schon eher – wie bei Willimczik und Conzelmann (1998, S. 5) – die „Veränderung des Verhaltens und der Verhaltensmöglichkeiten im motorischen Persönlichkeitsbereich".

In den Mittelpunkt unserer Definition werden – abgeleitet von den theoretischen Ausgangspositionen in den Abschnitten 1.2 und 1.3 – die motorische Kompetenz und die sie bedingenden und beeinflussenden Ressourcen gestellt.

Definition: Motorische Entwicklung stellt die Veränderung und Differenzierung der motorischen Kompetenz und ihrer Ressourcen in der Lebensspanne dar.

Motorische Kompetenz stellt danach kein generelles, übersituatives und überindividuelles Konstrukt dar, sondern ist stets durch situative *und* personspezifische Faktoren definiert. Erst in der interaktiven Tätigkeit zeigt und entfaltet der Mensch seine motorische Kompetenz. Das bedeutet, dass es sich um ein relationales Konstrukt handelt.

In Abhängigkeit von der Art der Anforderung, dem Ziel der Bewegungsaufgabe und der aktuellen Situation organisiert der Mensch bei Beachtung und Inanspruchnahme bzw. Ausschöpfung seiner individuellen motorischen und psychischen Ressourcen seine Bewältigungsstrategie, seine motorische Kompetenz.

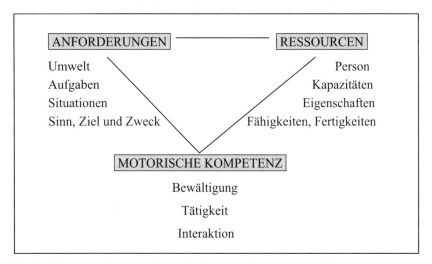

Abb. 1:   Zusammenhang zwischen Anforderungen, Ressourcen und Kompetenzen

Diese stellt jedoch nicht einfach die Summe aller Ressourcen dar, sondern sie ist das Ergebnis der verfügbaren und angewandten Ressourcen, der vielfältig verknüpften sowie ausgeschöpften Ressourcen. Sie stellt einen aktuellen, integrativen Zuschnitt der Ressourcen (Ressourcen-Mix) zur Bewältigung einer aktuellen Anforderung und individuellen Herausforderung dar (vgl. auch Hirtz, Hotz & Ludwig, 2000, S. 10 und 61). Kompetenz stellt nach Olbrich (1987, S. 321) ein „Ressourcen organisierendes Konstrukt" dar. Zur Bewältigung motorischer Anforderungen müssen demnach entsprechende Ressourcen zur Verfügung stehen und sinnvoll organisiert werden. *Ressourcen* werden als „Mittel, die prinzipiell für die Bewältigung von Lebensaufgaben, die Erreichung von Zielen oder den Umgang mit Verlusten und Defiziten eingesetzt werden können" (Martin, 2001, S. 15) gekennzeichnet. Entscheidend ist neben der Verfügbarkeit, also dem Vorhandensein bestimmter Ressourcen, besonders die Nutzung der Ressourcen. Kolb (1999, S. 128) und Eisfeld (2005, S. 47) unterscheiden deshalb nachdrücklich zwischen Verfügbarkeit und Nutzung von Ressourcen.

Es wird auch deutlich, dass Kompetenz kein reines Personenmerkmal darstellt, sondern erst in der Konfrontation mit einer konkreten Umweltanforderung deutlich wird. Der Mensch ist nicht schlechthin motorisch kompetent, sondern immer kompetent zur Realisierung konkreter (altersspezifischer) Anforderungen.

Bei welchen *Anforderungen* aber zeigt der Mensch seine motorische Kompetenz? Zunächst sind die „normalen" Alltagssituationen und -anforderungen, die Aktivitäten des täglichen Lebens gemeint, von deren Bewältigung man auf die so genannte Alltagskompetenz Rückschlüsse ziehen kann. Diese motorische Alltagskompetenz manifestiert sich im motorischen Verhalten in alltagsrelevanten Umfeldern und Zusammenhängen. Die Bedeutsamkeit dieser Kontexte ergibt sich sowohl aus den eigenen, als auch aus sozial-gesellschaftlichen, soziokulturellen Erwartungen, Vorgaben, Werten und Normen.

Motorisch kompetent ist ein Mensch, wenn er die motorischen Anforderungen, die in seiner sozialen Umgebung von ihm erwartet werden, in hinreichendem Maße bewältigen kann. Die Erwartungen und auch Erfolgsperspektiven sind abhängig vom Alter, Geschlecht und weiteren Komponenten.

Kinder sind motorisch kompetent, wenn sie sich in einer bestimmten Altersspanne aufrichten oder z.B. selbstständig gehen können. Ein Grundschulkind erweist sich als motorisch kompetent, wenn es sich in Ungleichgewichtssituationen angemessen verhalten kann, Mut zur Lösung des Problems aufbringt und über entsprechendes Selbstvertrauen verfügt. *Ältere Menschen* sind motorisch kompetent, wenn sie auch mit Einkaufstasche Treppen steigen oder sich nach dem Waschen einbeinig ihre Füße abtrocknen können. Eine *Sportlerin* ist motorisch kompetent, wenn sie sportartspezifisches Können zeigt, sich anforderungsgerecht und situationsadäquat verhält und möglichst erfolgreich ist.

Stets sind es soziokulturelle und altersabhängige Ansprüche, womit die Kompetenz ge- und bewertet wird.

Die motorische Kompetenz – oder auch ihr Spezialfall, das sportliche Können – ist stets *kontextuell-konkret* , d.h. anforderungsbezogen, ziel- und bedingungsadäquat, sowie *kriterien- und normbezogen*, schließlich *integrativ* im Sinne einer optimalen Verknüpfung und Verkettung erforderlicher Ressourcen, und *individuell* im Sinne ganz spezifischer, eigener Bewältigungsstrategien.

Welche *Vorteile* besitzt aus unserer Sicht das Konstrukt der motorischen Kompetenz?

1. Es betont die *Funktionalität* der menschlichen Motorik, den Sinn-, Zweck- und Zielbezug und die Situationsabhängigkeit der Bewegungsorganisation und Bewegungskontrolle, die übergeordnete Rolle der Aufgabenspezifikation (Mester, 1996), das Primat der sinnhaften Ziele (Bernstein, 1975), die „tätigkeitsleitenden Ziele als

zentrale Regulationsinstanz" (Hacker, 1998) und damit die Person-Umwelt-Synergien, die funktionelle Einheit und Wechselwirkung von Wahrnehmung und Bewegung und entsprechende Prozesse der Selbstorganisation.

Das Bewegungssystem wird als komplexes, nichtlineares System verstanden und die Bewegungskoordination als Selbstorganisationsprozess, der durch aufgabenbezogene Zwänge (Constraints) der wahrgenommenen Umwelt „getrieben und kanalisiert" (Sternad, 1997, S. 30) wird. Dies vollzieht sich auch ohne Kontrolle von oben, d.h. ohne zusätzliche kognitive Prozesse, sozusagen ad hoc, wobei zu bedenken ist, dass der Mensch ausgehend von den aktuell wahrgenommenen Informationen das angestrebte Resultat vorwegnehmen kann („Extrapolation in die Zukunft" und Antizipation nach Bernstein, 1975). Ordnung wird dem System nicht von oben aufgezwungen, sondern entsteht in der Interaktion von Aufgabe und Individuum. So bilden sich aktuell situationsabhängige, komplex-integrative Aktionsprogramme, vorübergehende funktionelle Einheiten je nach Art und Komplexität der Anforderung.

2. Es betont die *Ganzheitlichkeit* des handelnden Subjekts, die ziel- und anforderungsbezogene Inanspruchnahme aller psycho-physischen Ressourcen oder Kapazitäten, aller Komponenten der Leistungsfähigkeit und Leistungsbereitschaft. Die Tätigkeitsregulation hebt die Trennung motivationaler, kognitiver, mnestischer (Gedächtnis-) und motorischer Prozesse auf (Hacker, 1998). Das Ganzheitsprinzip ist seinem Wesen nach ein differentielles. Koordination und Kondition, Kognition und Motivation/Emotion sind auf der Basis von Konstitution und im Verbund mit Kooperation/Sozialisation Komponenten, die je nach Ziel, Art und Komplexität der Anforderung in charakteristischer individueller Verkettung und Integration aktuell in Anspruch genommen werden. Dabei ist wichtig, dass das Ganze nicht die Summe seiner Elemente darstellt, sondern übersummative Wirkungen zeigt und Kompensations- und Potenzierungserscheinungen impliziert. Das Ganze besitzt mehr Eigenschaften und Qualitäten als seine Teile erkennen lassen.

3. Es schließt das in der Sportwissenschaft verbreitete *Fähigkeits- und Fertigkeitskonzept* keineswegs aus und lässt auch Raum für neuere, modulare u.a. Ansätze. Die personspezifischen Faktoren spielen im Kompetenzkonzept als verfügbare Ressourcen keineswegs eine untergeordnete Rolle. Die Kompetenz zeigt sich in der dynamischen Interaktion von Aufgabe *und* menschlichen Ressourcen, sie entsteht in Abhängigkeit von den aktuellen Anforderungen *und* der Anpassung des Funktionszustandes an diese Anforderungen (Beyer & Pöhlmann, 1994, S. 43). Bereits die Wahrnehmung der Anforderung ist abhängig vom jeweiligen Funkti-

onszustand und von der Leistungsfähigkeit des sensorischen Systems, der verschiedenen Analysatoren. Zu den motorischen Ressourcen zählen also ohne Zweifel auch die motorischen Fertigkeiten und Fähigkeiten (vgl. Hirtz, Hotz & Ludwig, 2000, S. 63/64).

4. Für die Erforschung der *motorischen Entwicklung* ergibt sich mit diesem Ansatz der Vorteil, die Veränderung und Differenzierung nicht nur – wie allgemein üblich – der verschiedenen relevanten Ressourcen zu erkunden, sondern auch die Entwicklung der motorischen Kompetenz zu erfassen, wobei besonders Aussagen zur Nutzung bzw. Ausschöpfung der verschiedenen Ressourcen im Altersgang getroffen werden können. Motorische Entwicklung ist dann nur zu verstehen als lebenszeitabhängige und altersbezogene Anforderungsbewältigung bzw. Ressourcennutzung und Ressourcenausschöpfung. Denn gleiche motorische Kompetenz kann sich individuell durch ein unterschiedliches Ressourcenmix ergeben. Da sich die Ressourcen multidirektional entwickeln, steht zu jeder Lebensphase eine sehr differenzierte Ressourcenstruktur zur Generierung von motorischer Kompetenz bereit. Entwickeln sich die einzelnen Ressourcen, erweitern sich die Möglichkeiten ihrer Ausschöpfung und Nutzung im Sinne einer erweiterten motorischen Kompetenz. „Selbst bei gleichbleibenden Ressourcen organisiert sich die motorische Kompetenz im Sinne der Optimierung aus den verfügbaren Ressourcen möglicherweise neu" (Eisfeld, 2005, S. 48). Die Erkundung dieses Wechselspiels kann die Erforschung der motorischen Entwicklung positiv beeinflussen.

5. Nicht zuletzt hat diese Betrachtungsweise auch *praktische Konsequenzen*. Eine Förderung der motorischen Kompetenz erfolgt nach der oben erläuterten Begriffsbestimmung sowohl durch ein ressourcenstärkendes Wahrnehmungs- und Sensibilisierungstraining und ein fertigkeits- und fähigkeitsorientiertes Üben, als auch durch ein kompetenzorientiertes Üben und Trainieren im Sinne der Konfrontation mit altersadäquaten, die motorische Kompetenz komplex fordernden Anforderungen. Vervollkommnet werden dürfen nicht nur die einzelnen Ressourcen, sondern darüber hinaus ist dem Nutzen und Ausschöpfen der Ressourcen und der Entwicklung bedeutsamer motorischer Kompetenzen im Übungsprozess verstärkt Aufmerksamkeit zu schenken (vgl. dazu auch Hirtz, Hotz & Ludwig, 2000 und 2003; Glasauer, 2003 und Eisfeld, 2005).

1.5   Phänomene der motorischen Entwicklung

Aus der genannten Vielfalt der Einflusssysteme und ihren Interaktionen, also aus dem dialektischen Leitsatz des Kontextualismus, ergibt sich auch die Vielfalt ontogenetischer Phänomene der motorischen Entwicklung des Menschen. Auch Baltes (1990, S. 16) spricht von einer bedeutenden „Pluralität und Komplexität von Entwicklungsphänomen". Nach Scheid (2003, S. 196) sind die Theorien der Entwicklung schlechthin „bemüht, die Entstehung und Veränderung von Entwicklungsphänomenen zu erklären".

Mit einem Phänomen verbindet sich umgangssprachlich eine auffallende, außergewöhnliche, erstaunliche Erscheinung. Was ist an der Entwicklung des Menschen auffallend, erstaunlich, außergewöhnlich?

Phänomenal, also auffällig und erstaunlich, ist z.b. die Tatsache, dass Entwicklung als Gewinn und Verlust in Erscheinung tritt, dass sie mitten im „Entwicklungsalter" stagnieren kann, dass die Entwicklung Heranwachsender vor Jahrzehnten anders verlief als heute, dass der Grad der Zu- und Abnahme verschiedener Merkmale unterschiedlich, ja gegenläufig sein kann, dass individuelle Entwicklungsverläufe im hohen Maße modifizierbar, beeinflussbar sind. Auf diese und weitere Phänomene machte Baltes (1990) in seinen umfangreichen und die Entwicklungspsychologie in besonderem Maße beeinflussenden Studien aufmerksam. Wir wollen uns in diesem Buch auf solche Phänomene auf dem Gebiet der *motorischen Entwicklung* konzentrieren und empirisch belegen. Aus der Vielzahl möglicher Phänomene wählten wir die folgenden aus:

- Kulturwandelbedingte Veränderungen
- Dynamik, Stagnation und Regression
- Variabilität und Stabilität
- Plastizität.

Kulturwandelbedingte Veränderungen

Baltes (1990, S. 16) nennt in seinem bekannten Dreifaktorenmodell neben *altersbezogenen* und *nichtnormativen* auch *kulturwandelbezogene* Entwicklungssysteme und Entwicklungseinflüsse und zählt dazu langfristige Wertorientierungen und Wissensbestände, deren Änderung nur innerhalb größerer Zeiträume erfolgt. Dieser historische Wandel von Kultur und Gesellschaft trifft Populationskohorten verschiedener Altersgruppen gleichzeitig. Entwicklung ist also von den kulturhistorischen Bedingungen abhängig. Oerter und Montada (2002, S. 11) heben sogar hervor, dass sich als Folge des raschen gesellschaftlichen Wandels auch nah aufeinander folgende Geburtsjahrgänge in ihrer Entwicklung unterscheiden, was allgemeine Aussagen zur Entwicklung des Menschen sehr erschwert.

Meist geht es jedoch um Entwicklungsbeschleunigungen und Entwicklungsveränderungen über Jahrzehnte und Jahrhunderte hinweg. Die so genannte *säkulare Akzeleration*, eine besonders im vorigen Jahrhundert beschriebene Entwicklungsbeschleunigung, tangiert auch die motorische Entwicklung, was im Kapitel 3 näher untersucht werden soll.

Baltes (1990) und auch Roth und Wollny (1999, S. 104) betonen die Bedeutung und den Stellenwert solcher Zeitwandel- bzw. auch kulturvergleichenden Untersuchungen, da durch sie „präzisere Kenntnisse über differentielle Effekte der kulturwandelbezogenen Einflusssysteme und über ihre relative Gewichtung im Verhältnis zu anderen Gruppen von Vorhersagemerkmalen zu erwerben" sind.

Ausführliche Darstellungen finden sich dazu im Kapitel 3 (3.1).

Dynamik, Stagnation, Regression

Diskontinuitäten stellen Abweichungen von der kontinuierlichen Entwicklung dar und spielen auch in der motorischen Entwicklung eine bedeutende Rolle.

Kossakowski (1991, S. 69) verweist auf bestimmte Zäsuren in der Individualentwicklung, die als Diskontinuitäten, also Entwicklungsbeschleunigungen und Entwicklungsbeeinträchtigungen immer dann in Erscheinung treten, wenn deutliche Veränderungen im Determinationsgefüge oder gar ein *Determinationswechsel* auftreten, d.h. wenn durch Veränderungen im biologischen, sozialen oder Tätigkeitsbereich die objektiven motorischen Handlungsmöglichkeiten bzw. Handlungsspielräume erweitert oder auch eingeengt werden. Wessel (1994, S. 20) verweist darauf, dass „Entwicklung immer ein Prozess von Ab- und Aufbau ist, und zwar auf jeder Stufe und in jeder Phase." Entwicklung schließt stets auch den Abbau von Qualitäten ein, dieser kann jedoch gleichzeitig vom Aufbau oder Umbau neuer Qualitäten begleitet werden. Die Entwicklung des Individuums muss also keineswegs beeinträchtigt werden, „wenn Merkmale verschwinden oder ihre Ausprägung zurückgeht."

Nach Baltes (1990) trägt die Entwicklung einen multidirektionalen Charakter. Das bedeutet, dass eine erhebliche Varianz in der Richtung der Veränderungen zwischen unterschiedlichen Verhaltensbereichen und auch innerhalb derselben Verhaltenskategorie besteht und der Grad der Zu- und Abnahme sehr unterschiedlich, im Extremfall gegenläufig sein kann. Diese *Multidirektionalität* ist auch hinsichtlich der Entwicklung verschiedener Bereiche der Motorik nachzuweisen. Erscheinungsformen der Multidirektionalität sind u.a. Dynamik, Stagnation und Regression.

Dynamik
Gemeint sind Abschnitte im Leben, in denen sich bestimmte Merkmale gegenüber vorangehenden oder auch nachfolgenden Entwicklungsabschnitten besonders dynamisch entwickeln. Das kann durch vorherrschende biologische Reifungsprozesse (Ausreifungsprozesse des Zentralen Nervensystems und der Analysatoren im Vorschulalter oder durch den puberal bedingten Wachstumsschub), aber auch durch gravierende Veränderungen sozialer Bedingungen (Einschulung, Arbeitsbeginn, Wohnortwechsel, Eintritt ins Rentenalter) und nicht zuletzt durch veränderte Zielsetzungen im Tätigkeitsbereich (z.B. Aufnahme einer aktiven sportlichen Tätigkeit) bedingt sein.

Stagnation und Regression
Gemeint sind Abschnitte im Leben, in denen die Entwicklung bestimmter Merkmale plötzlich oder allmählich, zeitweilig oder andauernd stagniert, auf einer Stufe verbleibt oder gar rückläufig verläuft. Auch diese Erscheinung kann sowohl biologisch (hormonelle Veränderungen in der Pubeszenz oder zur Menopause, Abbauprozesse im Alter) oder auch sozial (kritische Lebensereignisse, alle Arten von Übergangs- und Umstellungssituationen, Ausfallerscheinungen nach längeren Krankheiten, veränderte Tätigkeitsprofile im Alter) bedingt sein. Touwen (1984) bezeichnet Regressionen und Stagnationen in der Entwicklung als *Inkonsistenten*. Ausführliche Darstellungen dazu finden sich im Kapitel 4 (4.1).

Variabilität und Stabilität

Variabilität
Die Variabilität erweist sich nach Touwen (1984, S. 18) als Schlüsselwort der Entwicklung, was so viel bedeutet, dass sie das Normale der menschlichen, also auch motorischen Entwicklung darstellt. Michaelis und Niemann (1995, S. 47) heben hervor: „Variabilität in der Entwicklung ist ... ein besonders verlässliches Charakteristikum der kindlichen normalen Entwicklung." Diese Variabilität spiegelt die *Individualität* der Entwicklung wider, kennzeichnet die *Eigenzeit* der Entwicklung jedes Individuums. „Jede individuelle Entwicklung ist damit auch einmalig, nicht vergleichbar und nicht wiederholbar. Jeder Mensch gewinnt durch unter-

schiedlich verlaufende, individuelle Entwicklungsprozesse seine einmalige Individualität" (Martin, Nicolaus, Ostrowski & Rost, 1999, S. 30). Diese Individualität der Entwicklung ergibt sich sowohl aus den unterschiedlichen biogenetischen Prädispositionen als auch aus der differierenden Art, Umfang, Intensität und Güte der motorischen Aktivität bzw. Tätigkeit.

Neben den *interindividuellen* Variabilitäten verweist Touwen (1984) auch auf *intraindividuelle* sowie *intrafunktionellen* Variabilitäten. Während die interindividuelle Variabilität Unterschiede zwischen den Individuen hinsichtlich Anfangszeit und Tempo bzw. Dauer von Entwicklungsvorgängen kennzeichnet, besagt intraindividuelle Variabilität, dass bei einem Individuum bestimmte Funktionsbereiche unterschiedliche Ausprägungszeiten benötigen. Inter- und intraindividuelle Variabilität erkennen und belegen Zimmermann und Kaul (1998, S. 183) auch hinsichtlich von Veränderungen in motorischen Lernprozessen. Unter intrafunktioneller Variabilität versteht Touwen die differierenden Ausprägungszeiten innerhalb eines Funktionsbereichs eines Individuums.

Stabilität

Gibt es angesichts einer „normalen" Variabilität überhaupt stabile Elemente in der Entwicklung?

Zunächst kann in diesem Zusammenhang auf die so genannte *bewegungsstrukturelle Hierarchie* verwiesen werden (vgl. Touwen, 1984; Michaelis, Kahle & Michaelis, 1993; Kopelmann, 2000), d.h. auf eine Ordnung von Entwicklungsschritten im Fertigkeitsbereich.

Unter Stabilität der motorischen Entwicklung kann jedoch auch die relative (inter- und intraindividuelle) Stabilität von motorischen Fähigkeitsausprägungen über Jahre hinweg (vgl. Bös & Mechling, 2002) verstanden werden. Oerter und Montada (2002, S. 48) sprechen in diesem Zusammenhang von einer *normativen oder Positionsstabilität*, wobei die Positionen der Individuen in der Verteilung eines Merkmals in der Alterskohorte erhalten bleiben. So gesehen kann Entwicklung auch als Stabilisierung interindividueller Unterschiede aufgefasst werden.

Schließlich kann auch eine gewisse *altersbedingte Stabilität* von motorischen Entwicklungsverläufen beobachtet werden. Roth und Winter (2002, S. 97) sprechen in diesem Zusammenhang von „interindividuellen Ähnlichkeiten" in der motorischen Entwicklung. Sie hängen u.a. auch mit dem Phänomen der so genannten *Entwicklungsaufgaben* (Havighurst, 1982) zusammen. Darunter werden „vorgegebene Erwartungen und Anforderungen, die an Personen in einem bestimmten Lebensabschnitt gestellt werden" (Scheid, 2003, S. 172), verstanden. In einer spezifischen

Periode des Lebens ist eine Mehrheit der Population mit derselben Klasse von Aufgaben konfrontiert (Oerter & Montada, 2002, S. 42), wobei die entsprechenden Altersperioden nicht zu eng gesehen werden sollten. Quellen für Entwicklungsaufgaben während des Lebenslaufs können biologische Veränderungen, durch die Gesellschaft gestellte Aufgaben in Bildung und Beruf sowie Werte und Ziele des sich entwickelnden Individuums selbst sein. Schuleintritt, Pubertät, Berufsbeginn, Elternschaft, Eintritt ins Rentenalter sind z.b. solche Zäsuren, die mit bestimmten typischen Entwicklungsaufgaben verbunden sind und z.b. auch zu interindividuellen Ähnlichkeiten in der motorischen Entwicklung führen können. Ausführliche Darstellungen dazu finden sich im Kapitel 5 (5.1).

Plastizität

Entwicklung ist plastisch, „d.h. nicht durch Anlagen und vorausgegangene Entwicklungsschritte völlig determiniert, sondern beeinflussbar und gestaltbar" (Oerter & Montada, 2002, S. 14). Die Erkenntnis von der Plastizität im Sinne funktioneller Anpassung ist in der Sportwissenschaft schon sehr alt (Jokl, 1954; Fetz, 1973), wurde jedoch durch Baltes (1990) für die Entwicklungspsychologie der Lebensspanne wieder reaktiviert. Plastizität kennzeichnet nach Baltes (1990, S. 11) das spezifische personengebundene Potential, „das Individuen zu verschiedenen Verhaltensformen und Entwicklungsverläufen befähigt", nach Conzelmann (1999, S. 78) „das Potential, das Individuen aufgrund ihrer genetischen Prädispositionen befähigt, sich unterschiedlichen Umweltsituationen anzupassen". In der Sportwissenschaft könnte Plastizität der Oberbegriff für solche traditionellen und zentralen Begriffe wie Adaptationsfähigkeit (biologische Anpassung), motorische Lernfähigkeit (Lernen motorischer Fertigkeiten) und Trainierbarkeit (gezielte Einwirkungen durch sportliches Training) sein oder diese Begriffe gelten als Spezifikationen der Plastizität.

Aus entwicklungstheoretischer Sicht interessieren dabei besonders die Möglichkeiten zur Veränderbarkeit, Modifizierbarkeit motorischer Entwicklungsverläufe durch äußere Einflüsse und deren Altersabhängigkeit. Längst nachgewiesen ist die Tatsache, dass die motorische Entwicklung durch eine hohe Plastizität in allen Altersstufen gekennzeichnet ist, dass motorische Entwicklungsverläufe in hohem Maße modifizierbar sind. Von Interesse ist stärker die Frage nach den altersbedingten Grenzen und dem Ausmaß der Plastizität im Verlaufe der Lebensspanne.

Unter Plastizität wird also die intraindividuelle Veränderbarkeit innerhalb einer Person verstanden, die mögliche Bandbreite der individuellen Entwicklung, die potentielle motorische Kapazitätsreserve, die Entwicklungsressourcen und Entwicklungspotentiale zur Steigerung der Leistungsfähigkcit durch exogene Einflüsse. Sie kennzeichnet die hohe Modifizierbarkeit motorischer Entwicklungsverläufe. Wenn allerdings von altersbedingten Grenzen und einem unterschiedlichen Ausmaß von Plastizität im Verlaufe der Lebensspanne ausgegangen wird, stellt sich in diesem Zusammenhang auch die Frage nach der Existenz so genannter *sensibler Phasen oder Perioden.* Gemeint sind Entwicklungsabschnitte, „in denen – im Vergleich zu vorangehenden und nachfolgenden Perioden – spezifische Erfahrungen maximale positive oder negative Wirkungen haben" (Oerter & Montada, 2002, S. 35). Gemeint sind also Perioden erhöhter Plastizität. Auch dieser Frage soll in diesem Buch nachgegangen werden.

Ausführliche Darstellungen zur Plastizität der motorischen Entwicklung finden sich im Kapitel 6.

2 Untersuchungsmethodik – empirische Basis

2.1   Vorbemerkungen

In diesem Kapitel sollen die dem Buch zugrunde liegenden Studien in Kurzform näher charakterisiert sowie zusammenfassend Aussagen zu den verwendeten statistischen Methoden getroffen werden.

In der Mehrzahl handelt es sich um Studien, die Mitglieder der Greifswalder Forschungsgruppe „N.A. Bernstein" (Bernsteinzirkel) durchgeführt haben. Grundlegenden Charakter tragen dabei die je zwei Greifswalder Quer- und Längsschnittstudien, die in einem Abstand von 15 bis 20 Jahren (1974 und 1994; 1975 bis 1983 und 1988 bis 1995) durchgeführt wurden und sich in starkem Maße auf das jüngere Schulkindalter und auf die koordinativ-motorische Entwicklung konzentrierten. Im Mittelpunkt dieses Buches stehen dabei vergleichende Studien. Ergänzt wurden sie durch verschiedene Studien an Vorschulkindern bzw. Schulanfängern, aber auch an jüngeren Erwachsenen und Senioren. Drei jüngere Studien fühlten sich dem theoretischen Ansatz der motorischen Kompetenz verpflichtet und gewannen an verschiedenen Probandengruppen (Schulanfänger, jugendliche Basketballer und Senioren) auch interessante Erkenntnisse zu Aspekten der motorischen Entwicklung. Mit einbezogen wurden binationale Studien, die im Forschungsverbund mit sportwissenschaftlichen Einrichtungen in Polen (Katowice, Warschau), und Tschechien (Prag) entstanden sind. Bei der Beschreibung der Studien werden jeweils Aussagen zum Namen der Studie, zu den Autoren, den Zielstellungen und Inhalten, zum Untersuchungszeitraum, zu den Probanden und den verwendeten Verfahren und Tests getroffen. Ergänzt wird dies jeweils durch Hinweise auf vorhandene Ergebnisformen und Quellen, in denen Weiterführendes nachgelesen werden kann und die ausführlichen Testbeschreibungen einzusehen sind, auf die hier verzichtet werden soll.

W. Bartels gibt abschließend einen Überblick über die verwendeten statistischen Methoden.

2.2   Kurzcharakteristik der wissenschaftlichen Studien

2.2.1   Greifswalder Querschnittstudie 1974

Name der Studie: Entwicklung koordinativer Fähigkeiten von 7- bis 16-jährigen Mädchen und Jungen.

Name des Autors/der Autoren: Forschungszirkel „N.A. Bernstein"; Leitung: P. Hirtz.

Zielstellung/Inhalt der Studie: Mit der Studie sollte der Entwicklungsstand und der ontogenetische Verlauf vorrangig koordinativer Leistungsvoraussetzungen von Schulkindern und Jugendlichen gekennzeichnet sowie Aussagen zu ihrer Struktur und Einordnung in die Gesamtleistungsfähigkeit getroffen werden. Darüber hinaus sollten für die allgemeine Lebensbefähigung fundamentale koordinative Fähigkeiten bestimmt sowie Leitlinien für eine koordinativ-motorische Befähigung abgeleitet werden.

Zeitraum der Studie: Mai/Juni 1974

Anzahl und Charakteristik der Probanden: Teilnehmer der repräsentativen Studie waren je Altersstufe zwischen 50 und 110 Mädchen und Jungen, insgesamt 1809 Probanden (926 Mädchen und 883 Jungen) aus verschiedenen Gegenden, Städten und ländlichen Gebieten der DDR.

Verwendete Tests und Verfahren/Methoden: Das Untersuchungsprogramm umfasste neben sportmotorischen Tests zur Erfassung koordinativer (Gleichgewicht, Rhythmus, Orientierung) und konditioneller (Laufschnelligkeit, Sprungkraft, Ausdauer) Fähigkeiten auch Messungen von Körperbaumerkmalen (Körperhöhe, Körpergewicht) sowie grundlegender psycho-physischer Funktionen (Reaktionszeiten, Sehschärfe, kinästhetische Differenzierung, Wahrnehmungsleistungen, Zeitgefühl, Konzentrations- und Aufmerksamkeitsleistungen, Bewegungsfrequenz, Feinmotorik).

Ergebnisformen, Quellen, Bücher:
Vgl. Literaturverzeichnis: Hirtz (1979), Holtz (1979), Vilkner (1980), Hirtz (1985).

2.2.2 Greifswalder Längsschnittstudie 1975 bis 1983

Name der Studie: Greifswalder Längsschnittstudie zur Entwicklung koordinativer Fähigkeiten von Schulkindern.

Name des Autors/der Autoren: Forschungszirkel „N.A. Bernstein", P. Hirtz, G. Ludwig (Graf), I. Arens (Wellnitz).

Zielstellung/Inhalt der Studie: Erfassung der individuellen koordinativ-motorischen Entwicklung von Schulkindern; Aufdeckung sensibler bzw. kritischer Phasen; Nachweis von Langzeitwirkungen einer dreijährigen betonten koordinativ-motorischen Beeinflussung im Sportunterricht der Klassen 2 bis 4.

Zeitraum der Studie: September 1975 bis Juni 1983.

Anzahl und Charakteristik der Probanden: Die Langzeitstudie wurde in den ersten drei Jahren mit 130 Schulkindern aus sechs verschiedenen Klassen unterschiedlichster Gegenden der DDR durchgeführt. An den jährlichen Folgeuntersuchungen bis 1983 nahmen nur noch 56 Schulkinder und -jugendliche aus drei Klassen teil.

Verwendete Tests und Verfahren/Methoden: Das Untersuchungsprogramm umfasste neben sportmotorischen Tests zur Erfassung koordinativer (Gleichgewicht, Rhythmus, Orientierung) und konditioneller (Laufschnelligkeit, Sprungkraft, Ausdauer) Fähigkeiten auch Messungen von Körperbaumerkmalen (Körperhöhe und Körpergewicht) sowie grundlegender psycho-physischer Funktionen (Reaktionszeiten, Sehschärfe, kinästhetische Differenzierung, Wahrnehmungsleistungen, Zeitgefühl, Konzentrations- und Aufmerksamkeitsleistungen, Bewegungsfrequenz, Feinmotorik). Hinzu kam die Erfassung und Bewertung sportlicher Fertigkeiten sowie der Einstellung zum Sporttreiben durch das Polaritätsprofil von Ilg und Heldt (1971).

Ergebnisformen, Quellen, Bücher:
Vgl. Literaturverzeichnis: Hirtz (1979), Holtz (1979), Ludwig (1979), Wellnitz (1983), Hirtz (1985).

2.2.3   Gemischte Greifswalder Quer- und Längsschnittstudie 1988 bis 1995

Name der Studie: Gemischte Greifswalder Quer- und Längsschnittstudie 1988 bis 1995. Anteilig gefördert durch das Bundesinstitut für Sportwissenschaft – Projekt 0407/06/07/92-94 – „Biologisches Alter und Koordination".

Name des Autors/der Autoren: Forschungszirkel „N.A. Bernstein"; P. Hirtz, K.-D. Sharma, P. Kopelmann, W. Bartels.

Zielstellung/Inhalt der Studie: Ermittlung des Entwicklungsstandes und der individuellen Entwicklungsverläufe morphologischer und motorischer Merkmale von Schulkindern in den ersten sechs Schuljahren.

Zeitraum der Studie: 1988 bis 1994/1995 (Längsschnitt); 1992 bis 1994/1995 (Querschnitt).

Anzahl und Charakteristik der Probanden: 1100 Greifswalder Schulkinder im Alter von 7 bis 12 Jahren nahmen an den verschiedenen drei- bzw. sechsjährigen Längsschnittstudien teil. An der sechsjährigen Längsschnittstudie nahmen durchgehend nur 50 Mädchen und 50 Jungen teil. Insgesamt waren etwa 3000 Probanden in die Querschnittstudie einbezogen.

Verwendete Tests und Verfahren/Methoden:
Anthropometrische Messungen: Körperhöhe, Körpermasse, Schulterbreite, Beckenstachelbreite, Oberarmumfang, Unterarmumfang, Oberschenkelumfang, Unterschenkelumfang, Hautfalte mit Kalipermetrie), Berechnung des Körperbauentwicklungsindex KEI (nach Wutscherk, 1974).

Sportmotorische Tests zur Erfassung konditioneller (30 m, 60 m, Schlussweitsprung, 400 m, Schlagball-Weitwurf) und koordinativer Fähigkeiten (einfache Ganzkörperreaktion, Ganzkörper-Wahlreaktion, kinästhetische Differenzierung, räumliche Orientierung (jeweils Greifswalder Ganzkörper-Koordinations- und Reaktionsmessanlage GKR 84) sowie Gleichgewicht mit dem Test „Drehungen auf der Turnbank" nach Jung, 1983). Darüber hinaus wurde die optisch-räumliche Wahrnehmung (Kreuz- und Symbol-Test nach Medvedev, 1967) und die Aufmerksamkeits-Belastbarkeit (d-2-Test nach Brickenkamp, 1962) erfasst.

Ergebnisformen, Quellen, Publikationen:
Vgl. Literaturverzeichnis: Hirtz & Sharma (1995), Hirtz (1998), Hirtz, Kopelmann & Sharma (1998), Eisfeld & Hirtz (2002).

2.2.4 Wismar-Greifswalder Vorschulstudie 1979

Name der Studie: Zum Einfluss biologischer und sozialer Faktoren von der Geburt bis zum Schuleintritt auf die koordinativ-motorische Leistungsfähigkeit jüngerer Schulkinder.

Name des Autors/der Autoren: P. Hirtz, H.-J. Vilkner, A. Forkel im Zusammenwirken mit Wismarer Kinderärzten.

Zielstellung/Inhalt der Studie: Beitrag zur Aufhellung des Zusammenhangs der näheren Umstände bei der Geburt, des Zeitpunkts der ersten Kriech-, Geh- und Sprechversuche sowie der konkreten Lebensbedingungen im Elternhaus mit der Ausprägung der motorischen Leistungsfähigkeit zum Zeitpunkt des Schuleintritts.

Zeitraum der Studie: 1979.

Anzahl und Charakteristik der Probanden: 39 willkürlich ausgewählte Kinder des Geburtsjahrganges 1973 aus Wismar.

Verwendete Tests und Verfahren/Methoden: Geburtsgröße, Geburtsgewicht, Muskeltonus, Moro- und Greifreflex, Labyrinthreflex, Sprungbereitschaft, Heben des Kopfes, Aufrichten zum Sitzen, Kriechen, Stehen, Sprechen, Reaktion auf akustische und optische Reize, Erfassung von Körperbehinderung, geistigen Störungen und Schäden des Seh- und Hörvermögens in den ersten 15 Lebensmonaten anhand des Reflex-, Mütterberatungs- und Siebtestbogens. Im 6. Lebensjahr wurde der neurologische Status (Gangbeurteilung, Diadochokinese, Zeichnen, statische und dynamische Balance) erfasst. Im ersten Schuljahr wurde das Greifswalder koordinative Testprogramm (vgl. 2.2.1) durchgeführt. Parallel dazu liefen soziologische Untersuchungen (Anamnese-Ergänzungsbogen sowie Fragebogen zu den Lebensgewohnheiten und Lebensbedingungen in der Familie).

Ergebnisformen, Quellen, Publikationen:

Vgl. Literaturverzeichnis: Hirtz & Hinsching (1983), Hirtz, Kirchner & Pöhlmann (1994).

2.2.5   Berliner Vorschulstudie 1987

Name der Studie: Untersuchungen zur motorischen Entwicklung im Vorschulalter.

Name des Autors/der Autoren: G. Ludwig.

Zielstellung/Inhalt der Studie: Mit der Studie sollte der Entwicklungsstand koordinativ-motorischer Leistungsvoraussetzungen behinderter und nicht behinderter Vorschulkinder erfasst sowie die besonderen Potenzen des Vorschulalters für die Vervollkommnung der Bewegungskoordination nachgewiesen werden.

Zeitraum der Studie: 1986 bis 1988.

Anzahl und Charakteristik der Probanden:

Behinderte Vorschulkinder: 13 schwerhörige, 9 gehörlose, 8 sehschwache, 12 blinde, 22 lernbehinderte, 16 sprachbehinderte und 38 redeflussauffällige Kinder im Alter zwischen 4,10 und 6,4 Jahren.

Nichtbehinderte Vorschulkinder: 76 (41 Mädchen; 35 Jungen) Vierjährige, 82 (31 Mädchen; 51 Jungen) Fünfjährige und 67 (34 Mädchen; 33 Jungen) Sechsjährige.

Verwendete Tests und Verfahren/Methoden: Die Verfahren zur Erfassung koordinativer Leistungsvoraussetzungen im Vorschulalter basieren auf dem Testprofil der Greifswalder Forschungsgruppe „N.A. Bernstein". Sie wurden jedoch für das Vorschulalter modifiziert. So wird z.B. die Gleichgewichtsfähigkeit durch Balancieren auf einer Schiene erfasst. Zur Diagnostik der räumlichen Orientierungsfähigkeit wird in Anlehnung an den Medizinball-Farben-Lauf nach Jung (1983) ein Stuhl-Farben-Lauf verwendet. Auch die Veränderung der Symbolik beim Kreuz-Symbol-Test (Motive aus dem Leben im Kindergarten) und insgesamt kindgemäßere Testanweisungen beeinflussen den Validitätsbereich der einzelnen Tests nicht, erhöhen jedoch die Zuverlässigkeit für diesen Altersbereich.

Tab. 1: Vorrangig erfasste Merkmale und Testbezeichnungen

Vorrangig erfasstes Merkmal	Testbezeichnung/Gerät
Einfache Reaktion auf akustisches Signal	Reaktionszeitmessung mit Multitest-3
Einfache Reaktion auf optisches Signal	
Einfache Reaktion auf ein bewegtes Objekt/Antizipation	Mäuschenspiel mit Multitest-3
Optisch-räumliche Wahrnehmung und Gedächtnisleistung	Kreuz-Symbol-Test nach Medwedjew
Farb-Orientierungsreaktion	Farb-Orientierungs-Test mit Multitest-3
Differenzierung räumlicher Parameter der Unterarmbewegung	Wiedergabe vorgegebener Winkelstellung am Unterarm-Goniometer
Geschicklichkeit der Hand , Konzentrationsfähigkeit	Tremometertest mit UZI
Rhythmusfähigkeit	Rhythmuswechseltest nach Dankert
Räumliche Orientierungsfähigkeit	Stuhl-Farben-Lauf mit Multitest-3
Kinästhetische Differenzierungsfähigkeit	Zielwerfen mit unterschiedlich schweren Sandsäckchen
Gleichgewichtsfähigkeit	Balancieren auf einer Schiene
Komplexe Reaktionsfähigkeit auf optisches und akustisches Signal	Sprung-Reaktions-Test Lauf-Reaktions-Test mit UZI
Maximale Bewegungsschnelligkeit der Hand und der Füße	Tapping: Tippen einer Morsetaste mit einer Hand; Laufen am Ort auf Sensorplatten
Sprungkraft	Standweitsprung
Stabilität und Rentabilität des Laufens	Laufen zwischen Sensorplatten
Stabilität und Rentabilität des Springens	Seitliches Hin- und Herspringen auf Sensorplatten mit UZI

Ergebnisformen, Quellen, Bücher:
Vgl. Literaturverzeichnis: Ludwig (1989).

2.2.6 Greifswalder Schulanfängerstudie 2001

Name der Studie: Motorische Kompetenz und motorische Schulreife.

Name des Autors/der Autoren: K. Schwock, Forschungszirkel „N.A. Bernstein".

Zielstellung/Inhalt der Studie: Ziel der Studie war die Überprüfung des theoretischen Ansatzes der motorischen Kompetenz als bedeutender Aspekt der motorischen Entwicklung im Vorschulalter. Es sollte die alltagsrelevante und altersspezifische motorische Kompetenz bei 5- bis 7-jährigen Vorschulkindern erfasst und auf die individuelle Verfügbarkeit sowie das übersummative und kompensatorische Nutzen von Ressourcen untersucht werden. Individuelle Lösungsstrategien und

Kompensationsmechanismen bei spezifischen motorischen Anforderungssituationen sollten aufgedeckt werden.

Zeitraum der Studie: Frühjahr 2001.

Anzahl und Charakteristik der Probanden: Die Stichprobe setzt sich aus 304 Vorschulkindern der Stadt Greifswald zusammen, was ca. 80 % der Grundgesamtheit entspricht.

Verwendete Tests und Verfahren/Methoden: Erfasst wurden in Zusammenarbeit mit dem Gesundheitsamt der Stadt Greifswald und dem Zentrum für Kindermedizin der Universität Greifswald mittels Fragebogen allgemeine soziodemographische Variablen, Merkmale körperlicher Gesundheit, Körperbaumerkmale (Gewicht, Körperhöhe) sowie Sport- und Bewegungsverhalten. Zusätzlich wurden im Testverfahren motorische und psycho-physische Ressourcen erfasst (Wahrnehmung und Konzentration mit dem Kreuz-Symbol-Test, räumliche Differenzierung mit dem Goniometer-Test, räumliche Orientierung und Differenzierung mit dem Zielwurftest, Antizipation mit dem Stoppuhrtest, einfache Reaktion auf ein akustisches Signal, statisches Gleichgewicht mittels Einbeinstand und dynamisches Gleichgewicht mittels Rückwärtsbalanciertest, Ganzkörperreaktion und Bewegungsschnelligkeit mit der GKR-Anlage sowie Schnellkraft mit dem Sprungkrafttest (vgl. auch Berliner Vorschulstudie!). Insgesamt wurden weiterhin jeweils drei sport- und alltagsmotorische Kompetenzbereiche untersucht: „Bewegungskombination" (mittels Seilspringen), „Rollen" (Ausführungsqualität und -konstanz der Rolle vorwärts) und „Ball-Tippen-Fangen" über eine standardisierte Bewegungsbeobachtung sowie „Rad-Roller-Rollschuh-Fahren", „Wassergewöhnung" und „Schnürsenkelbinden" über Fragebogen.

Ergebnisformen, Quellen, Bücher:
Vgl. Literaturverzeichnis: Schwock (2004), Ludwig (1989).

2.2.7   Greifswalder Studie zur Entwicklung des motorischen Könnens 1995

Name der Studie: Studie zur Struktur und Entwicklung des grundlegenden motorischen Könnens jüngerer Schulkinder.

Name des Autors/der Autoren: P. Kopelmann, Forschungszirkel „N.A. Bernstein".

Zielstellung/Inhalt der Studie: Die gemischte Längs- und Querschnittstudie folgte dem Ziel, konkrete Aussagen zur Struktur und Entwicklung des grundlegenden motorischen Könnens jüngerer Schulkinder als wesentliches alterstypisches Merkmal ihrer motorischen Entwicklung zu ermöglichen.

Zeitraum der Studie: 1989 bis 1994.

Anzahl und Charakteristik der Probanden: Im Rahmen der Querschnittstudie wurden insgesamt etwa 600 Greifswalder Schulkinder der Klassenstufen 1 bis 4 untersucht. An der dreijährigen Längsschnittstudie (Klasse 1 bis 3 bzw. 2 bis 4) nahmen 60 Jungen und Mädchen teil.

Verwendete Tests und Verfahren/Methoden: Die ausgewählten elementaren und ausdifferenzierten motorischen Handlungskombinationen Ballprellen – Gehen (vorwärts, rückwärts, im Slalom), Ballprellen – Laufen und Stützen – Schwingen (am Parallelbarren) sowie die Ganzkörperstreckung beim Weitsprung als führendes koordinatives Element wurden videounterstützt einer qualitativen (Expertenrating bei den Kombinationen des Ballprellens) bzw. einer quantitativ-biomechanischen Bewegungsanalyse unterzogen. Die Analysen erfolgten computergestützt unter Verwendung der Analyse-Software SIMI-Motion (Version 3.5, vgl. Heckenberger & Seeholzer 1993/1994).

Ergebnisformen, Quellen, Bücher:
Vgl. Literaturverzeichnis: Kopelmann (2000).

2.2.8 Greifswalder Studie zur kognitiven Entwicklung jüngerer Schulkinder 1989 bis 1991

Name der Studie: Studie zur Ausprägung und Entwicklung kognitiver Aspekte der Bewegungssteuerung bei jüngeren Schulkindern.

Name des Autors/der Autoren: F. Nüske, Forschungszirkel „N.A. Bernstein".

Zielstellung/Inhalt der Studie: Die gemischte Längs- und Querschnittstudie verfolgte das Ziel, die Ausprägung und Entwicklung ausgewählter kognitiver Aspekte der Bewegungssteuerung sowie deren Beziehungen zu anderen Komponenten der motorischen Handlungsfähigkeit bei jüngeren Schulkindern zu untersuchen.

Zeitraum der Studie: 1989 bis 1991.

Anzahl und Charakteristik der Probanden:
Im Rahmen der gemischten Quer- und Längsschnittstudie wurden 100 Greifswalder Schulkinder (50 Versuchs- und 50 Kontroll-Probanden) vom Ende der ersten bis zum Ende der dritten Klasse sowie zum Vergleich Schüler der 10. Klassen (n = 37) und Sportstudenten (n = 33) untersucht.

Verwendete Tests und Verfahren/Methoden: Erfasst wurden die motorische Antizipation, die motorische Entscheidung, das motorische Kurzzeitgedächtnis sowie die optisch-räumliche Wahrnehmung mit eigens entwickelten Verfahren. Darüber hinaus wurden koordinative und konditionelle Fähigkeiten, die konzentrative Aufmerksamkeitsbelastung, anschauliches Denken und Motive des Handelns sowie Körperbaumerkmale, biologisches Alter und soziologische Daten von allen Probanden erfasst.

Ergebnisformen, Quellen, Bücher:
Vgl. Literaturverzeichnis: Nüske (1993).

2.2.9   Studie zur Kompetenz im Basketball Speyer 2002

Name der Studie: Zur Entwicklung der motorischen Kompetenz jugendlicher Basketballer.

Name des Autors/der Autoren: G. Glasauer, Forschungszirkel „N.A. Bernstein".

Zielstellung/Inhalt der Studie: Ziel der Studie war es, ausgehend von praktischen Erfahrungen ein wissenschaftstheoretisches Konzept für den Forschungsgegenstand des Koordinationstrainings im Basketball zu entwickeln. Dieser Ansatz wurde in ein konkretes Trainingsprogramm übertragen und empirisch überprüft.

Zeitraum der Studie: September 2000 bis zum Februar 2001.

Anzahl und Charakteristik der Probanden: Als Untersuchungsgruppe fungierten zehn U-16-Vereinsmannschaften mit 125 dreizehn- bis fünfzehnjährigen männlichen Versuchspersonen aus Basketball-Leistungsligen im Südwesten Deutschlands.

Verwendete Tests und Verfahren/Methoden: Die Untersuchung wurde mit empirisch-analytischen, experimentellen und mathematisch-statistischen Methoden durchgeführt. Dem Trainingsexperiment lag ein quasi-experimenteller Untersuchungsplan mit einer Versuchs-Kontrollgruppen-Anordnung zugrunde. Für die Erfassung von körperlichen Merkmalen, Fähigkeiten und Fertigkeiten wurden quantitative Verfahren in Form anthropometrischer Messungen und standardisierter motorischer Tests eingesetzt. Die Diagnose von Kompetenzen erfolgte durch konzeptorientierte Expertenratings.

Ergebnisformen, Quellen, Bücher:
Vgl. Literaturverzeichnis: Glasauer (2003).

2.2.10   Leipziger Studie zur koordinativen Entwicklung in der Pubeszenz

Name der Studie: Biologisches Alter und koordinative Entwicklung in der Pubertät.

Name des Autors/der Autoren: K. D. Sharma, Forschungszirkel „N.A. Bernstein".

Zielstellung/Inhalt der Studie: Mit der Studie sollte die Entwicklung koordinativer Fähigkeiten im Zeitraum der Pubeszenz und in Abhängigkeit vom biologischen Alter näher beleuchtet werden.

Zeitraum der Studie: Dezember 1984 bis Juni 1985.

Anzahl und Charakteristik der Probanden: Untersucht wurden 93 Leipziger Schüler im Alter zwischen 12 und 14 Jahren, die Schulsportgemeinschaften angehörten und einmal wöchentlich an einem Handballtraining teilnahmen.

Verwendete Tests und Verfahren/Methoden: Erfasst wurden umfangreiche anthropometrische Daten sowie koordinative Fähigkeiten mit der Greifswalder Testbatterie (von Jung, 1983): „Ball-Reaktions-Test", „Genaues Tempolaufen", „Medizinball-Nummern-Lauf", „Balancieren mit langer Nase" u.a.

Ergebnisformen, Quellen, Bücher:
Vgl. Literaturverzeichnis: Sharma (1993).

2.2.11 Fuldaer Studien zur motorischen Entwicklung und Plastizität Behinderter 1999 bis 2004

Name der Studien: Querschnittstudien zur koordinativ-motorischen Entwicklung und Plastizität von erwachsenen Menschen mit einer geistigen Behinderung.

Name des Autors/der Autoren: G. Ludwig, A. Wehrhahn, S. Knoch, A. Reichel & T. Schneider.

Zielstellung/Inhalt der Studien: Ziel der Studien war der Nachweis von Entwicklungsfortschritten bei ausgewählten koordinativen Leistungsvoraussetzungen durch spezielle Trainingsprogramme und darüber hinaus zu deren Trainierbarkeit im Erwachsenenalter unter den Bedingungen einer vorliegenden geistigen Behinderung.

Zeitraum der Studien: 1999 bis 2004.

Anzahl und Charakteristik der Probanden: In die Studien waren 12 geistig behinderte Menschen einer Werkstatt für behinderte Menschen in Fulda im Alter von 32 bis 49 Jahren einbezogen, die im Rahmen der arbeitsbegleitenden Maßnahmen einmal in der Woche am Sport teilnehmen.

Verwendete Tests und Verfahren/Methoden:

- Studie zur Förderung der *Reaktionsfähigkeit* (Wehrhahn, 2000): Ballreaktionstest (Jung, 1983), Fallstabtest

- Studie zur Förderung der *räumlichen Orientierungsfähigkeit* (Knoch, 1999): „Stuhl-Farben-Lauf" (modifizierte Form des „Medizinball-Nummern-Laufs" nach Jung, 1983)
- Studie zum *Bewegungsgefühl* mit geistig Behinderten (Schneider, 2001): „Stuhl-Farben-Lauf", „Balltransport im Slalom", „Niedersprünge auf eine Zielmarkierung" (in modifizierter Form nach Jung, 1983), „Ballzielwurf – rückwärts" (in modifizierter Form nach Jung, 1985).
- Studie zur Verbesserung der *motorischen Handlungskompetenz* über unterschiedliche didaktische Vorgehensweisen (Reichel, 2004): Fallstabtest, Zielwurftest, Stuhl-Farben-Lauf, Standgleichgewicht, Komplexer Kompetenztest (nach Eisfeld, 2005), Los KF 9, aus der Kurzform (KF 18) der Lincoln-Oseretzky-Skala (Bös, 2001, S. 170) wurden zur Bewertung feinmotorischer Leistungen und des Körperbewusstseins neun Testelemente ausgewählt: Rhythmisches Klopfen mit Fingern und Füßen, seitliche Kreise mit Zeigefingern, Streichhölzer sortieren, Fingerbewegungen, beidhändig Pfennige und Streichhölzer einsammeln, Labyrinth durchfahren, Kreis ausschneiden, Füße klopfen und Finger kreisen, Finger an Nase.

Ergebnisformen, Quellen, Bücher:
Vgl. Literaturverzeichnis: Hirtz, Hotz & Ludwig (2003), Ludwig &. Ludwig (2002), Knoch (1999), Wehrhahn (2000), Schneider (2001), Reichel (2004).

2.2.12   Greifswalder Studie zur koordinativ-motorischen Entwicklung jüngerer Erwachsener 1976 bis 1978

Name der Studie: Gemischte Quer- und Längsschnittstudie zur koordinativ-motorischen Entwicklung und Plastizität jüngerer Erwachsener.
Name des Autors/der Autoren: E. Schielke, Forschungszirkel „N.A. Bernstein"
Zielstellung/Inhalt der Studie: Mit der Studie sollte der Entwicklungsstand und Entwicklungsverlauf vorrangig koordinativer Leistungsvoraussetzungen von jüngeren Erwachsenen gekennzeichnet und darüber hinaus Aussagen zur Beeinflussbarkeit und Trainierbarkeit in diesem Alter getroffen werden.
Zeitraum der Studie: 1976 Querschnittstudie; 1976-1978 Längsschnittstudie (Experiment).
Anzahl und Charakteristik der Probanden: Teilnehmer der Querschnittstudie waren 350 Studentinnen und Studenten im Alter von 19 bis 24 Jahren. An dem

zweijährigen Experiment nahmen je 25 Studentinnen und Studenten (plus 50 Kontrollpersonen) teil.

Verwendete Tests und Verfahren/Methoden: Das Untersuchungsprogramm umfasste neben der Messung von Körperbaumerkmalen (Körperhöhe und -gewicht) und verschiedener psychophysischer Funktionen (Reaktionszeiten, kinästhetische Differenzierung, Wahrnehmungsleistungen, Sehschärfe), eine Reihe von sportmotorischen Tests zur Erfassung koordinativer (Gleichgewicht, Ganzkörper-Reaktion, Orientierung) und konditioneller (Laufschnelligkeit, Sprungkraft, Ausdauer) Fähigkeiten.

Ergebnisformen, Quellen, Bücher:
Vgl. Literaturverzeichnis: Schielke (1983).

2.2.13 Greifswalder Studie zur koordinativ-motorischen Entwicklung im Erwachsenenalter 1975

Name der Studie: Zur Ontogenese psychophysischer Funktionen im Erwachsenenalter.

Name des Autors/der Autoren: P. Hirtz, H. J. Vilkner & U. Henning, Greifswalder Forschungszirkel „N.A. Bernstein".

Zielstellung/Inhalt der Studie: Mit der Studie sollte der Entwicklungsstand verschiedener psychophysischer Funktionen und motorischer Fähigkeiten von Erwachsenen im Alter zwischen 20 und 80 Jahren erfasst werden.

Zeitraum der Studie: Juni 1975.

Anzahl und Charakteristik der Probanden: An der Studie beteiligten sich 250 Frauen und 450 Männer (gesamt: 700) im Alter zwischen 20 und 80 Jahren.

Verwendete Tests und Verfahren/Methoden: Erfasst wurden optisch- und akustisch-motorische Reaktionszeiten, optisch-räumliche Wahrnehmungsleistungen (mit dem Kreuz- und Symboltest nach Medwedew), räumliche (Goniometer) und Kraftdifferenzierungsleistungen (Sprungkraft-Differenzierung 50 % nach Farfel) sowie Sprungkraftleistungen (Hochsprung aus dem Stand mit Sprunggürtel-Test).

Ergebnisformen, Quellen, Bücher:
Vgl. Literaturverzeichnis: Henning (1987), Schielke & Vilkner, H.-J. (1994).

2.2.14 Greifswalder Studie zur motorischen Kompetenz im Alter 2002

Name der Studie: Motorische Kompetenz und motorische Ressourcen im Seniorenalter.

Name des Autors/der Autoren: K. Eisfeld, Forschungszirkel „N.A. Bernstein".

Zielstellung/Inhalt der Studie: Ziel der Studie war die Überprüfung des theoretischen Ansatzes der motorischen Kompetenz als Ergebnis eines Verarbeitungsprozesses von Anforderungen und Ressourcen im Seniorenalter. Es sollte alltagsrelevante und altersspezifische motorische Kompetenz im Seniorenalter erfasst und auf die individuelle Verfügbarkeit sowie übersummatives und kompensatorisches Nutzen von Ressourcen untersucht werden. Individuelle Lösungsstrategien und Kompensationsmechanismen bei spezifischen motorischen Anforderungssituationen sollten aufgedeckt werden.

Zeitraum der Studie: Herbst 2002.

Anzahl und Charakteristik der Probanden:

Die selektierte Stichprobe setzt sich aus 168 vorrangig motorisch aktiven über-60-jährigen Senioren zusammen ($n_{weiblich}$ = 132, $n_{männlich}$ = 36), die eine sehr differenzierte motorische Biographie aufweisen.

Verwendete Tests und Verfahren/Methoden: Erfasst wurden im Rahmen der interdisziplinären Einbettung in das gemeinsame Forschungsprojekt mit dem Institut für Medizinische Psychologie (Ernst-Moritz-Arndt-Universität Greifswald) via Fragebogen allgemeine soziodemographische Variablen, Merkmale körperlicher und psychischer Gesundheit, Körperbaumerkmale (Gewicht, Größe), Gerontopsychologische Merkmale (physisches und psychisches Befinden, funktionale Kompetenz, Lebenszufriedenheit/-qualität) sowie die Sport- und Bewegungsbiographie. Zusätzlich wurden im Testverfahren (motorische) Ressourcen erfasst (Wahrnehmung und Konzentration mit dem Kreuz-Symbol-Test, räumliche Differenzierung mit dem Goniometertest, zeitliche Differenzierung mit dem Hampelmann-Differenzierungstest, Handkraft mit dem Handkraftdynamometer, einfache Reaktion per Fallstabtest, Gleichgewicht mittels „Zonengehen", Beweglichkeit als „Finger-Boden-Abstand", Feinmotorik mittels Wiener-Testsystem („Linie nachfahren"), Ganzkörperreaktion und Bewegungsschnelligkeit mit der GKR-Anlage). Insgesamt wurden weiterhin drei Kompetenzbereiche untersucht: „subjektive motorische Alltagskompetenz" (mittels Fragebogen), „Wahrnehmen, Entscheiden und Reagieren" (mit der GKR-Anlage) sowie „komplexe Situation meistern" über eine standardisierte Bewegungsbeobachtung.

Ergebnisformen, Quellen, Bücher:

Vgl. Literaturverzeichnis: Eisfeld (2004).

2.2.15 Studien zur säkularen Akzeleration und kulturwandelbezogenen Variabilität 2002 bis 2005

Name der Studie: Studien zur säkularen Akzeleration und kulturwandelbezogenen Variabilität der motorischen Entwicklung Greifswalder Schulkinder.

Name des Autors/der Autoren: P. Hirtz, A. Bremer, Greifswalder Forschungszirkel „ N.A. Bernstein".

Zielstellung/Inhalt der Studie: Die Studie hatte das Ziel, Zusammenhänge zwischen säkularen Akzelerationserscheinungen, kulturwandelbezogenen Veränderungen und der motorischen Entwicklung von Kindern und Jugendlichen aufzudecken.

Zeitraum der Studie: 2002 bis 2005.

Anzahl und Charakteristik der Probanden: Verglichen wurden zunächst die Daten der unter 2.2.1 und 2.2.3 beschriebenen Greifswalder Querschnittstudien 1974 und 1994. Hinzu kamen zwei kleinere 2004 durchgeführte Studien an Greifswalder 10-jährigen Kindern (n = 80; vgl. Abesser, 2004) und 16- bis 17-jährigen Gymnasiasten aus Herne (n = 70; vgl. Kruza, 2004). Ergänzt wurden diese durch die unter 2.2.5 und 2.2.6 beschriebenen Studien zur motorischen Leistungsfähigkeit von Schulanfängern bzw. Vorschulkindern 1986 und 2001 sowie durch bi- und interkulturelle Studien (2.2.16, 2.2.17).

Verwendete Tests und Verfahren/Methoden: Die Vergleiche beziehen sich auf die Körperhöhe und die Körpermasse einerseits sowie auf die Ausprägung konditioneller (60-m-Lauf, Schlussweitsprung) und koordinativer (Gleichgewicht, Koordination unter Zeitdruck, Koordination Genauigkeit) sowie psychophysischer (Wahrnehmung, Aufmerksamkeit) Leistungsdispositionen.

Ergebnisformen, Quellen, Bücher: Vgl. Literaturverzeichnis: Abesser (2004), Bremer (2004), Kruza (2004).

2.2.16 Binationale Studie Prag – Greifswald 2002 bis 2005

Name der Studie: Binationale Studie „Selected aspects of movement coordination in relation to motor learning", durch das Internationale Büro des BMBF gefördertes Projekt (Project-No: CZE 00/021).

Name des Autors/der Autoren: Greifswalder Forschungsgruppe „N. A. Bernstein". Leitung: P. Hirtz im Zusammenwirken mit M. Kohoutek (Prag, Tschechien).

Zielstellung/Inhalt der Studie: In einer gemischten Quer- und Längsschnittstudie über drei Jahre sollten Stand und Entwicklung koordinativer Fähigkeiten von 8- bis 10-jährigen Schulkindern erfasst und verglichen werden.

Zeitraum der Studie: 2002 bis 2005.

Anzahl und Charakteristik der Probanden: An der Querschnittstudie nahmen jährlich zwischen 300 und 400 Jungen sowie 230 bis 300 Mädchen (gesamt also 550 bis 700 Probanden) teil. In der Längsschnittstudie wurden 300 Jungen sowie 200 Mädchen erfasst.

Verwendete Tests und Verfahren/Methoden: Erfasst und verglichen wurden Parameter der somatischen Entwicklung (Körperhöhe, -gewicht, BMI, Hautfalte bzw. Fett mit Kalipermetrie, der koordinativen Fähigkeiten (Greifswalder Testbatterie von 1995: „Ball-Bank-Reaktions-Test", „Niedersprünge auf eine Zielmarkierung", „Drehungen auf der Turnbank", „Medizinball-Nummern-Lauf") und der konditionellen Fähigkeiten (Weitsprung aus dem Stand, 60-m-Lauf, 4 x 10 m, 12-Minuten-Lauf).

Ergebnisformen, Quellen, Bücher:
Vgl. Literaturverzeichnis: Kohoutek, Hendl, Vele & Hirtz (2005).

2.2.17   Binationale Studie Katowice – Greifswald 1995 bis 2000

Name der Studie: Binationale Studie „Empirische Untersuchungen zur motorischen Koordination der Kinder und Jugendlichen in Oberschlesien", durch die Stiftung für deutsch-polnische Zusammenarbeit gefördertes Projekt.

Name des Autors/der Autoren: Greifswalder Forschungsgruppe „N. A. Bernstein". Leitung: P. Hirtz im Zusammenwirken mit A. Bremer und J. Raczek (Katowice, Polen).

Zielstellung/Inhalt der Studie: Die Studie hatte das Ziel, Phänomene der motorischen Entwicklung wie Dynamik, Stagnation und Regression, Variabilität und Stabilität motorischer Fähigkeiten von 8- bis 18-jährigen Schulkindern und Jugendlichen aus binationaler Sicht zu beleuchten und mit den Ergebnissen zurückliegender Studien zu vergleichen.

Zeitraum der Studie: 1995 bis 2000.

Anzahl und Charakteristik der Probanden: Ausgewertet wurden vier repräsentative Untersuchungen mit folgenden Probandenzahlen: 1965 (n = 3836), 1975 (n = 5470), 1985 (n = 7912) und 1995 (n = 10316) – mit insgesamt also 27500 8- bis 18-jährigen Kindern und Jugendlichen der polnischen Region Oberschlesien.

Verwendete Tests und Verfahren/Methoden: Die Vergleiche beziehen sich auf die Körperhöhe, die Körpermasse und den BMI einerseits sowie auf die Ausprägung konditioneller (60-m-Lauf, Schlussweitsprung, 12-Min.-Lauf) und koordinativer (Gleichgewicht, Orientierung, Differenzierung, Reaktion, Koordination unter Zeitdruck) sowie psychophysischer (Wahrnehmung, Aufmerksamkeit) Leistungsdispositionen.

Ergebnisformen, Quellen, Bücher:
Vgl. Literaturverzeichnis: Raczek, Mynarski & Ljach (1998), Bremer & Hirtz (2004).

2.3   Statistische Verfahren

Vorbemerkungen
Den vorgestellten Untersuchungen liegen folgende drei grundsätzliche Versuchspläne zu Grunde:

Eine Grundform der Versuchsplanung ist die *Querschnittstudie*. Möglichst an einem oder einigen wenigen zeitlich nahe beieinander liegenden Messterminen werden verschiedene Merkmale einer relativ großen Stichprobe erfasst. Die beteiligten Probanden können dabei in einigen Merkmalen einheitlich sein (z. B. alle aus einer Region) sich in anderen wie z. B. dem Alter aber auch unterscheiden. In der Auswertung kann dann z. B. die Mittelwertentwicklung der untersuchten Variablen mit dem Alter abgeschätzt werden. Hierbei wird, sicher mit einem gewissen Fehler, der erfasste Momentanzustand auf eine lebensalterabhängige Entwicklung verallgemeinert.

Ganz anders setzt die *Längsschnittstudie* an. Hier wird zu einem Anfangszeitpunkt eine Stichprobe ausgesucht und diese immer wieder gleichen Probanden werden dann über mehrere Messzeitpunkte (unter Umständen Jahre und Jahrzehnte) mit immer den gleichen Messmethoden in ihrer weiteren Entwicklung verfolgt. Über den hohen zeitlichen Aufwand erschließt sich die Möglichkeit echte individuelle Entwicklungsverläufe auszuwerten.

Noch ein anderer Ansatz ist das *Experiment.* Hierbei wird die Wirkung einer experimentellen Beeinflussung (z. B. durch ein Trainingsprogramm) an einer Probandengruppe durch Wiederholung gleichartiger Messungen vor (prä), während bzw. nach (post) dem Experiment untersucht. Zur Erhöhung der Messgenauigkeit wird meist auch eine Kontrollgruppe gebildet, die nicht der experimentellen Beeinflussung unterliegt aber auch an den Messterminen mit den gleichen Methoden untersucht wird.

Je nach gewähltem Untersuchungsansatz ergaben sich zwangsläufig auch unterschiedliche statistische Auswertungsmethoden. Deren wesentliche Voraussetzungen, Ziele und Ergebnisinterpretationen sollen im Weiteren in Übersichtform erläutert werden.

Deskriptive Statistik

Unter deskriptiver oder beschreibender Statistik versteht man alle Methoden zur einfachen Darstellung der an einer Stichprobe gemessenen Werte. Das kann in tabellarischer oder grafischer Form erfolgen. Anliegen ist es sich zunächst einen Überblick über die in den Messungen erhaltenen Informationen zu verschaffen. Je nach vorliegender Form der Häufigkeitsverteilung der beobachteten Daten wurde unterschiedlich vorgegangen. Am besten geeignet für spätere analytische Methoden der Statistik ist die Normalverteilung. Ob Normalverteilung vorlag wurde mit dem Kolmogorow-Smirnow-Test geprüft. Der hier ermittelte Signifikanzwert ist der Fehler den man begeht wenn man die Nullhypothese (keine Abweichung von der Normalverteilung) ablehnt. Normalverteilung wurde angenommen, wenn dieser Wert größer 0,05 (5 %) blieb. Sofern Normalverteilung vorlag, wurden Mittelwert, Standardabweichung (Wurzel aus der Varianz) und Variabilitätskoeffizient (Standardabweichung geteilt durch den Mittelwert) zur Beschreibung der Beobachtungen genutzt.

Lagen starke Abweichungen von der Normalverteilung vor oder wurde der Mittelwert durch Extrem- und Ausreißerwerte verfälscht, bot sich der *Median* als Zentralwertmaß an. Der Median ist der Wert, der die nach der Größe geordneten Messwerte (Rangreihe) in zwei gleich große 50 %-Bereiche teilt. Als Streuungsparameter wird dann der Interquartilabstand verwendet. Er ergibt sich aus der Differenz der Werte, die an den Stellen 25 bzw. 75 % der Rangreihe vorliegen.

Bei nicht vorliegender Normalverteilung ermöglichte uns die Umrechnung der Originalwerte in Punkte den Übergang zur Normalverteilung. Zur Berechnung der Punkttabellen wurde die *standardisierte Normalverteilung* herangezogen und deshalb sind die berechneten Punktwerte unabhängig von der Verteilung der originalen Messwerte immer normalverteilt. Gleichzeitig haben Punktwerte den Vorteil, dass damit die Leistung der Probanden in unterschiedlichen Tests vergleichbar wird. Allerdings sind für die zuverlässige Berechnung von Normwerttabellen Ausgangswerte einer genügend großen Stichprobe erforderlich. Außerdem muss immer genau bedacht werden für welche Probandengruppe die Normierung gültig ist (berechnet für welche Alterklasse, Altersklassengruppe, Geschlecht usw.).

Inferenzstatistik – Prüfverfahren/ Signifikanztest – Effektgrößen
Mit Hilfe der Inferenzstatistik wurden die Aussagen der an einer Stichprobe erhaltenen Werte auf die Grundgesamtheit übertragen. Die dabei unvermeidlichen Fehler und Ungenauigkeiten wurden aus der Verteilungsfunktion der Stichprobenwerte geschätzt. Wichtige Parameter waren dabei die Probandenzahl, die Standardabweichung und der Standardfehler des Mittelwerts. Zugehörig zum Mittelwert wurden teilweise auch Konfidenzintervalle berechnet. Innerhalb dieses Intervalls um den Mittelwert der Stichprobe herum wird der wahre Mittelwert der Grundgesamtheit mit der zur Berechnung gewählten Wahrscheinlichkeit liegen. Dabei wird üblicherweise das Intervall so berechnet, dass nur mit einem Restfehler von höchstens 5 % der wahre Mittelwert doch außerhalb des Intervalls liegen könnte.

Des Weiteren gehört zur Inferenzstatistik die *Prüfung von Mittelwertunterschieden*, die zwischen bestimmten Gruppen der Stichprobe beobachtet werden. Solche Gruppenunterschiede können z.B. durch Alter, Geschlecht, Termin (vor bzw. nach einer Intervention) definiert sein. Als Nullhypothese wurde angenommen, dass die beobachteten Unterschiede rein zufällig sind. Die Überprüfung dieser These wurde bei vorliegender Normalverteilung mit dem t-Test, sonst mit dem nichtparametrischen U-Test bzw. bei Varianzanalysen mit dem F-Test ausgeführt. Die Nullhypothese wurde so lange beibehalten wie deren Wahrscheinlichkeitswert (p-Wert, nach engl. probability) größer 0,05 (5 %) blieb. Erst dann wurde zur Alternativhypothese, dass die beobachteten Unterschiede signifikant sind, übergegangen. Höhere Signifikanzniveaus liegen vor, wenn der p-Wert 0,01 oder sogar 0,001 unterschreitet.

Wurde ein betrachteter Unterschied signifikant, war als zweites unbedingt die Größe des beobachteten Effekts einzuschätzen. Bei genügend großer Stichprobe lässt sich jeder auch noch so kleine Mittelwertunterschied auch als signifikant nachweisen. Ob dieser Unterschied dann aber auch von Bedeutung ist, kann nur durch die Berechnung der *Effektgröße* abgeschätzt werden. Je nach gerade betrachtetem statistischem Kennwert waren unterschiedliche Effektgrößen zu berechnen. Bei Mittelwertvergleichen, wurde die relative Mittelwertdifferenz (d) aus dem Mittelwertunterschied und den Standardabweichungen der Mittelwerte der zu vergleichenden Stichproben geschätzt. Diese Methode, die absolute Mittelwertdifferenz relativ zur durchschnittlichen Streuung zu bewerten, wurde z.B. zur Bewertung der Stärke der säkularen Trenderscheinungen genutzt.

$$d = \frac{|M_1 - M_2|}{s_d} \quad mit \quad s_d = \sqrt{\frac{s_1^2(n_1 - 1) + s_2^2(n_2 - 1)}{n_1 + n_2 - 2}}$$

M_1, M_2, s_1, s_2, n_1, n_2 – Mittelwerte, Standardabweichungen und Probandenzahlen der zu vergleichenden Stichproben.

Korrelationsberechnungen ergaben den Korrelationskoeffizient (r bzw. r^2) selbst als Effektgröße. Bei Varianzanalysen wurde die Effektgröße nach dem relativen Anteil des durch die unabhängige Variable erklärten Teils (η bzw. η^2) der Gesamtvarianz der abhängigen Variablen eingeschätzt.

Die Größe des Effekts wurde nach der in Tabelle 2 dargestellten üblichen Konvention bewertet.

Tab. 2: Konvention zur Beurteilung von Effektgrößen nach Cohen (1988)

Effektgröße	d	r	r^2	η	η^2
klein	0,2	0,1	0,01	0,1	0,01
mittel	0,5	0,3	0,09	0,24	0,06
groß	0,8	0,5	0,25	0,37	0,14

Korrelationsberechnungen

Korrelationsberechnungen wurden eingesetzt um den Zusammenhang von zwei oder mehreren Variablen zu untersuchen. Für metrische, normalverteilte Variablen wurde die Produktmomentkorrelation nach Pearson verwendet. Nicht normalverteilte oder ordinalskalierte Variablen erforderten die Rangkorrelation nach Spearman oder den symmetrischen Zusammenhangskoeffizienten Kendall-Tau-b.

Wo die Korrelation zwischen den zwei Variablen durch eine dritte Variable beeinflusst wurde, erfolgte die Berechnung mit der Methode partieller Korrelation. Dabei wurde die Störgröße als Kontrollvariable definiert und deren Einfluss auf den Korrelationskoeffizienten herausgerechnet.

Varianzanalysen

Grundsätzliche Aufgabe von Varianzanalysen „ist die statistische Beurteilung des Einflusses von nominal skalierten (kategorialen) Faktoren auf intervallskalierte abhängige Variable" (Rudolf & Müller, 2004, S. 75). Anders als beim nur zwei

Stufen vergleichenden t-Test konnte mit der Varianzanalyse der Einfluss mehrerer, vielfach gestufter Faktoren gleichzeitig global berücksichtigt werden. Einige der Untersuchungen nutzten auch den mehrfaktoriellen Ansatz, bei dem mehrere unabhängige Merkmale gleichzeitig in ihrer Wirkung auf eine abhängige Größe untersucht wurden. Unumgänglich war der Einsatz der Varianzanalyse wenn es sich bei der unabhängigen Größe nicht um in Stufen auftretende Kategorien sondern um intervallskalierte Werte handelte. Dann wurde eine Kovarianzanalyse mit der unabhängigen Größe als Kovariable durchgeführt.

Ein spezieller Fall lag bei Messwiederholungen an der gleichen Probandengruppe, also bei abhängigen Stichproben, vor. Die richtige Methode zur Untersuchung der Wirkung der unabhängigen Faktoren auf die abhängige Variable war dann die *Varianzanalyse bei Messwiederholungen*. Hiermit ließen sich viele Fragestellungen von Prä-Post-Designs oder auch Längsschnittstudien klären. Unterschiedliche Messzeitpunkte oder auch Versuchs- bzw. Kontrollgruppenparameter konnten dabei jeweils als Faktoren in die Analyse einbezogen werden.

Als Ergebnis aller Analysen wurden zunächst Wahrscheinlichkeiten (p-Werte) ausgegeben, die bei einem Wert kleiner 0,05 für den betrachteten Faktor einen signifikanten Einfluss anzeigten. Die Effektstärke wurde danach mittels η^2, des durch den Faktor erklärten Anteils an der Gesamtvarianz der abhängigen Variablen, eingeschätzt.

Clusteranalyse, Diskriminanzanalyse

Die *Clusteranalyse* wurde meistens zur Aufklärung von bestimmten Gruppierungen der Probanden manchmal aber auch zur Untersuchung von Ähnlichkeiten der untersuchten Variablen genutzt. Dabei wurden die Gruppen so gebildet, dass die Unterschiede innerhalb des Clusters möglichst klein, zwischen ihnen aber möglichst groß sein sollten. Vorausgehende Annahmen über die Anzahl und Charakterisierung der Cluster waren nicht notwendig. Die Bildung der Cluster erfolgte schrittweise und orientierte sich an unterschiedlich definierten Distanzmaßen wie z.B. dem euklidischen Abstand der Probanden im n-dimensionalen Variablenraum. Die Interpretation der zunächst rein statistisch formalen Ergebnisse erforderte logisch inhaltliche Überlegungen und führte an die innere Struktur der Stichprobe heran.

Bei der *Diskriminanzanalyse* wird prinzipiell „ein Individuum aufgrund von Merkmalen (unabhängigen Variablen) einer von zwei oder auch mehreren fest vorgegebenen Gruppen zugeordnet" (Bühl & Zöfel, 2005, Kapitel 18). Die Zuordnung erfolgte mit Hilfe der Diskriminanzfunktion, einer linearen Kombination aller berücksichtigten Einflussvariablen. Die Koeffizienten dieser Gleichung wurden so bestimmt, dass die Trennung der Probanden in die vorgegebenen Gruppen möglichst gut erfolgte. Zwar wurde die Diskriminanzfunktion bei schon bekannter Gruppenzugehörigkeit an der Stichprobe bestimmt, sie konnte und kann im Weiteren dann aber zur Vorhersage der Gruppenzugehörigkeit noch nicht zugeordneter Probanden genutzt werden. Die Güte der Diskriminanzfunktion ließ sich an der Prozentzahl der richtigen Zuordnungen zu den Gruppen abschätzen.

Faktorenanalyse

Mit Hilfe der Faktorenanalyse wurde die innere Struktur der gemessenen Merkmale in komplexer Sichtweise untersucht. Eine typische Anwendung war es in den Daten enthaltene noch unbekannte und nicht direkt messbare neue theoretische Konstrukte aufzuspüren und diesen in einer anschließenden inhaltlich logischen Diskussion bestimmte Bedeutungen zuzuweisen. Die Faktorenanalyse als ein Verfahren zur Datenreduktion weist jeweils mehrere der gemessenen Originalvariablen einem der neuen Faktoren zu. Die Berechnung verfolgt dabei das Ziel mit möglichst wenigen Faktoren einen möglichst hohen Anteil der Gesamtvarianz aller Variablen der Stichprobe aufzuklären. Besonders gut interpretierbar wird die Lösung, wenn das durch die Faktoren gebildete neue Koordinatensystem so gedreht wird, dass dessen Achsen optimal durch die im n-dimensionalen Variablenraum liegenden Punktwolken der Probanden gehen. Dabei erreichen die Faktorenladungen zwischen den Variablen und Faktoren maximale Variation (Varimax-Rotation). Welche Variablen zu welchem Faktor zusammenzufassen sind, wurde an den Faktorenladungen der rotierten Lösung abgelesen. Die Faktorenladungen stellen den Korrelationskoeffizienten zwischen dem Faktor und der jeweiligen Variable dar. Dementsprechend liegen die Werte zwischen -1 und +1. Je stärker die Verbindung einer Variablen zu einem Faktor, umso höher war auch der absolut genommene Wert der Faktorenladung.

Wie viele Faktoren für das Modell sinnvoll waren, wurde formal mit dem Kaiser-Guttman-Kriterium (Faktoreigenwert > 1) festgelegt. Dies bedeutete, dass der letzte noch berücksichtigte Faktor mindestens zwei der Originalvariablen zusammenfasste und somit das Anliegen der Datenreduktion konsequent verfolgt wurde. In der Praxis wurde aber eher die inhaltliche Deutung der Faktoren als Kriterium für deren zu berechnende Anzahl benutzt.

3 Säkulare Akzeleration, kulturwandelbedingte Veränderungen und motorische Entwicklung

3.1   Einführung

Im Abschnitt 1.5 wurde bereits kurz dargelegt, dass die menschliche Entwicklung von den kulturhistorischen Bedingungen abhängig ist. Der Einfluss des historischen Wandels von Kultur und Gesellschaft auf die Entwicklung des Menschen wird allgemein anerkannt. *Kulturwandel* wird in der Literatur als „Wandel vorherrschender kultureller Strukturen, Muster und Codes", als „funktionelle Differenzierung bestehender Orientierungssysteme" oder als „prozeßhafter Wandel historisch gewachsener Figurationen" (Robertson & Winter, 2000, S. 17) beschrieben. Der Terminus „kulturwandelbezogene Entwicklungssysteme bzw. Einflussfaktoren" geht auf das Dreifaktorenmodell des Entwicklungspsychologen Baltes (1990) zurück.

Als Folge des Kulturwandels wurden zunächst vorwiegend Entwicklungsbeschleunigungen beobachtet. So prägte der Leipziger Schularzt E.W. Koch den Begriff der *säkularen Akzeleration* erstmals 1935. Er bezog sich damals allein auf die beschleunigte körperliche Entwicklung der Heranwachsenden gegenüber gleichaltrigen Kindern vorangegangener Epochen bzw. älterer Generationen (vgl. Reißig, 1985, S. 9). Sie äußert sich u.a. auch in einer Vorverlagerung der geschlechtlichen Reife.

Auch heute noch wird unter dem Begriff säkulare Akzeleration die beschleunigte und (qualitativ und/oder quantitativ) gesteigerte Entwicklung mit einem früheren Abschluss des Körperwachstums im Vergleich zu vorangegangenen Generationen verstanden (vgl. Walther, 2003).

Erscheinungsformen der säkularen Akzeleration sind u.a. (modifiziert nach Möckelmann, 1981; Reißig, 1985 und Fischer, 1989):

* Wachstumsbeschleunigung von Skelettsystem und verschiedenen Organen
* Verlängerung der Gravidität um 2 Tage und Erhöhung der Neugeborenenmaße um 1,5 cm und 200 g
* zeitliche Vorverlegung verschiedener Entwicklungsvorgänge z.B. Geschlechtsreife, puberaler Wachstumsschub, Stimmbruch, Zahnung
* zeitliche Verschiebung des Auftretens verschiedener Krankheiten und der Veränderung in ihrem Verlauf
* Erhöhung der Endergebnisse durchschnittlicher Körperbaumaße
* Späteres Auftreten der Menopause
* Verzögerung von Alterungsprozessen
* Höhere Lebenserwartung u.a.

Als *Ursachenkomplexe* der Akzelerationserscheinungen erweisen sich nach Strauß (1996) und Walther (2003) besonders:

- bessere Ernährung (qualitativ und quantitativ)
- Eindämmung der früher häufigeren Infektionskrankheiten (Morbiditätsabnahme)
- erhöhte Reizzufuhr im städtischen Gebiet
- zeitlich begrenzte und dosierte Stresseinwirkung in der Kindheit
- klimatische Einwirkungen
- vermehrte Lichtexposition
- vermehrte sportliche Betätigung, erhöhte Erholungsmöglichkeiten
- gute hygienische und sozioökonomische Bedingungen
- bessere Arbeits- und Wohnbedingungen.

„Die Ursachen der Akzeleration liegen im Komplex der gesamten Lebensweise, die von den gesellschaftlichen Bedingungen, von der Stellung des Menschen in der Gesellschaft, abhängt" (Crasselt, Forchel & Stemmler, 1985, S. 106). Entwicklungsbeschleunigungen sind die Folge einer „allgemeinen Verbesserung der Lebensbedingungen" (Reißig, 1985, S. 9). Eine gesellschaftlich bedingte Veränderung der Biologie des Menschen umfasst jedoch mehr als nur Entwicklungsbeschleunigungen, so dass der Begriff der Akzeleration die Prozesse nicht vollständig erfasst, worauf später noch einmal ausführlicher eingegangen werden soll.

Das Akzelerationsgeschehen wurde zunächst mit einiger Skepsis beobachtet (z.B. als ungesunde, traumatisierende Entwicklung, Urbanisierungstrauma bei Rudder, 1960, „Treibhauswachstum", mangelnde Widerstandskraft). Später wurde es wesentlich positiver, z.B. als „progressive Anpassungserscheinung an veränderte Lebensbedingungen", „Teil eines alle Lebensalter erfassenden Prozesses einer sozial determinierten *Optimierung* der Entwicklung des Menschen" (Fuchs & Winter, 1976, S. 36), gesehen, eingeordnet und bewertet.

Neben der Frage, ob dieser säkulare Entwicklungstrend noch heute weiter anhält, interessiert besonders, ob er auch zu einem epochalen Entwicklungswandel der menschlichen *Motorik* führt und ob sich die Akzelerationserscheinungen bzw. die Auswirkungen auf die motorische Entwicklung generell geschlechtsunabhängig vollziehen. Auf diese und andere Fragen sollen in den folgenden Abschnitten anhand bisheriger Untersuchungen und besonders auch der Greifswalder Studien (Überblick vgl. Kapitel 2) entsprechende Antworten gefunden werden.

Zunächst wird der somatische Akzelerationstrend näher untersucht (3.2), bevor Akzelerationserscheinungen im geistig-konzentrativen Bereich nachgegangen werden soll (3.3). Schließlich werden die Auswirkungen bzw. Entwicklungen im konditionell-energetischen (3.4) und im koordinativen (3.5) Leistungsbereich untersucht. Parallel dazu wird jeweils der Geschlechtsspezifik Aufmerksamkeit geschenkt, bevor abschließend die Ergebnisse noch einmal zusammengefasst werden (3.6).

3.2   Somatische Entwicklung

3.2.1   Somatische Entwicklung im 20. Jahrhundert

Die Abbildungen 2 bis 4 zeigen sehr eindrucksvoll die somatischen Veränderungen *jüngerer Schulkinder* in Deutschland während des 20. Jahrhunderts. Insgesamt konnte im Vergleich dieser sechs Studien eine Erhöhung der Körperhöhe um 13 bis 16 cm und eine Erhöhung des Körpergewichts um durchschnittlich 6 bis 9 kg in etwa 100 Jahren festgestellt werden. Auch in den letzten 40 Jahren waren Veränderungen von 5 bis 8 cm bzw. 3 bis 5 kg zu registrieren. Geschlechtsspezifische Besonderheiten liegen bei der Körperhöhe im 1-cm-Bereich und sind hier durchaus vernachlässigbar (vgl. auch Peters, 1963).

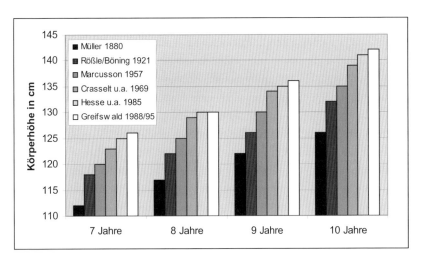

Abb. 2:   Säkulare Akzeleration im 20. Jahrhundert. Veränderungen der Körperhöhe 7- bis 10-jähriger Schulkinder zwischen 1880 und 1994/95

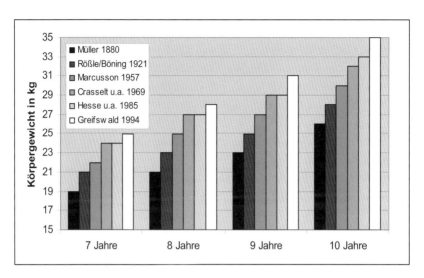

Abb. 3:   *Säkulare Akzeleration im 20. Jahrhundert. Veränderungen des Körpergewichts*
           7- bis 10-jähriger Schulkinder zwischen 1880 und 1994/95

Beim Körpergewicht gibt es in den neueren Studien ab etwa dem 9. Lebensjahr
Unterschiede von durchschnittlich 1 bis 2 kg meist zu Gunsten der Mädchen.

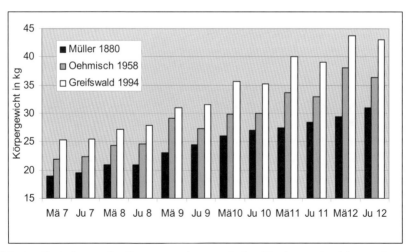

Abb. 4:   *Veränderung des Körpergewichts von 7- bis 12-jährigen Mädchen und Jungen*
           zwischen 1880 und 1994 (nach Müller, 1880; Oehmisch, 1958; Peters, 1963 und
           Sharma & Hirtz 1994)

Auch Markosjan (1985) und Strauß (1996) belegen in ihren Studien zu *älteren Schulkindern* enorme Körperhöhenzunahmen zwischen 1900 und 1970 (um bis zu 15 cm) bzw. auch noch zwischen 1953 und 1991 (um 8 bis 14 cm). Gleichzeitig verlagerte sich der Zeitpunkt des Wachstumsabschlusses nach vorn und erhöhte sich das durchschnittliche Körpergewicht deutlich (bis zu 13 kg bei 16-jährigen Jungen bei Strauß). Zu ähnlichen Erkenntnissen gelangen eine ganze Reihe weiterer, auch internationaler Studien. Sie alle bestätigen übereinstimmend die säkulare Akzeleration, die Beschleunigung der somatischen Entwicklung unserer Heranwachsenden im vergangenen Jahrhundert.

Im Folgenden sollen Ergebnisse eigener und internationaler Studien die Frage beantworten, wie sich dieser Trend in den letzten Jahrzehnten zeigte.

3.2.2   Somatische Entwicklung Greifswalder Schulkinder zwischen 1974 und 1994

Eine Betrachtung der somatischen Entwicklung, also der qualitativen und quantitativen Veränderungen des Körpers, von 7- bis 12-jährigen Schulkindern zweier Greifswalder Querschnittstudien (vgl. Kap. 2) aus den Jahren 1974 und 1994 kann eine erste Antwort auf die Frage nach einer fortgeführten säkularen Akzeleration geben. Abbildung 5 zeigt die Entwicklung der Körperhöhe und des Körpergewichts der Jungen beider Stichproben. Eindeutig und in allen Altersklassen statistisch gesichert ist der Größen- und Gewichtsvorteil der Teilnehmer an der jüngeren Stichprobe (1994). Ähnliche Ergebnisse zeigen sich bei den Mädchen, wenn auch auf einem etwas geringeren Niveau. Im Durchschnitt beträgt der Zuwachs bei den *Jungen* 7,0 cm und 5,2 kg (mit Spitzenwerten von über 8 cm und 7,2 kg bei den 11- und 12-Jährigen) und bei den *Mädchen* 6,2 cm und 4,6 kg (mit Spitzenwerten von 8,1 cm und 6,9 kg bei den 12-Jährigen). Abbildung 6 zeigt die Veränderungen innerhalb von 20 Jahren in Prozent. Die Jungen sind im Schnitt um 5,1 % größer und 16,3 % schwerer geworden. Die Mädchen können auf eine Körperhöhensteigerung um 4,6 % und einen Gewichtszuwachs um 13,9 % verweisen. Der Gewichtszuwachs erweist sich also als noch bedeutsamer als der Körperhöhenzuwachs und nimmt mit dem Alter deutlicher zu.

Der berechnete Rohrer-Index, der die Massenentwicklung im Verhältnis zum Längenwachstum charakterisiert und auch als Körperfüllindex beschrieben wird, wie auch der Body-Mass-Index (BMI), der sich auf das körperbezogene Lastverhältnis bezieht, und der prozentuale Fettanteil bestätigen übereinstimmend, dass sich die entsprechenden Indizes zwar erhöht haben, aber im Durchschnitt sowohl bei Mädchen als auch bei Jungen in den jeweiligen Normbereichen liegen (vgl. Abb. 7).

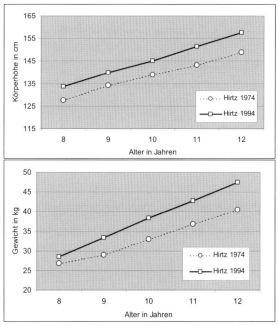

Abb. 5: *Vergleich der Körperhöhe 7- bis 12-jähriger Greifswalder Jungen und des Körpergewichts gleichaltriger Mädchen1974 und 1994 (unten)*

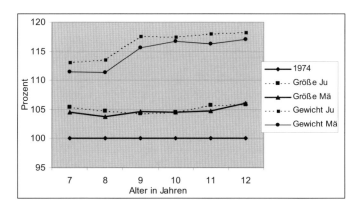

Abb. 6: *Vergleich von Körperhöhe und Körpergewicht von 7- bis 12-jährigen Mädchen und Jungen aus dem Jahr 1994 bezogen auf die Ergebnisse von 1974 (100%)*

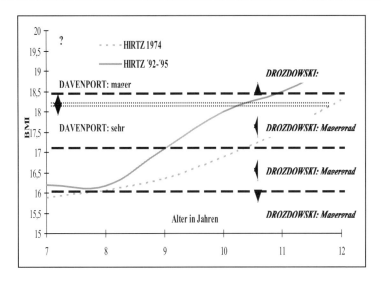

Abb. 7:   *Vergleich des BMI 7- bis 12-jähriger Greifswalder Mädchen der Jahre 1974 und 1994 mit den Normwerten von Davenport (1929 in Strauß, 1996) und Drozdowski (1998)*

Eine Überprüfung des säkularen Trends und seiner Effektstärken nach Mekota und Zahradnik (2003, vgl. auch Kapitel 2) ergibt die eindeutige Aussage, dass dieser hinsichtlich der körperbaulichen Entwicklung weiter anhält. Bei der Körperhöhen-entwicklung konnten signifikante Effektstärken zwischen 0,60 und 1,15, bei der Gewichtsentwicklung zwischen 0,60 und 0,87 und selbst beim BMI zwischen 0,26 und 0,58 errechnet werden. Lediglich bei den Relativgrößen Rohrer-Index und Fettanteil konnte ein säkularer Trend im Sinne einer Beschleunigung (Akzeleration) nicht bestätigt werden. Der säkulare Trend hinsichtlich Körperhöhe und Körpergewicht ist, bezogen auf die hier untersuchten Stichproben, also immer noch aktuell. Teilweise sind sogar höhere Effektgrößen zu verzeichnen als bei Mekota und Zahradnik (2003), die Stichproben mit 40 Jahren Zeitunterschied auf dieses Phänomen hin untersuchten.

3.2.3   Somatische Entwicklung polnischer Kinder und Jugendlicher zwischen 1965 und 1995

Die wohl bekannteste und aussagekräftigste Studie stammt aus einem gemeinsamen Projekt Katowice – Greifswald (vgl. Kap. 2). Raczek (1995, 2002a, 2002b) untersuchte in repräsentativen Querschnittstudien zwischen 1965 und 1995 in zehnjährigem Abstand südpolnische Kinder und Jugendliche mit einem authentischen Testinstrumentarium. Dabei wurden auch Körperhöhe und -gewicht (Abb. 8 am Beispiel der Mädchen) ermittelt und verglichen.

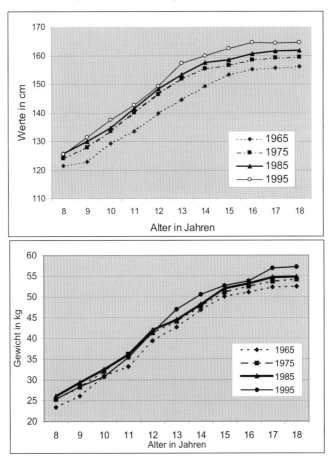

Abb. 8: Entwicklung der Körperhöhe (oben) und des Körpergewichts (unten) polnischer Mädchen zwischen 1965 und 1995 (Raczek, 1995)

Ingesamt sind die polnischen Mädchen im Durchschnitt aller Altersklassen in den 30 Jahren zwischen 1965 und 1995 um 9,0 cm und die Jungen um 10,3 cm gewachsen, wobei der größte Schub im ersten Jahrzehnt erfolgte (4,7 bzw. 6,3 cm). Schwerer wurden die Mädchen in diesem Zeitraum um durchschnittlich 2,82 kg, die Jungen um 3,92 kg. Interessant ist dabei, dass im letzten Jahrzehnt zwischen 1985 und 1995 bei den 8- bis 12-jährigen Kindern eine Stagnation bzw. sogar ein leichter Rückgang des Körpergewichts bei weiter ansteigender Körperhöhe zu verzeichnen ist, während die 12- bis 18-jährigen Mädchen und Jungen ihr Gewicht mit der Körpergröße weiter erhöhen. Auch hier wird deutlich, dass der säkulare Trend – besonders bezogen auf die Körperhöhe – auch in unserem Nachbarland weiter anhält. Ein *Vergleich* der beiden Studien zu den etwa gleichen Zeitpunkten

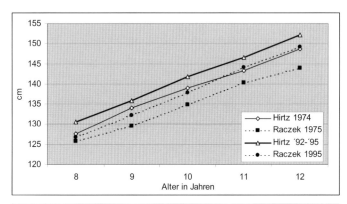

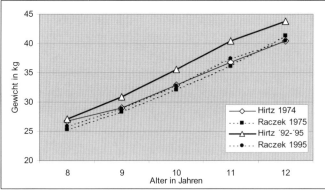

Abb. 9:   Veränderungen der Körperhöhe Greifswalder und südpolnischer Jungen (oben) sowie des Körpergewichts der Mädchen im binationalen Vergleich zwischen 1975 und 1995

1975 und 1995 (Abb. 9) zeigt, dass der säkulare Trend in der Greifswalder Studie deutlicher ausfällt und die Greifswalder Kinder durchgängig größer und schwerer sind als die Kinder der Katowicer Studie. Die berechneten Effektgrößen fallen in der Katowicer Studie entsprechend geringer aus, sind jedoch ebenfalls signifikant. Auffällig ist allerdings der deutlichere Gewichtszuwachs bei den Greifswalder Mädchen. Eine weitere aktuelle Studie legen Drozdowski und Ziolkowska-Ljap (2003) an 18- bis 20-jährigen polnischen *Frauen und Männern* (n = 14098) vor, indem sie besonders den BMI von 1962 und 2001 vergleichen. Signifikanten Veränderungen in der körperlichen Entwicklung (Männer im Durchschnitt 6 cm größer und 6 kg schwerer, Frauen 3,59 cm größer und 5 kg schwerer) stehen nicht signifikante Veränderungen der Fettleibigkeit gegenüber. Vielmehr besteht ein „Modetrend", bei dem die Frauen den Magergrad 1 und die Männer den Übergewichtsgrad 1 präferieren (vgl. Drozdowski & Ziolkowska-Ljap, 2003, S. 101 ff.).

3.2.4 Somatische Entwicklung Greifswalder Schulanfänger verschiedener Kohorten

In den Studien 2000/2001 wurden die Körperbau-Daten aller Greifswalder Schulanfänger der Geburtsjahrgänge 1984/85 und 1985/86 mit denen des Geburtsjahrgangs 1994/95 verglichen. Im Ergebnis zeigte sich in diesen 10 Jahren ein statistisch gesicherter Zuwachs an Körperhöhe je nach Binnenaltersgruppe zwischen 1,0 und 3,0 cm und an Körpermasse zwischen 1,2 und 3,5 kg. Der BMI stieg im gleichen Zeitraum um 0,3 bis 0,4 (vgl. Abb. 10 bis 12).

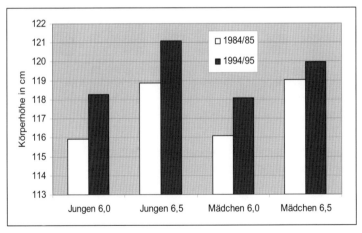

Abb. 10: Entwicklung der Körperhöhe von Greifswalder Schulanfängern zwischen 1985 und 1995

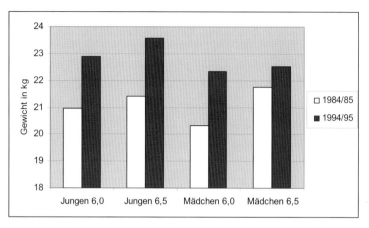

Abb. 11: Entwicklung des Körpergewichts Greifswalder Schulanfänger zwischen 1985 und 1995

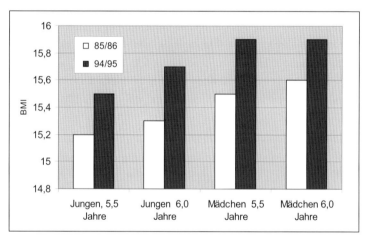

Abb. 12: Entwicklung des BMI von Greifswalder Schulanfängern zwischen 1985 und 1995

Dies zeigt zunächst, dass der säkulare Trend selbst in den 90er Jahren, wenn auch sicher etwas abgeschwächt, weiter anhält.

Ähnliche Aussagen trifft Bös (2003) in einer beeindruckenden Gesamtschau zu den Veränderungen in der körperlichen und motorischen Entwicklung von Kindern und Jugendlichen zwischen den 70er und 90er Jahren und möglichen säkularen Trends im *Ersten Deutschen Kinder- und Jugendsportbericht*. Er berücksichtigte u.a. Daten aus insgesamt 54 Untersuchungen aus mehr als 20 Ländern, bildete vier Unter-

suchungskohorten und gelangte durch logarithmische Transformationen zu Ge-
wichtungsfaktoren und gewichteten Stichprobenmittelwerten (nach Geschlecht,
Altersgruppen und Kohorten). Ermittelt wurde ein kontinuierlicher Anstieg der
Körperhöhe (um 4 bis 6 cm = 1 bis 2 %) und des Körpergewichts (um 2 bis 4 kg =
etwa 2 bis 3 %) in den letzten drei bis vier Jahrzehnten des vergangenen Jahrhunderts bei Mädchen und Jungen gleichermaßen und bestätigen ebenfalls eine Fortsetzung der säkularen Akzeleration (Abb. 13).

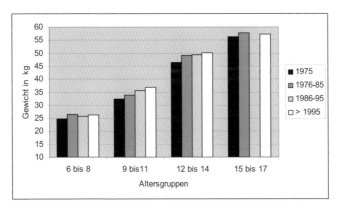

*Abb. 13: Entwicklung der Körperhöhe von Jungen zwischen (vor) 1975 und (nach) 1995 –
gewichtete Stichprobenmittelwerte (nach Bös, 2003, S. 100)*

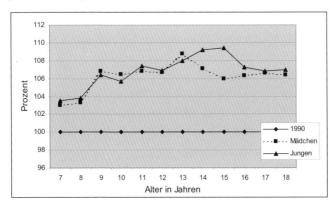

*Abb. 14: Veränderung der Körperhöhe von 7- bis 18-jährigen polnischen Kindern und
Jugendlichen im Jahr 2000 im Vergleich zu 1990 in % (Raczek, 2002b, S. 114)*

Auch Raczek (2002b) bestätigt in seiner neuesten Studie einen weiter progressiv
verlaufenden säkularen Trend zwischen 1990 und 2000 und verweist auf Körper-

höhenzunahmen bei polnischen Kindern in diesem Zeitraum von 5 bis 10 % (Abb. 14). Die Akzelerationserscheinungen sind also keineswegs zum Stillstand gekommen. Abesser (2004) kann dies an einer kleineren Studie auch für die Greifswalder 10-jährigen Schulkinder bestätigen (Abb. 15). Zwischen 1974 und 2004 registrierte sie Zuwachsraten von 9 %, zwischen 1994 und 2004 von immerhin noch 3 bis 4 %. Effektgrößen nach Mekota und Zahradnik (2003) von 1,27 und 1,74 bestätigen den säkularen Trend eindeutig.

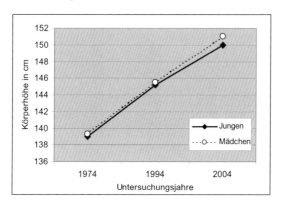

Abb. 15: Körperhöhenvergleich 10-jähriger Greifswalder Schulkinder 1974, 1994 und 2004 (Abesser, 2004, S. 45)

3.2.5   Geschlechtsspezifik

Bei der Betrachtung der Geschlechtsquotienten, d.h. der Körperhöhe und des Körpergewichts der Mädchen in Prozent zu den Werten der Jungen (Abb. 16), fällt zunächst auf, dass 7- bis 9-jährige Mädchen und Jungen 1880 durchschnittlich noch etwa gleich groß waren, während die Mädchen später (1958 und auch 1995) im Durchschnitt etwa 1 % kleiner waren.

Außerdem wird deutlich, dass der in den letzten 40 Jahren deutlich früher einsetzende puberale Wachstumsschub bei den 10- bis 12-jährigen Mädchen dazu führt, dass sie in diesem Alter 1995 durchschnittlich um etwa 1 % größer sind als die gleichaltrigen Jungen. Diese Entwicklung setzte in früheren Jahrzehnten erst mit dem 12. Lebensjahr ein.

Während 1880 die Mädchen durchgängig vom 7. bis 12. Lebensjahr um 3 bis 6 % (1,0 bis 1,5 kg) leichter waren als die gleichaltrigen Jungen, nähern sie sich in späteren Jahrzehnten den Jungen an bzw. übertreffen sie im Alter von 10 bis 12 Jahren in ihrem Körpergewicht, was wiederum mit dem früher einsetzenden puberalen Wachstumsschub zusammenhängt bzw. übereinstimmt.

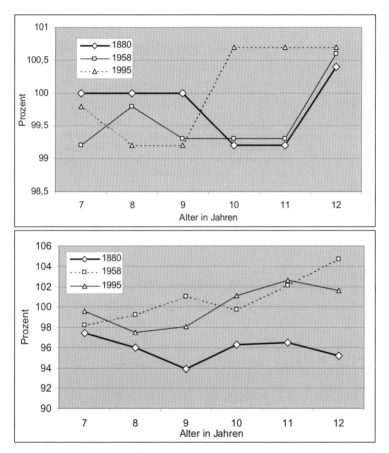

Abb. 16:   Veränderung des Geschlechtsquotienten der Körperhöhe (oben) und des Körper-gewichts (unten) 7- bis 12-jähriger Schulkinder zwischen 1880 und 1995 (nach Müller, 1950; Oehmisch, 1958 (bei Peters, 1963); Hirtz, 1995)

Eine getrennte Betrachtung der Veränderung des Geschlechtsquotienten bei Greifswalder Schulkindern in den letzten zwei Jahrzehnten des 20. Jahrhunderts (Abb. 17) bestätigt eindeutig, dass 1974 die Mädchen zwischen dem 7. und 12. Lebensjahr durchgängig im 1- bis 2-Prozent-Bereich größer und schwerer waren als die gleichaltrigen Jungen, während sich 1994 ein anderes Bild zeigt. Im Alter von 7 bis 9 Jahren sind die Mädchen kleiner und leichter und zwischen dem 10. und 12. Lebensjahr – bedingt durch den früher einsetzenden puberalen Wachstumsschub – größer und schwerer als die Jungen.

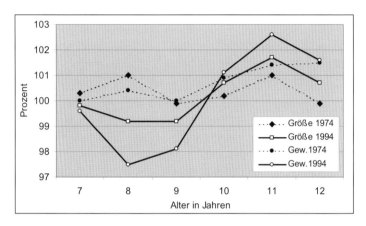

*Abb. 17: Veränderung des Geschlechtsquotienten der Körperhöhe und des Körpergewichts
7- bis 12-jähriger Greifswalder Schulkinder zwischen 1974 und 1994*

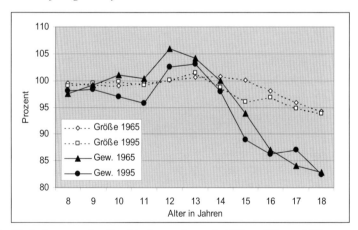

*Abb. 18: Veränderungen des Geschlechtsquotienten bei Körperhöhe und Körpergewicht
polnischer 8- bis 18-jähriger Kinder und Jugendlichen (Raczek, 1995)*

Die berechneten Geschlechtsquotienten für die Körperhöhe und das Körpergewicht polnischer 8- bis 18-jähriger Kinder und Jugendlicher (Abb. 18) bestätigen einerseits eindrucksvoll die zur Entwicklung der 11- bis 12-jährigen Greifswalder

Schulkinder getroffenen Aussage und zeigen darüber hinaus die weiteren somatischen Entwicklungsveränderungen bei den 13- bis 18-Jährigen.

3.2.6 Zusammenfassende Betrachtung zur somatischen Entwicklung

• Ein Vergleich von Ergebnissen einer Reihe nationaler Studien bestätigt eindeutig den säkularen Akzelerationstrend in Deutschland im Verlaufe des vorigen Jahrhunderts. Bei jüngeren Schulkindern kann eine Erhöhung der Körperhöhe um 13 bis 16 cm und des Körpergewichts um durchschnittlich 6 bis 9 kg in 110 Jahren (1880 bis etwa 1990) festgestellt werden. Bei älteren Schulkindern kann bei etwa gleichem Körperhöhenzuwachs eine noch deutlichere Gewichtszunahme (um durchschnittlich bis zu 13 kg) nachgewiesen werden.

• Ein Vergleich Greifswalder Studien belegt eine Fortführung des säkularen Trends in den letzten 20 Jahren. Die jüngeren Schulkinder sind im Schnitt um etwa 5 % größer und 14 bis 16 % schwerer geworden (6 bis 7 cm und 5 bis 6 kg). Der Gewichtszuwachs erweist sich also relativ als noch bedeutsamer als der Körperhöhenzuwachs, liegt allerdings auch deutlich über anderen vergleichbaren Studien.

• Vergleichende Studien an südpolnischen Kindern und Jugendlichen zwischen 1965 und 1995 bestätigen in etwa diesen Trend. Charakteristisch sind in diesen 30 Jahren Zuwachsraten von 5 bis 10 % bei der Körperhöhe (9 bis 10 cm) und um 10 % beim Körpergewicht (3 bis 4 kg) – diese liegen bei der Körperhöhe deutlich über und beim Körpergewicht deutlich unter den Zuwachsraten der Greifswalder Kinder.

• Tschechische und polnische Studien an jüngeren Erwachsenen bestätigen fast übereinstimmend in den letzten 40 Jahren des vergangenen Jahrhunderts eine Zunahme der Körperhöhe um 5 bis 6 cm (um etwa 5 %) und des Körpergewichts um 4 bis 6 kg (also um etwa 8 bis 10 %!).

• Auch bei Untersuchungen Greifswalder Schulanfänger der Geburtsjahrgänge 1985 und 1995 bestätigten sich in diesen zehn Jahren Zunahmen der Körperhöhe um 1 bis 3 cm und des Körpergewichts um 1 bis 3,5 kg.

• Der Erste Deutsche Kinder- und Jugendsportbericht (Bös, 2003) konstatiert auch anhand gewichteter Stichprobenmittelwerte zahlreicher Studien einen weiteren Anstieg von Körperhöhe (um 3 bis 5 cm, d.h. etwa 2 %) und -gewicht (um 3 bis 5 kg, d.h. etwa 3 %) in den letzten drei Jahrzehnten des vergangenen Jahrhunderts bei Mädchen und Jungen gleichermaßen, was ebenfalls eine Fortsetzung der säkularen Akzeleration bestätigt.

- Insgesamt kann man von einem Wachstumstempo von durchschnittlich 1 bis 2 cm und 1 bis 2 kg im Jahrzehnt – differenziert nach Alter und Geschlecht – ausgehen, wobei dieser Prozess gegenwärtig weiter anhält.
- Jungen und Mädchen sind zunächst gleichermaßen von den Akzelerationserscheinungen betroffen. Zeigen die Veränderungen im gesamten 20. Jahrhundert nur kleinere geschlechtsspezifische Unterschiede im 1-cm- bzw. 1-kg-Bereich, belegen die gewichteten Stichprobenmittelwerte von Bös, dass Mädchen in den letzten Jahrzehnten noch schneller wachsen als Jungen und bei Jungen das Gewicht stärker zunimmt.
- Allerdings führt der in den zurückliegenden Jahrzehnten früher einsetzende puberale Wachstumsschub dazu, dass die 10- bis 12-jährigen Mädchen heute größer und schwerer sind als die gleichaltrigen Jungen.

3.3 Vergleiche von Wahrnehmungs- und Aufmerksamkeits-Leistungen

Während sich die „biologische" Akzeleration nach Markosjan (1985) auf alle Veränderungen der physischen Merkmale und Funktionen des Menschen bezieht, verweist er auch auf die Existenz einer so genannten sozialen Akzeleration. Beide greifen zwar eng ineinander, sollten jedoch auch getrennt betrachtet werden. Die soziale Akzeleration ist durch die Vergrößerung des Wissensumfangs und die damit verbundene Erhöhung der Allgemeinbildung im Vergleich zu Altersgenossen früherer Generationen gekennzeichnet. Zu nennen sind die rapide Verbreitung von Radio, Fernsehen, Kino, Theater und Freizeitaktivitäten, die mehr Möglichkeiten für den Wissenserwerb bieten. Hervorzuheben ist die große Bedeutung sozial gesteuerter Lernprozesse für die Entwicklung intellektueller Leistungen im Kindes- und Jugendalter. Auch Reißig (1985, S. 24, 25) erkennt eine Akzeleration hinsichtlich der geistigen Leistungsfähigkeit wie auch im Bereich sozialer Verhaltensweisen und verweist auf den allgemeinen Anstieg der geistigen Leistungsfähigkeit im vergangenen Jahrhundert als Folge der verbesserten schulischen und außerschulischen Leistungsbedingungen einschließlich der körperlichen Gesundheit.

3.3.1　Optisch-räumliche Wahrnehmung

Die Fragen, die an unsere Studien in diesem Zusammenhang zu stellen sind, beziehen sich auf die Entwicklung von Wahrnehmungs- und Konzentrationsleistungen in den Jahren zwischen 1974 und 1994, die wir in beiden Studien mit dem Kreuz-Symbol-Test von Medwedew (1967) sowie dem d2-Test von Brickenkamp (1962) erfassten. Mit dem Kreuz-Symbol-Test wurde mittels eines Lampentaxistoskops die optisch-räumliche Wahrnehmung, mit dem d2-Test die visuelle Aufmerksamkeits-Belastbarkeit der Kinder ermittelt.

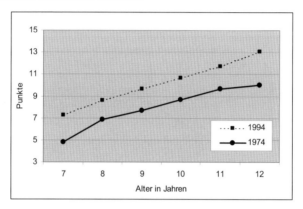

Abb. 19: Entwicklung der optisch-räumlichen Wahrnehmung von 7- bis 12-jährigen Greifswalder Mädchen 1974 und 1994 im Vergleich

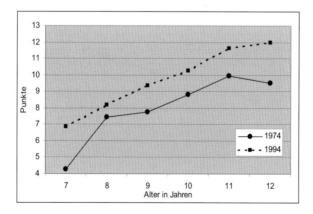

Abb. 20: Entwicklung der optisch-räumlichen Wahrnehmung von 7- bis 12-jährigen Greifswalder Jungen 1974 und 1995 im Vergleich

Beide Funktionen stehen sowohl mit der geistigen als auch mit der motorischen Leistungsfähigkeit im Zusammenhang. Ist eine Weiterentwicklung im Zeitraum zischen 1974 und 1994 als Ausdruck der sozialen Akzeleration festzustellen? Die Abbildungen 19 und 20 verdeutlichen durchgängig statistisch gesicherte Verbesserungen der *optisch-räumlichen Wahrnehmungsleistungen* zwischen den Jahren 1974 und 1994 um durchschnittlich 20 bis 25%. Die Prüfung des säkularen Trends nach Mekota und Zahradnik (2003) ergibt beachtliche Effektstärken zwischen 0,64 und 0,79. Eine Vergleichsstudie bei *10-jährigen Jungen* von 1974 bis zum Jahre 2004, also über 30 Jahre, bestätigt, dass die Entwicklung auch im letzten Jahrzehnt weiter

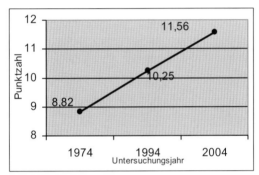

Abb. 21: Optisch-räumliche Wahrnehmungsleistungen Greifswalder 10-jähriger Jungen zwischen 1974 und 2004

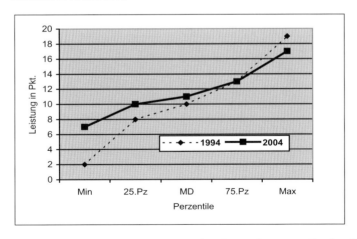

Abb. 22: Veränderungen optisch-räumlicher Wahrnehmungsleistungen Greifswalder 10-jähriger Jungen zwischen 1994 und 2004 nach Perzentilbereichen

anhält (Abb. 21). Ein Perzentilwertvergleich der Leistungen zwischen 1994 und 2004 zeigt darüber hinaus, dass dazu besonders die unteren Perzentilgruppen beitragen (Abb. 22). Der *Geschlechtsquotient* in Abb. 23 zeigt, wie sich die Verhältnisse zwischen den Mädchen und Jungen auf diesem Gebiet in den 20 Jahren verändert haben. Dominierten bis auf die 12-Jährigen 1974 noch eindeutig die Jungen, haben sich 1994 die Wahrnehmungsleistungen der Mädchen so gesteigert, dass sie etwa 5 % über denen der Jungen liegen.

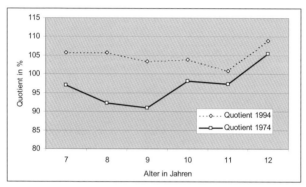

Abb. 23: Veränderung des Geschlechtsquotienten der optisch-räumlichen Wahrnehmung Greifswalder 7- bis 12-jähriger Schulkinder zwischen 1974 und 1994

Ergebnisse einer Studie von Schwock (2004) zur optisch-räumlichen Wahrnehmung (Abb. 24) bestätigen die Verbesserung der Leistungen auf diesem Gebiet bereits bei Schulanfängern. 2001 erreichten die Greifswalder Schulanfänger um 12,5 % bessere Wahrnehmungsleistungen als Berliner Schulanfänger 14 Jahre vorher (Studie Ludwig, 1989 – vgl. Kapitel 2).

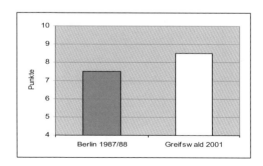

Abb. 24: Optisch-räumliche Wahrnehmungsleistungen von Schulanfängern 1987/88 und 2001 im Vergleich

3.3.2   Aufmerksamkeit/Konzentration

Wie zeigt sich die Entwicklung hinsichtlich der Aufmerksamkeits-Belastbarkeit bzw. Konzentrationsfähigkeit? Durchgehend vom 7. bis 12. Lebensjahr werden 1994 mehr d2 durchgestrichen (Gesamtzahl) und gleichzeitig prozentual weniger Fehler (Fehler-%) produziert, also wird insgesamt wesentlich konzentrierter gearbeitet (Abb. 25). Die Verbesserungen gegenüber 1974 sind bei der Konzentration noch deutlicher als bei der optisch-räumlichen Wahrnehmung, bewegen sich aber ansonsten ebenfalls um etwa 20 %, wie Abb. 27 zusammenfassend zeigt.

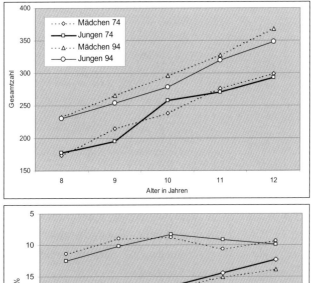

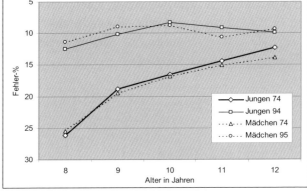

Abb. 25: Veränderung der visuellen Aufmerksamkeits-Belastbarkeit (d2 Gesamtzahl – oben) und Fehler-% (unten) von 8- bis 12-jährigen Greifswalder Mädchen und Jungen zwischen 1974 und 1994

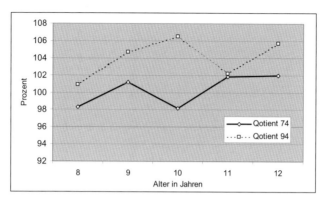

Abb. 26: Veränderung des Geschlechtsquotienten der Aufmerksamkeit 8- bis 12-jähriger Greifswalder Schulkinder (d2-Test Gesamtzahl) zwischen 1974 und 1994

Hinsichtlich der *Geschlechtsspezifik* der Veränderungen (Abb. 26) zeigt sich, dass bei der geschafften Gesamtzahl im d2-Test 1974 Mädchen und Jungen etwa gleiche Ergebnisse erreichten (Geschlechtsquotienten zwischen 98 und 102 %), während 20 Jahre später die Mädchen eindeutig und in allen Altersklassen mehr schafften als die Jungen (Geschlechtsquotienten zwischen 100 und 106 %). Bei den Fehler-Prozenten sieht das Bild etwas anders aus. Während 1974 der Quotient von über 100 auf etwa 87 % mit dem Alter kontinuierlich absank, die Mädchen also nicht ganz so konzentriert arbeiteten wie die Jungen, gab es 1994 in drei von fünf Altersklassen bereits bessere Werte der Mädchen. Dies bestätigt die bereits aufgezeigte Entwicklung der Wahrnehmungsleistungen.

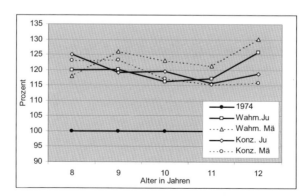

Abb. 27: Vergleich der Wahrnehmungs- und Konzentrationsleistungen von 8- bis 12-jährigen Mädchen und Jungen aus dem Jahr 1994, bezogen auf die Ergebnisse von 1974 (in %)

Insgesamt wird auf dem Gebiet der Konzentration und Wahrnehmung ein beachtenswerter Trend zur Annäherung der Geschlechter bzw. zu besseren Ergebnissen der Mädchen deutlich.

3.3.3   Zusammenfassung

• Wahrnehmungs- und Konzentrationsleistungen von Schulanfängern und jüngeren Schulkindern haben sich in den letzten beiden Jahrzehnten des 20. Jahrhunderts deutlich verbessert (Wahrnehmung um durchgehend 15 bis 25 %; Konzentration um 25 bis 15 % mit dem Alter abfallend) und stimmen mit dem Trend der somatischen säkularen Akzeleration überein.

• Die deutliche Weiterentwicklung der Wahrnehmungs- und Konzentrationsleistungen ist mit der Vergrößerung des Wissensumfangs und der damit verbundenen Erhöhung der Allgemeinbildung, aber auch mit dem erhöhten Medienkonsum und einer verstärkten Inanspruchnahme optisch-räumlicher Wahrnehmungsleistungen im Spiel sowie im Alltag (TV, PC, Game-boy u.a.), also mit einer veränderten Kindheit und bestimmten Aspekten eines Kulturwandels zu erklären.

• Interessant ist dabei, dass am Ende des 20. Jahrhunderts auf dem Gebiet von Wahrnehmung und Konzentration die Mädchen gegenüber den Jungen nicht nur aufgeholt haben, sondern diese in ihren entsprechenden Leistungen jetzt deutlich übertreffen

3.4   Vergleiche der konditionellen Merkmale

3.4.1   Säkularer Trend – „sportliche Akzeleration"

Zunächst legt die beschleunigte biologische, körperliche Entwicklung auch eine *Steigerung der motorischen Leistungsfähigkeit* nahe, da einige der grundlegenden Ressourcen der motorischen Kompetenz von den Akzelerationserscheinungen unmittelbar betroffen sind. Peters formulierte 1963 „Wir erwarten, dass die tief greifende Wandlung im Wachstums- und Reifeprozess sich auch in der körperlichen Leistungsfähigkeit widerspiegelt" (S. 126). Peters prägte daraufhin den Begriff der *„sportlichen Akzeleration"*.
Er belegte dies damit, dass die Kinder der 50er Jahre des vorigen Jahrhunderts sportlich leistungsfähiger waren als ihre Altersgenossen einige Jahrzehnte davor.

So verglich er repräsentative Ergebnisse im Weitsprung, Hochsprung und Schlag-ball-Weitwurf von Stemmler aus dem Jahre 1958 mit den Ergebnissen einer Studie von Schiötz (1929) aus dem Jahre 1922. Abbildung 28 belegt eine Steigerung der Hochsprungleistungen in diesen 36 Jahren um durchschnittlich und ansteigend 3 bis 11 cm bei den Jungen und 2 bis 15 cm bei den Mädchen sowie verbesserte Leistungen im Schlagball-Weitwurf von ebenfalls ansteigend 3 bis 10 m bei den Mädchen und 7 bis 13 m bei den Jungen.

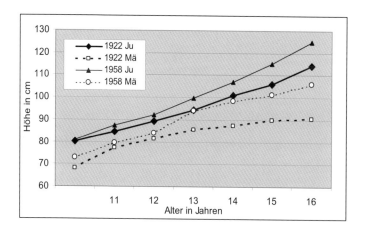

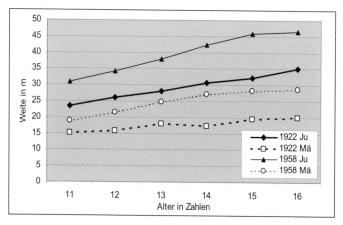

Abb. 28: Vergleich der Hochsprung- und Schlagball-Weitwurf-Leistungen 10- bis 16-jähriger Mädchen und Jungen zwischen 1922 und 1958 – zusammengestellt nach Schiötz (1929) und Stemmler (1962) durch Peters (1963, S. 129 f.)

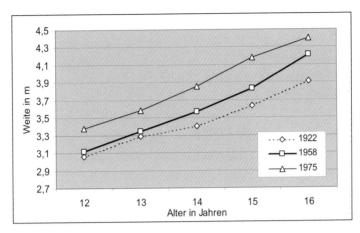

*Abb. 29: Entwicklung der Weitsprungleistungen von 12- bis 16-jährigen Jungen zwischen
1922 und 1975 nach Schiötz (1929), Stemmler (1962) und Hirtz (1985)*

Die Weitsprungleistungen verbesserten sich im gleichen Zeitraum um durchschnittlich 6 bis 30 cm bei den Jungen und gar 30 bis 60 cm bei den Mädchen. Die
Abbildung 29 zeigt, dass dieser Trend auch bis in die siebziger Jahre anhielt, was
eine weitere Steigerung Greifswalder Jungen 1975 gegenüber den Werten von
Stemmler aus dem Jahr 1958 um 25 bis 35 cm bestätigt.

3.4.2   Trendbestätigungen – nationale und internationale Studien

Interessante vergleichende Studien führte die Leipziger Forschungsgruppe um
Crasselt, Forchel und Stemmler zur körperlichen Entwicklung der Schuljugend der
DDR in den Jahren 1953/58, 1967/68, 1971/72, 1975/76, 1980/81 und 1985/86
durch. Im Ergebnis stellt Crasselt 1985 fest, dass sich die sportliche Leistungsfähigkeit innerhalb der letzten Jahrzehnte weiterhin deutlich verbessert hat. Nachgewiesen wird bei beiden Geschlechtern eine Steigerung der körperlichen Grundleis-
tungsmerkmale wie Klimmziehen, Armbeugen und -strecken im Liegestütz,
Standweitsprung und Dreierhop sowie bei leichtathletischen Disziplinen wie Weitsprung, Kugelstoß und 100-m-Lauf, die schließlich eine Weiterführung des säkularen Trends in der Entwicklung konditioneller Leistungsvoraussetzungen bis etwa
zum Jahr 1985 belegen (vgl. Abb. 30 und 31 am Beispiel der 60-m-Lauf- und
Dreierhop-Leistungen der Mädchen). Dies gilt besonders für die jüngeren Jahrgänge, bei den älteren verringern sich bereits die Zuwachsraten bzw. stagnieren die
Leistungen.

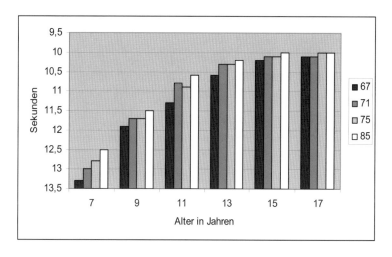

Abb. 30: Entwicklung der 60-m-Laufleistungen 7- bis 17-jähriger Mädchen zwischen 1967 und 1985 (Crasselt, et al. 1990)

Als Ursachen dieser Entwicklung nennt er die allgemeine Verbesserung der Lebenshygiene und die wachsende Bedeutung von Körperkultur und Sport und nicht zuletzt die auf wissenschaftlichen Erkenntnissen beruhende planmäßige und systematische Erziehung und Ausbildung im Sportunterricht der DDR.

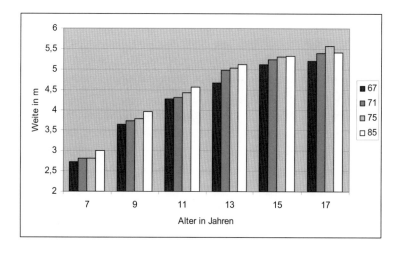

Abb. 31: Entwicklung der Dreierhop-Leistungen von 7- bis 17-jährigen Mädchen zwischen 1967 und 1985 (Crasselt, et al. 1990)

Diese Ergebnisse können durch die polnische Studie von Raczek (2000) mit der folgenden Abbildung 32 bestätigt werden.

Die *60-m-Laufleistungen* der polnischen Jungen verbessern sich in den 20 Jahren zwischen 1965 und 1985 kontinuierlich und in allen Altersklassen, wenn auch nur um 2 bis 5 %, und können als Ausdruck der „sportlichen" säkularen Akzeleration betrachtet werden.

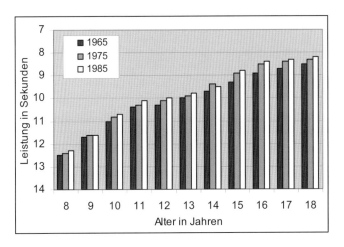

Abb. 32:   60-m-Laufleistungen 8- bis 18-jähriger polnischer Jungen zwischen 1965 und 1985 (Raczek, 2000)

Keine weitere Beschleunigung ist allerdings bei den *Schlagball*-Weitwurf-Leistungen in der DDR-Population von Crasselt et. al. (1990) zu erkennen. Bei 7- bis 11-jährigen Mädchen z.B. stagnieren die Leistungen innerhalb der 27 Jahre zwischen 1958 und 1985 (Abb. 33).

Bei der *Ausdauer* (12-Min.-Lauf) folgen die polnischen Jungen und Mädchen zwischen 1965 und 1985 bis zum 12. Lebensjahr dem säkularen Trend, ab dem 13. Lebensjahr ist eine stark rückläufige Entwicklung zu beobachten (Abb. 34).

In beiden Fällen „überlagern" sich offensichtlich bereits „positive" (Körperhöhen-zunahme u.a.) und „negative" (zunehmender Bewegungsmangel) Entwicklungs-trends, die in den Jahren nach 1985 noch deutlicher werden.

Die säkulare Akzeleration beginnt „umzuschlagen", was sich bei diesen Parametern bereits hier andeutet. Wir wollen dieser Erscheinung weiter nachgehen, indem im Folgenden die motorische Entwicklung zwischen 1985 und 2000 näher betrachtet wird.

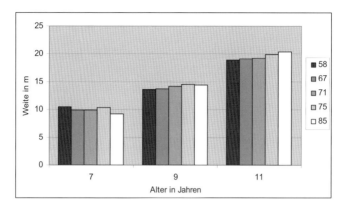

Abb. 33: Entwicklung der Ballwurf-Leistungen von 7- bis 17-jährigen Mädchen zwischen 1967 und 1985 (Crasselt, et al. 1990)

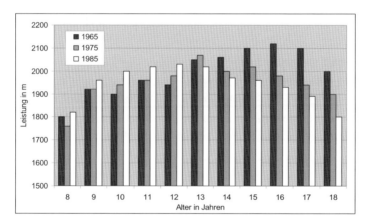

Abb. 34: Entwicklung der Ausdauerleistungen 8- bis 18-jähriger polnischer Mädchen zwischen 1965 und 1985 (Raczek, 2000)

Mekota (1992) verglich die sportlichen Leistungen von *tschechischen* Kindern und Jugendlichen im Alter von 7 bis 17 Jahren aus den Jahren 1965 und 1986 und konnte deutliche Verbesserungen der Leistungen im Standweitsprung, aber nur eine relativ schwache Zunahme der Sprint- und Ausdauerleistungen der Jungen (im Gegensatz zu weiteren Steigerungen bei den Mädchen) feststellen.

Kasa (1994) verglich sportliche Parameter von 7- bis 18-jährigen *slowakischen* Kindern und Jugendlichen von 1966 und 1987 (n = 10600) und bestätigte ebenfalls eine weitere Leistungssteigerung im 50-m-Lauf, im Standweitsprung und Medizinballwurf in den siebziger und achtziger Jahren. Im Klimmziehen konstatiert er allerdings bereits einen negativen Trend.

Eine jüngere Studie von Mekota und Zahradnik aus dem Jahre 2003 vergleicht die körperliche Leistungsfähigkeit von 19- und 20-jährigen tschechischen *Studentinnen und Studenten* der Jahre 1960/1961 und 2000/2001, also über einen Zeitraum von 40 Jahren. Die Untersuchung zeigt Unterschiede zwischen den Generationen bei allen Merkmalen, wobei sich aber nicht alle als signifikant herausstellen. So kann ein positiver Trend bei den Sprungkraft- und Liegestützleistungen nicht nachgewiesen werden und bei den Ausdauerleistungen wurde bereits ein eindeutig negativer Trend (19,9 Sekunden langsamer im 1500-m-Lauf) festgestellt.

3.4.3   Der „Umschlag" im säkularen Trend mit Beginn der 80er Jahre

Dieser in den letzten Studien bereits angedeutete Beginn eines negativen Entwicklungstrends im konditionellen Leistungsbereich kann auch durch unsere Studien bestätigt werden.

Ein Vergleich der Sprintleistungen über 60 m von Teilnehmern an den Studien 1974 und 1994 (Abb. 35) zeigt, dass die Mädchen und Jungen der jüngeren Population um etwa 0,2 bis 0,3 Sekunden im Durchschnitt und über alle Altersklassen hinweg langsamer geworden sind als ihre Altergenossen 20 Jahre vorher, das entspricht Leistungsminderungen um durchschnittlich 3 bis 4 %.

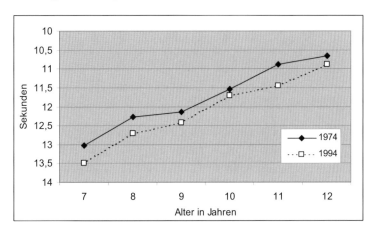

Abb. 35: Entwicklung der 60-m-Laufleistungen von 7- bis 12-jährigen Greifswalder Jungen 1974 und 1994 im Vergleich

Ein negativer säkularer Trend ist allerdings nur in einzelnen Altersklassen statistisch nachzuweisen (mit Effektstärken von 0,33 und 0,42 z.B. bei den 8-Jährigen
und 0,65 bei den 11-Jährigen).

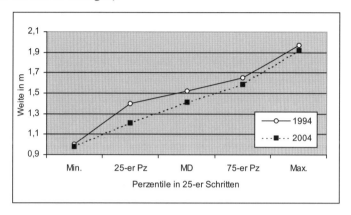

*Abb. 36: Entwicklung der Sprungkraft (Weitsprung aus dem Stand) 10-jähriger Greifswal-
der Mädchen zwischen 1994 und 2004 (Abesser, 2004)*

Die Sprungkraftleistungen 10-jähriger Greifswalder Mädchen verschlechterten sich
dagegen in den darauffolgenden 10 Jahren signifikant weiter um durchschnittlich
fast 10 cm, wobei wiederum die „unteren Perzentile" besonders betroffen sind
(Abb. 36).

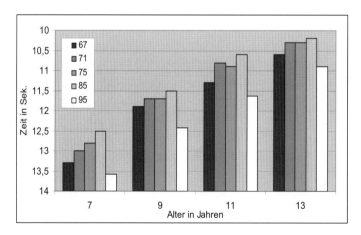

*Abb. 37: 60-m-Laufleistungen deutscher 7- bis 13-jähriger Mädchen zwischen 1967 und
1995 (Crasselt, et al. 1990 und Hirtz, 1994)*

Dieser Trend kann durch die Studien von Raczek und Crasselt eindeutig bestätigt werden. Die Ergebnisse von Raczek (2002) in Abb. 38 zeigen, dass es bis 1985 noch leichte Leistungssteigerungen gab, zwischen 1985 und 1995 jedoch deutliche Rückgänge zwischen 2 und 9 % (weiße Säulen in beiden Abbildungen) zu verzeichnen waren.

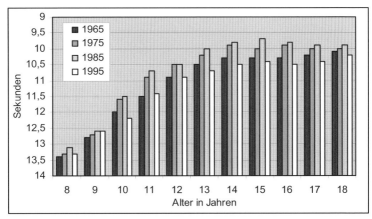

Abb. 38: 60-m-Laufleistungen polnischer 8- bis 18-jähriger Mädchen zwischen 1965 und 1995 (Raczek, 2000)

Eine ähnliche Entwicklung verdeutlichen auch die in den folgenden Abbildungen dargestellten Ergebnisse von Crasselt und Hirtz (in Abb. 37 und 39 am Beispiel der 60-m-Laufleistungen und der Schlagball-Weitwurf-Leistungen).

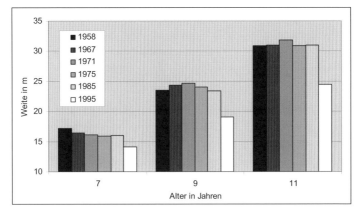

Abb. 39: Entwicklung der Schlagball-Weitwurf-Leistungen von Jungen zwischen 1982 und 1995 (Crasselt, 1998; Hirtz, 2000)

Die Leistungsrückgänge zwischen 1985 und 1995 erweisen sich in der deutschen Population noch eindeutiger und liegen bei Mädchen wie bei Jungen im 60-m-Sprint zwischen 7 und 10 % (8 bis 10 Zehntel), beim Schlagball-Weitwerfen sogar zwischen 9 und 21 % (2 und 8 Meter), mit dem Alter ansteigend (Abb. 40).

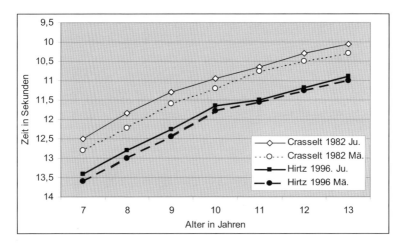

Abb. 40: Entwicklung der 60-m-Sprintleistungen von 7- bis 13-jährigen Mädchen und Jungen – Ergebnisvergleich Crasselt et. al. (1985) und Hirtz (1998a)

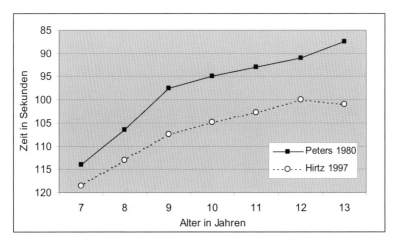

Abb. 41: Entwicklung der 400-m-Laufleistungen von 7- bis 13-jährigen Mädchen – Ergebnisvergleich Peters (1980; unveröffentlicht) und Hirtz (1997)

Eine besonders drastische Entwicklung zeigt sich im Ausdauerbereich. Hier haben wir unsere Ergebnisse im 400-m-Lauf aus den 90er Jahren mit Werten von Peters (1980) verglichen (vgl. Abb. 41), wobei die Strecke vom 9. Lebensjahr an um durchschnittlich 10 Sekunden langsamer zurückgelegt wurde, was einem Leistungsrückgang in diesen 15 Jahren von 10 bis 15 % entspricht.

Crasselt (1998) hat seine umfangreichen Studien zur körperlichen und motorischen Entwicklung der Schuljugend der DDR im Land Sachsen weitergeführt und im Zeitraum zwischen 1985 und 1991 nach vorangegangenen Leistungsverbesserungen bei Liegestützübungen, Sprungkraft-, Schnelligkeits- und Ausdauerleistungen Stagnationen und leichte Rückgänge registriert (in Abb. 42 am Beispiel der Sprungkraft – weiße Säulen).

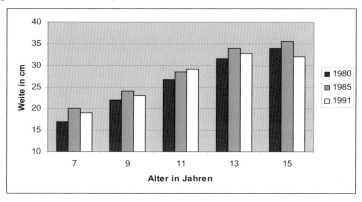

Abb. 42: Entwicklung der Sprungkraft (Standsprung – Reichhöhe) von 7- bis 15-jährigen Mädchen zwischen 1980 und 1991 (nach Crasselt, 1998, S. 55)

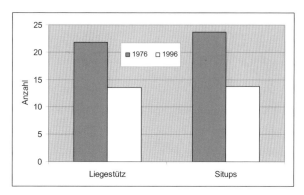

Abb. 43: Vergleich ausgewählter motorischer Testdaten von 10-jährigen Jungen von 1976 und 1996 (nach Bös & Mechling, 2002, S. 57)

Bös und Mechling (2002) vergleichen motorische Leistungen 10-jähriger Jungen aus den Jahren 1976 mit denen von 1996 (n = 315 bzw. n = 114) und gelangen zu ähnlichen Ergebnissen (vgl. Abb. 43). In sieben von zehn Vergleichen sind die Jungen der früheren Generation den heutigen Kindern überlegen.

Die deutlichsten Unterschiede zeigen sich bei den Kraftleistungen (Liegestütze und Sit-ups – Rückgänge zwischen 35 und mehr Prozent), aber auch im Ausdauerbereich (20 % Rückgang). So laufen die heutigen 10-Jährigen durchschnittlich 230 m weniger beim 6-Min.-Lauf, schaffen innerhalb von 30 Sek. 8 Liegestütze und 10 Sit-ups weniger und erreichen beim Rumpfbeugen nicht einmal mehr das „Sohlenniveau". Von einer Akzeleration motorischer Leistungsmerkmale kann keine Rede mehr sein. Als Ursache werden die Veränderungen in der Freizeitbetätigung der Kinder und Jugendlichen gesehen, die u.a. durch eine Abnahme des Umfangs und der Qualität der motorischen Aktivität gekennzeichnet sind.

Ähnliche Aussagen trifft Bös (2003) in der bereits erwähnten Gesamtschau zu den Veränderungen der motorischen Leistungsfähigkeit von Kindern und Jugendlichen und möglichen säkularen Trends im Ersten Deutschen Kinder- und Jugendsportbericht. Abbildung 44 zeigt exemplarisch die gewichteten Stichprobenmittelwerte und ihre graphische Bearbeitung im 20-m-Lauf. Sie verdeutlicht sowohl die ansteigenden Leistungen bis in die Mitte der 80er Jahre (um etwa 5 bis 10 %) als auch den Rückgang bis etwa zum Ende des 20. Jahrhunderts (um 3 bis 5 %).

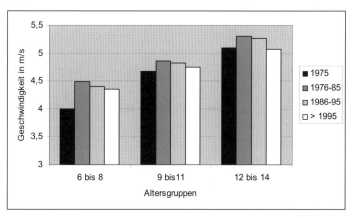

Abb. 44: Gewichtete Stichprobenmittelwerte zu den Schnelligkeitsleistungen (20-m-Lauf) von 6- bis 14-jährigen Jungen zwischen 1975 und 1995 (nach Bös, 2003, S. 101)

Interessant ist in diesem Zusammenhang auch eine Studie von Kruber und Feiertag (1998) zur Leistungsentwicklung der jeweils *30 besten deutschen 14-jährigen*

Leichtathletinnen und Leichtathleten zwischen 1978 und 1997. Mit Ausnahme des Kugelstoßens der Mädchen weisen alle anderen neun berechneten Trendkurven kontinuierlich nach unten (Rückgänge zwischen 2 und 4 %), was unsere Trendaussagen ebenfalls bestätigt.

Auch die durch Ketelhut und Bittmann (2001) nachgewiesenen nachlassenden Leistungen der Teilnehmer an den *Bundesjugendspielen* z.b. im Weitsprung und 1000-m-Lauf zwischen 1995 und 1999 um etwa 10 % bestätigen diesen Trend nachhaltig.

Obgleich in der Literatur auch unterschiedliche Ergebnisse zu diesem Leistungsrückgang in den zurückliegenden Jahrzehnten etwa ab 1980/85 zu finden sind (Dordel, 2000; Kretschmer & Giewald, 2001 u.a.), stellen die vorliegenden Befunde relativ übereinstimmend diesen negativen Trend in der konditionell-motorischen Entwicklung der Heranwachsenden fest.

Eine Studie zum Bewegungsstatus von Kindern und Jugendlichen in Deutschland (n = 3431) im Rahmen der *Gemeinschaftsaktion von AOK, DSB und WIAD* mit dem Münchener Fitnesstest (MFT) nach Rusch und Irrgang (2002) erbrachte, dass nur 80 % der Jungen und 74 % der Mädchen im Jahre 2002 noch die 1995 gemessenen Durchschnittsleistungen im Ballprellen, Zielwerfen, Rumpfbeugen, Standhochspringen, Halten im Hang und Stufensteigen erreichen, also besonders auch im konditionellen Bereich. Der Rückgang fällt in den unteren Jahrgängen deutlicher aus. Auch damit wird sehr eindrucksvoll die Fortführung des regressiven Trends zwischen 1995 und 2002 nachgewiesen.

3.4.4   Geschlechtsspezifische Differenzierungen

Interessant ist auch eine Betrachtung der geschlechtsspezifischen Unterschiede in der Entwicklung. Dazu wurde der Geschlechtsquotient (s.o.) berechnet (ein hoher Geschlechtsquotient entspricht geringen Geschlechtsdifferenzen).

Abbildung 45 zeigt die Entwicklung in den 20 Jahren zwischen 1975 und 1995 am Beispiel des 60-m-Laufs. Lagen um 1975 die Quotienten noch bei 90 bis 95 % (Katowice) sowie 96 bis 97 % (Greifswald), so näherten sie sich 1995 der 100-%-Marke immer mehr an: 94 bis fast 98 % (Katowice) sowie 98 bis 99 % (Greifswald).

Abbildungen 46 und 47 bestätigen diese Ergebnisse am Beispiel des Geschlechtsquotienten beim Weitsprung zwischen 1922 und 1958 (Peters, 1963) und Ballweitwurf (Crasselt, 1985; Hirtz, 1994).

Hier sind Annäherungen der Mädchenleistungen an die Jungenleistungen um 5 bis 10 % zu registrieren.

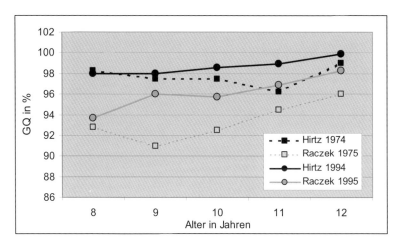

Abb. 45: Entwicklung des Geschlechtsquotienten der 60-m-Laufleistungen zwischen 1975 und 1995 (Raczek, 1995; Hirtz, 1994)

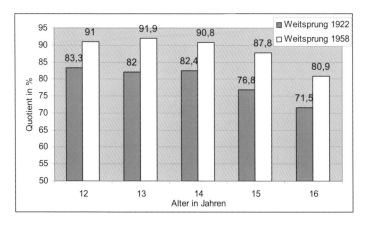

Abb. 46: Veränderung des Geschlechtsquotienten beim Weitsprung zwischen 1922 und 1958 (nach Peters, 1963)

Als Ergebnis der säkularen Akzeleration zeigt sich also bei den konditionellen Voraussetzungen eine deutliche Annäherung der Mädchenleistungen an die der gleichaltrigen Jungen, was durchaus als ein *Phänomen der motorischen Entwicklung* gekennzeichnet werden kann.

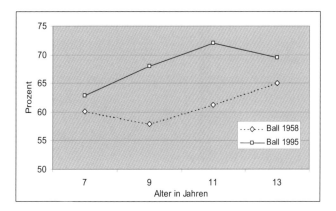

Abb. 47: Veränderung des Geschlechtsquotienten von 7- bis 13-Jährigen im Ball-Weit-Werfen zwischen 1958 (Crasselt, 1985) und 1995 (Hirtz, 1998)

3.4.5   Zusammenfassende Betrachtung zur konditionellen Entwicklung

Während bis zum Jahr 1985 in fast allen Studien Anstiege der konditionell-motorischen Leistungen im Zuge der säkularen Akzeleration nachzuweisen sind, werden danach eindeutig Leistungsrückgänge deutlich, wie die Abbildungen noch einmal zusammenfassend zeigen. Diese Rückgänge betreffen alle Altersklassen gleichermaßen und bewegen sich in den verschiedenen Studien z.B. im 60-m-Lauf zwischen 5 und 15 % und im Ballweitwerfen zwischen 5 und 20 % sowie im 400-m-Lauf vom 7. bis 13. Lebensjahr abnehmend zwischen 3 und fast 10 %. In den Studien von Dordel (2000) erreichen sie im Weitsprung aus dem Stand gar knapp 30% und bei Bös und Mechling (2002) sind Rückgänge im etwa gleichen Zeitraum z.t. deutlich über 30 % bei Liegestützübungen und Sit-ups registriert worden.

Aus der *säkularen Akzeleration* im konditionellen, sportlichen Leistungsbereich bis zu den 80er Jahren ist nun zum Ende des 20. Jahrhunderts eine *säkulare Regression* geworden, die immerhin nun schon über 20 Jahre anhält. Die Ursachen müssen in einer veränderten Kindheit und im zunehmenden Bewegungsmangel der Heranwachsenden gesucht werden. Die Kindheit befindet sich heute im Prozess der Modernisierung und Individualisierung. Vor allem die Gleichzeitigkeit und Dichte der gesellschaftlichen Veränderungen lösten diese Erscheinungen aus.

Wir können so – im konditionell-motorischen Leistungsbereich – von einem *Umschlagen* der säkularen Akzeleration in eine (säkulare) Regression sprechen. Beides stellen beachtliche und beachtenswerte *Phänomene der motorischen Entwicklung* dar.

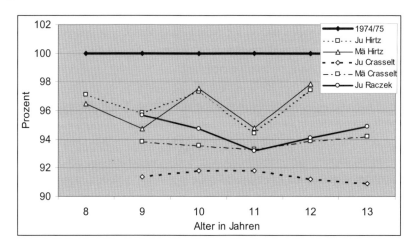

Abb. 48: Rückgänge der 60-m-Laufleistungen zwischen 1975 und 1995 verschiedener Untersuchungen

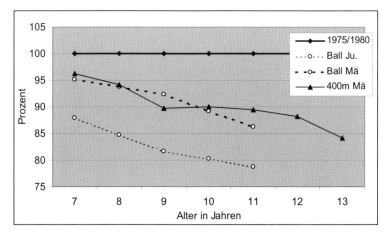

Abb. 49: Rückgänge der Schlagball-Weitwurf- und 400-m-Laufleistungen zwischen 1980/85 und 1995 verschiedener Untersuchungen (Vergleiche Crasselt, 1985, 1990, 1998 und Hirtz, 1994, 1998)

3.5   Vergleiche der koordinativen Merkmale

Im folgenden Abschnitt soll versucht werden, Antworten auf die Fragen zu finden, wie sich einerseits der säkulare Akzelerationstrend aus der Mitte des vorigen Jahrhunderts auf die koordinativ-motorische Entwicklung der Heranwachsenden auswirkt und ob andererseits auch auf diesem Gebiet ähnliche regressive Erscheinungen wie bei der konditionell-motorischen Entwicklung am Ende des 20. und zu Beginn des 21. Jahrhunderts zu erkennen sind.

3.5.1   Säkularer Trend auch in der koordinativen Entwicklung?

Da in den beiden bereits mehrfach erwähnten Greifswalder Querschnittstudien leider keine einheitlichen Verfahren oder Tests zur Erfassung der koordinativen Aspekte der motorischen Leistungsfähigkeit eingesetzt wurden, ergeben sich auch kaum Vergleichsmöglichkeiten. So soll hier zunächst auf die repräsentativen Studien von Crasselt u.a. (1985, 1990, 1998) und Raczek u.a. (1995, 2002a, 2002b) zurückgegriffen werden. Abbildungen 50 und 51 zur Entwicklung im Gewandtheitslauf bzw. Hindernislauf als Ausdruck der ganzkörperlichen Koordination unter Zeitdruck bestätigen übereinstimmend bis etwa zum Jahre 1985 eine kontinuierliche Steigerung der Koordinationsleistungen der Kinder und Jugendlichen in der DDR und in Polen. Interessant sind dabei besonders die deutlichen Steigerungen zwischen 1975 und 1985, nachdem bis 1975 die Entwicklung auf diesem Gebiet mehr oder weniger stagnierte bzw. langsamer verlief. Die Steigerungen danach (von 5 bis 8 %) lassen sich auch mit dem verstärkten Aufkommen von Theorie und

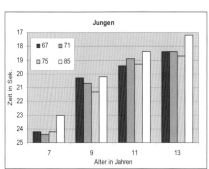 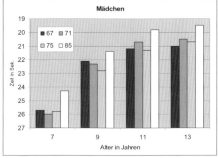

Abb. 50: Entwicklung der Leistungen von 7- bis 13-jähriger Jungen und Mädchen im Gewandtheitslauf zwischen 1967 und 1985 (nach Crasselt, et al. 1990)

Praxis der koordinativen Fähigkeiten und mit der Anreicherung des Sportunterrichts und auch des außerunterrichtlichen Sports in beiden Ländern um koordinativ betonte Inhalte erklären.

So kann festgehalten werden, dass sich der in der somatischen, geistig-konzentrativen und auch konditionell-motorischen Entwicklung bis etwa zur Mitte der 80er Jahre des vorigen Jahrhunderts deutlich gewordene säkulare Akzelerationstrend auch in der koordinativ-motorischen Entwicklung – wenn auch etwas abgeschwächter – zeigt.

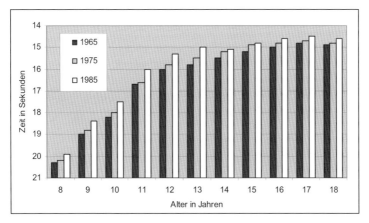

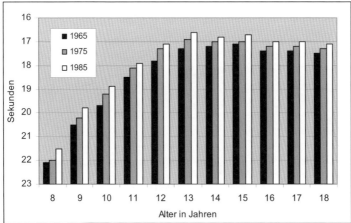

Abb. 51: Entwicklung der Leistungen 8- bis 18-jähriger Jungen (oben) und Mädchen (unten) Südpolens im Hindernislauf zwischen 1965 und 1985 (Raczek, 1995)

3.5.2 Weitere Entwicklung nach 1980/85

Wie verlief nun die weitere koordinativ-motorische Entwicklung nach etwa 1985? Gibt es auch auf diesem Gebiet einen „Umschwung" von der Akzeleration zur Regression, wie auf dem Gebiet der konditionell-motorischen Entwicklung im Abschnitt 3.4 nachgewiesen? Erste Anzeichen deuten darauf hin, dass die progressive Entwicklung zunächst weiter geht, wie die Ergebnisse deutscher und polnischer Kinder und Jugendlicher im Hindernislauf (Gewandtheit, Koordination unter Zeitdruck) zwischen 1975/80 und 1995 bestätigen.

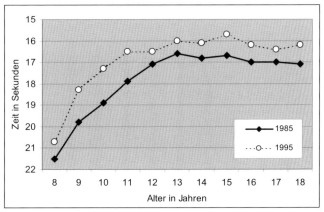

Abb. 52: Entwicklung der Koordinationsleistungen unter Zeitdruck von 8- bis 18-jährigen Mädchen Südpolens zwischen 1985 und 1995 (nach Raczek, 1995)

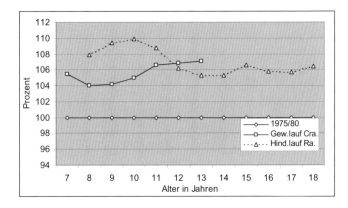

Abb. 53: Koordinationsleistungen unter Zeitdruck von Mädchen 1995 im Vergleich zu 1975/80 (= 100 %)

Durchgehend haben sich die Koordinationsleistungen (in Abb. 52 und 53 bei den Mädchen) in diesen 10 Jahren um 4 bis 10 % weiter verbessert. Damit wurde der Trend des Vorjahrzehnts (1975 bis 1985) zunächst fortgeführt. Allerdings ist dieser Trend auf anderen Gebieten der Koordination nicht so deutlich zu erkennen. Während die Reaktionsleistungen (Fallstab-Test) stagnieren (Abb. 54), ähneln sich die Entwicklungen bei den statischen Gleichgewichts-, räumlichen Orientierungs- (Zielhüpfen) und kinästhetischen Differenzierungsleistungen (Ballfangen). Leichten Verbesserungen im Alter bis etwa zum 15./16. Lebensjahr zwischen 2 und maximal 10 % stehen stagnierende bzw. rückläufige Ergebnisse (zwischen 5 und 15 %) – bei Mädchen stärker als bei Jungen – zwischen dem 16. und 18. Lebensjahr gegenüber (Abb. 55 bis 57).

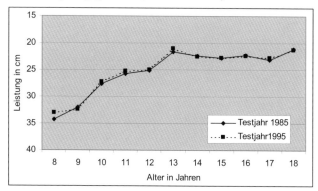

Abb. 54: Stagnierende Reaktionsleistungen (Fallstab) polnischer Jungen zwischen 1985 und 1995 (Raczek, 1995)

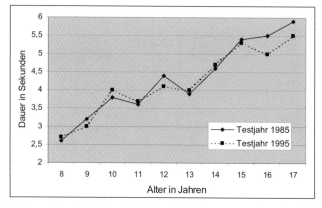

Abb. 55: Entwicklung der statischen Gleichgewichtsleistungen polnischer Mädchen zwischen 1985 und 1995 (Raczek, 1995)

Auch Crasselt (1998), der seine umfangreichen Studien im Land Sachsen zwischen 1985 und 1991 weiterführte, kann im oben bereits erwähnten Gewandtheitslauf (Kastenbumeranglauf) bei 7- bis 15-jährigen Mädchen und Jungen für diesen Zeitraum keine weiteren Leistungssteigerungen erkennen und spricht von einer Stagnation im koordinativen Bereich.

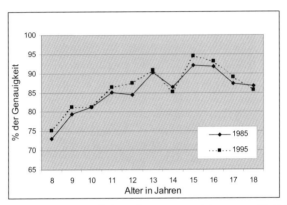

Abb. 56: Entwicklung der räumlichen Orientierungsleistungen (Zielhüpfen) polnischer Jungen zwischen 1985 und 1995 (Raczek, 1995)

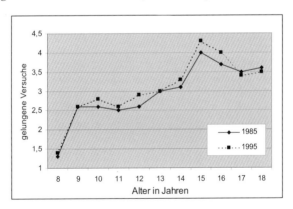

Abb. 57: Entwicklung der kinästhetischen Differenzierungsleistungen (Ballfangen) 8- bis 18-jähriger polnischer Jungen zwischen 1985 und 1995 (Raczek, 1995)

In einer weiteren Studie vergleicht Raczek (2002) die Koordinationsleistungen (Gesamtfaktor aus verschiedenen Testergebnissen) aus dem Jahr 2000 mit denen von 1990 und kommt zu dem Ergebnis, dass im Entwicklungsverlauf der durchschnittlichen Leistungen in den zehn Jahren keine eindeutigen Veränderungstendenzen mehr zu beobachten sind. Sichtbar wird eher eine Leistungsstagnation. Während sich die Schüler der unteren Altersstufen noch gegenüber 1990 weiter leicht (um 1 bis 3 %) steigern konnten, ist mit zunehmendem Alter und stärker noch bei den Mädchen eine leicht rückläufige Tendenz (um ebenfalls 1 bis 3 %) erkennbar (Abb. 58).

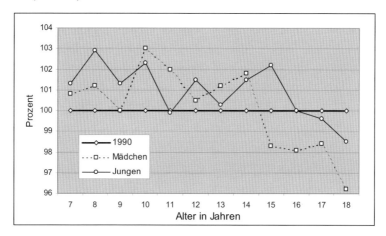

Abb. 58: Entwicklung der koordinativen Leistungsfähigkeit (Gesamtfaktor) 7- bis 18-jähriger polnischer Mädchen und Jungen zwischen 1990 und 2000, dargestellt in % der Veränderungen (1990 = 100 %) – nach Raczek, 2002, S. 114

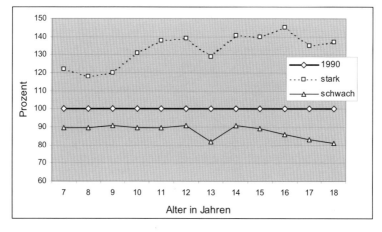

Abb. 59: Koordinative Leistungsfähigkeit leistungsschwacher und leistungsstarker polni-scher Mädchen aus dem Jahr 2000, bezogen auf Ergebnisse aus dem Jahr 1990 (100 %) nach Raczek, 2002, S. 116

Auch wird deutlich, dass die Schere zwischen leistungsstarken und leistungsschwachen Kindern und Jugendlichen mit dem Alter auseinander klafft (Abb. 59).
Die Leistungsstarken verbessern 2000 weiter ihre koordinativen Leistungen, während bei den Leistungsschwachen mit zunehmendem Alter eine rückläufige Tendenz zu beobachten ist.

Diese Aussagen von Raczek und Crasselt können Abesser (2004) und Kruza
(2004) mit ihren Studien bestätigen. Abesser (2004) verglich mit den gleichen
Greifswalder Tests erfasste Koordinationsleistungen unter Zeitdruck von *10-
jährigen Greifswalder Mädchen und Jungen* 1974 und 2004 (Abb. 60 und 61) und
registrierte Leistungsverbesserungen im koordinativen Bereich in diesen 30 Jahren
von 3 bis 18 % (Effektstärken 0,12 und 0,55 Mädchen, 0,66 und 0,86 Jungen).

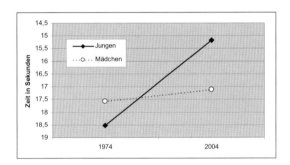

*Abb. 60: Gleichgewichtsleistungen unter Zeitdruck (Test BGT) von 10-jährigen Mädchen
und Jungen 1974 und 2004 (Abesser, 2004)*

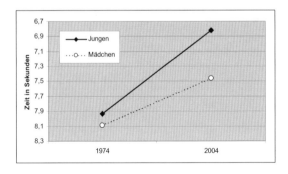

*Abb. 61: Leistungen in der Koordination unter Zeitdruck (Keulen-Slalom-Test) von 10-
jährigen Greifswalder Mädchen und Jungen 1974 und 2004 (Abesser, 2004)*

Kruza (2004) verglich Koordinationsleistungen von 16-jährigen Jugendlichen aus
Herne (n = 70) des Jahres 2004 mit den Greifswalder Ergebnissen Gleichaltriger

von 1974, die ebenfalls mit den gleichen Tests wie bei Hirtz (1985) und Abesser (2004) erfasst wurden (Abb. 62). Er stellte Verschlechterungen um etwa 15 % bei Gleichgewichtsleistungen unter Zeitdruck (BGT) der *Jugendlichen*, aber auch Verbesserungen im Zielwerfen (Koordination Genauigkeit) in diesen 30 Jahren fest.

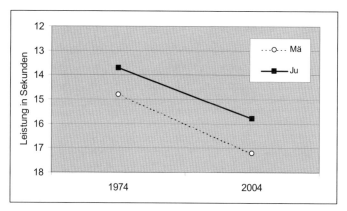

Abb. 62: Gleichgewichtsleistungen (unter Zeitdruck) 16-Jähriger 1974 und 2004 (Kruza, 2004)

Das bestätigt weiter verbesserte Koordinationsleistungen jüngerer Schulkinder und zurückgehende Koordinationsleistungen älterer Jahrgänge bis in die ersten Jahre des neuen Jahrhunderts hinein auch in Deutschland.

Bös und Mechling (2002) registrieren in ihrer bereits erwähnten Studie ebenfalls eine Leistungsstagnation im koordinativen Bereich. Dennoch war zum Beispiel auf dem Gebiet der „Koordination bei Präzisionsaufgaben" keineswegs ein so deutlicher Leistungsrückgang wie im konditionellen Bereich zu beobachten, was die Autoren auf die veränderte Freizeitbetätigung der Kinder und Jugendlichen zurückführen (vorwiegend feinmotorische Anforderungen bei PC- und Elektronikspielen fördern den Präzisionsanteil).

Die bereits erwähnte Studie zum Bewegungsstatus von Kindern und Jugendlichen in Deutschland (n = 3431) im Rahmen der Gemeinschaftsaktion von AOK, DSB und WIAD erbrachte auch im koordinativen Bereich, dass nur etwa 80 % der 10- bis 14-jährigen Mädchen und Jungen in Deutschland im Jahre 2002 noch die 1995 gemessenen Durchschnittsleistungen im *Ballprellen und Zielwerfen* erreichen. Alle Rückgänge bei Mädchen und Jungen in allen Altersklassen erweisen sich als hoch signifikant.

Abschließend sollen noch Ergebnisse der Greifswalder *Schulanfängerstudie* Erwähnung finden. Wie bereits unter 3.2 bis 3.4 praktiziert, können auch hier Koordinationsleistungen von Teilnehmern an der Schuleingangsuntersuchung 2001 mit den Ergebnissen aus den Jahren 1987/88 verglichen werden. Abbildung 63 zeigt übereinstimmend und statistisch gesichert deutlich schwächere Koordinationsleistungen der Schulanfänger des Jahres 2001. Bei gegenüber 1987/88 eindeutig besseren *Wahrnehmungsleistungen* (vgl. 3.3) werden bei der Umsetzung in Bewegungsleistungen 14 Jahre später Schwächen erkennbar. Trotz besserer Leistungen in der optisch-räumlichen Wahrnehmung (um etwa 13 %; signifikant p = .01) weisen 6-jährige Probanden der Untersuchung 2001 deutlich schwächere Leistungen bei der *räumlichen Orientierung* (am Beispiel des Stuhl-Farben-Laufs um etwa 26 %, signifikant p = .01) auf.

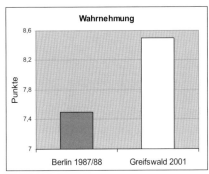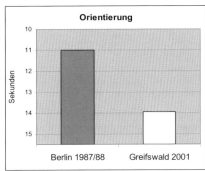

Abb. 63: Entwicklung der Wahrnehmungs- und räumlichen Orientierungsleistungen von Schulanfängern 1987/88 und 2001(Ludwig, 1989; Schwock, 2004) im Vergleich

Auch bei den *Reaktionsleistungen* (Abb. 64) dokumentieren sich bessere Leistungsvoraussetzungen (einfache Reaktion auf ein akustisches Signal) der Schulanfänger von 2001 (um etwa 13 %; signifikant p = .01) nicht auch in verbesserten Werten bei komplexen, ganzkörperlichen motorischen Reaktionsleistungen (Verschlechterungen um 29 %; signifikant p = .01).

Diese unterschiedliche Entwicklung der Reaktionsleistungen kann als bemerkenswerter Einfluss unserer stark visualisierten Umwelt (Fernsehen, Computer) auf koordinativ-motorische Leistungen interpretiert werden. Auch sind die Diskrepanzen bei akustischer Signalgebung deutlich größer als bei optischer.

Noch deutlicher zeigen sich die Rückentwicklungen bei der *kinästhetische Differenzierungsfähigkeit* (Winkelreproduzieren am Goniometer; Zielwerfen). Signifikante Rückgänge um deutlich über 25 % sind hier charakteristisch (Abb. 65).

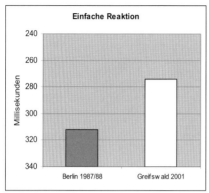
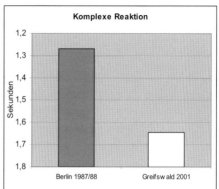

Abb. 64: Entwicklung einfacher und komplexer Reaktionsleistungen von Schulanfängern 1987/88 und 2001 (Ludwig, 1989; Schwock, 2004)

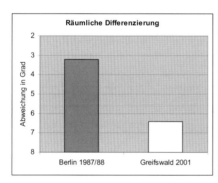
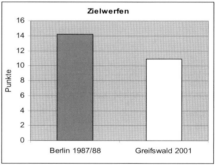

Abb. 65: Entwicklung der kinästhetischen Differenzierungsleistungen (Winkelreproduzieren und Zielwerfen) von Schulanfängern 1987/88 und 2001 (Ludwig, 1989; Schwock, 2004)

Dabei erreichen die 7-Jährigen der Population von 2001 nicht einmal das Niveau der 5-Jährigen von vor 13/14 Jahren.

Zusammenfassend kann zur *Leistungsentwicklung von Schulanfängern* festgestellt werden, dass sie im Jahre 2001 um gut 10 % bessere Wahrnehmungs-, einfache Reaktions- und Antizipationsleistungen erreichen als noch 1987/88, aber deutliche Rückentwicklungen von 25 % und mehr bei Differenzierungs-, Orientierungs- sowie Koordinationsleistungen unter Zeitdruck zu verzeichnen haben.

In Anlehnung an den Systematisierungsansatz von Roth und Winter (1994) kann insgesamt zum säkularen Entwicklungstrend koordinativer Merkmale festgehalten werden, dass die positiven bzw. negativen Auswirkungen kulturwandelbezogener Veränderungen vom aufgabenbezogenen Motorikanteil abhängig sind (Abb. 66).

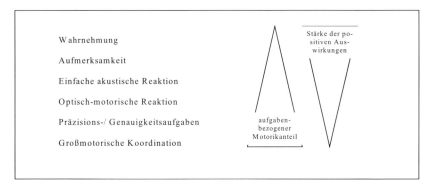

Abb. 66: Zusammenhang zwischen aufgabenbezogenem Motorikanteil und der Wirkung kulturwandelbezogener Veränderungen (nach Bremer, 2004, S. 108)

Während sich Wahrnehmungs- und Konzentrationsleistungen bei Aufgaben mit geringem Motorikanteil am Ende des 20. Jahrhunderts deutlich verbessern, verzeichnen Reaktions- und Genauigkeitsleistungen mit einem mittleren Motorikanteil teilweise Zu- und Abnahmen und bei großmotorischen bzw. ganzkörperlichen Koordinationsleistungen und erst recht bei solchen unter Zeitdruck (eben auch mit einem gewissen konditionellen Anteil) können bereits rückläufige Entwicklungstendenzen festgestellt werden.

3.5.3   Geschlechtsspezifik

Interessant ist auch eine Betrachtung der *geschlechtsspezifischen Unterschiede* in der Entwicklung. Dazu wurde wieder der so genannte Geschlechtsquotient (s.o.) berechnet. Abbildung 67 zeigt die Entwicklung in den 20 Jahren zwischen 1975 und 1995. Lagen 1975 die Werte noch bei 92 % (Katowice) und bei 92 bis 98 % (Greifswald), erhöhen sie sich 1995 auf 98 bis 99 % (bei den 10- bis 11-jährigen Katowicer Probanden) und liegen bei den Greifswalder Probanden über 100 %, d.h. die Mädchen vollbringen auf diesem Gebiet bereits teilweise bessere Leistungen als die Jungen.

Die Ergebnisse in verschiedenen Gewandtheitsläufen (Koordination unter Zeitdruck) von Crasselt et al. (1990) und Raczek (1995) zeigen in Abbildung 68 übereinstimmend eine deutliche Annäherung der Koordinationsleistungen von Mädchen an die der Jungen im Verlaufe der letzten 30 Jahre des 20. Jahrhunderts (Annäherungen von 3 bis 4 % in der deutschen Studie, von bis zu 8 % bei den 11- bis 12-Jährigen in der polnischen Studie).

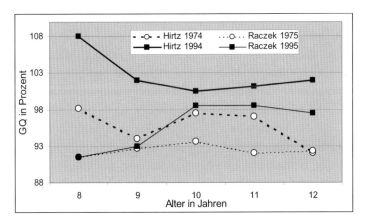

Abb. 67: Entwicklung des Geschlechtsquotienten bei Koordinationsleistungen unter Zeitdruck von 8- bis 12-Jährigen zwischen 1975 und 1995

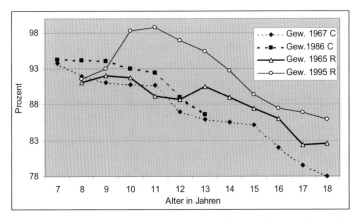

Abb. 68: Veränderung des Geschlechtsquotienten im Gewandtheitslauf deutscher und polnischer Kinder und Jugendlicher zwischen Mitte der 60er Jahre und 1986 bzw. 1995 (berechnet nach Crasselt et al., 1990 und Raczek, 1995)

Als Ergebnis der säkularen Akzeleration zeigt sich – wie schon bei den konditionellen Voraussetzungen, hier im koordinativen Bereich jedoch noch eindeutiger – eine deutliche Annäherung der Mädchenleistungen an die der Jungen, was wir als ein *Phänomen der motorischen Entwicklung* kennzeichnen können.

3.5.4   Zusammenfassende Betrachtung zur koordinativen Entwicklung

• Im Vergleich zu den konditionellen Voraussetzungen (3.4) halten die positiven Wirkungen der säkularen Akzeleration – bedingt durch eine in den 80er Jahren verstärkte koordinativ betonte Ausbildung in Schulsport und Nachwuchstraining – offensichtlich länger an. Steigerungen der Koordinationsleistungen unter Zeitdruck sind bis in die Mitte der 90er Jahre nachzuweisen (um etwa 5 bis 9 %). Damit wurde der Trend des Vorjahrzehnts (1975 bis 1985) – im Gegensatz zur konditionellen Entwicklung – fortgeführt.

• Auf anderen Gebieten der Koordination trifft der positive Trend nur für die jüngeren Schulkinder (bis etwa zum 13./14. Lebensjahr) zu, danach sind – in Abhängigkeit vom Motorikanteil der Aufgabe – bereits stagnierende und auch rückläufige Tendenzen, bei den Mädchen noch stärker als bei den Jungen, charakteristisch. Der Trend geht also auch hier – wenn auch nicht so deutlich wie bei den konditionellen Leistungsvoraussetzungen – allmählich nach unten.

• Außerdem ist zu beobachten, dass sich die leistungsstärkeren Mädchen und Jungen auch zwischen 1990 und 2000 auf dem Gebiet der Koordination durchaus weiter verbessern. Begleitet wird dies jedoch von deutlichen Rückgängen in der koordinativen Leistungsfähigkeit bei den Leistungsschwächeren.

• In neueren Studien können allerdings bei heutigen Schulanfängern bereits deutlich schwächere Koordinationsleistungen als noch in den 80er Jahren festgestellt werden.

• Nicht zuletzt ist interessant, dass sich – wie schon bei den konditionellen Voraussetzungen, hier im koordinativen Bereich jedoch noch eindeutiger – im Zuge der säkularen Akzeleration eine deutliche Annäherung der Koordinationsleistungen der Mädchen an die der Jungen zeigt.

3.6 Zusammenfassung

Als Folge des Kulturwandels wurde in der Mitte des 20. Jahrhunderts zunächst vorwiegend eine Entwicklungsbeschleunigung, eine säkulare Akzeleration, beobachtet. Neben der Frage, ob dieser säkulare Entwicklungtrend noch heute weiter anhält, interessierte uns besonders auch, ob er auch zu einem epochalen Entwicklungswandel der menschlichen, speziell der kindlichen *Motorik* führt und ob sich die Akzelerationserscheinungen bei konditionellen und koordinativen Dispositionen oder auch bei Mädchen und Jungen gleichermaßen äußern.

Bestätigung des säkularen somatischen Akzelerationstrends

Ein Vergleich verschiedener nationaler und internationaler Studien bestätigt zunächst eindeutig den säkularen Akzelerationstrend in Deutschland im Verlaufe des vorigen Jahrhunderts. Bei jüngeren Schulkindern kann eine Erhöhung der Körperhöhe um 13 bis 16 cm und des Körpergewichts um durchschnittlich 6 bis 9 kg festgestellt werden. Bei älteren Schulkindern zeigen sich etwa gleiche Körperhöhenzuwächse, jedoch eine noch deutlichere Gewichtszunahme (um durchschnittlich bis zu 13 kg).
Greifswalder u.a. Studien belegen eine Fortführung des säkularen Trends in den letzten 20 Jahren des 20. Jahrhunderts. Die jüngeren Schulkinder sind im Schnitt um etwa 5 % (6 bis 7 cm) größer und 14 bis 16 % (5 bis 6 kg) schwerer geworden. Insgesamt kann man von einem Wachstumstempo von durchschnittlich 1 bis 2 cm und 1 bis 2 kg im Jahrzehnt – differenziert nach Alter und Geschlecht – ausgehen, wobei dieser Prozess gegenwärtig weiter anhält.

Akzeleration geistig-konzentrativer Leistungen

Parallel zur somatischen Akzeleration kann in der zweiten Hälfte des 20. Jahrhunderts auch eine beschleunigte Entwicklung der intellektuellen Fähigkeiten, der geistigen Leistungsfähigkeit der Heranwachsenden festgestellt werden. Diese ist mit der Vergrößerung des Wissensumfangs, der Verbesserung der Lehr-Lern-Methoden, der damit verbundenen Erhöhung der Allgemeinbildung u.v.a.m., also auch mit bestimmten Aspekten eines Kulturwandels, zu erklären.
In der vorliegenden Studie konnten *Wahrnehmungs- und Konzentrationsleistungen* vergleichend betrachtet werden, die die geistige und die motorische Entwicklung

gleichermaßen tangieren und beeinflussen. Es konnte festgestellt werden, dass sich diese Leistungen von Schulanfängern und jüngeren Schulkindern in den letzten beiden Jahrzehnten des 20. Jahrhunderts deutlich verbessert haben. Erklären lässt sich diese Erscheinung mit dem erhöhten Medienkonsum und einer verstärkten Inanspruchnahme optisch-räumlicher Wahrnehmungsleistungen im Spiel sowie im gesamten Alltag, also ebenfalls mit Aspekten einer veränderten Kindheit.

Auswirkungen auf die Motorik

Wie wirkt sich nun die beschleunigte somatische Entwicklung auf die verschiedenen Seiten der Motorik aus bzw. wie verändert sich zur gleichen Zeit die Motorik? Eine interessante Entwicklung zeigt sich in Bezug auf die *konditionell-motorischen Leistungsdispositionen*. Während etwa bis zur Mitte der 80er Jahre in fast allen Studien Anstiege im Zuge der säkularen Akzeleration nachgewiesen wurden, werden danach eindeutig Leistungsrückgänge diagnostiziert, wie Abbildung 69 noch einmal zusammenfassend zeigt. Diese Rückgänge betreffen alle Altersklassen gleichermaßen und bewegen sich z.B. in den verschiedenen Studien im 60-m-Lauf zwischen 5 und 15 % und im Ballweitwerfen zwischen 5 und 20 % sowie im 400-m-Lauf vom 7. bis 13. Lebensjahr abnehmend zwischen 3 und fast 12 %. In den Studien von Dordel (2000) erreichen sie im Weitsprung aus dem Stand gar knapp 30 % und bei Bös & Mechling (2002) sind Rückgänge im etwa gleichen Zeitraum z.T. deutlich über 30 % bei Liegestützübungen und Sit-ups registriert worden.

Im Vergleich zu den konditionellen Dispositionen halten die positiven Wirkungen der säkularen Akzeleration bei den *koordinativ-motorischen Voraussetzungen* – auch bedingt durch eine in den 80er Jahren verstärkte koordinativ betonte Ausbildung in Schulsport und Nachwuchstraining – offensichtlich länger an. Steigerungen der Koordinationsleistungen unter Zeitdruck sind bis in die Mitte der 90er Jahre nachzuweisen (um etwa 5 bis 9 %). Auf anderen Gebieten der Koordination trifft der positive Trend nur noch für die jüngeren Schulkinder (bis etwa zum 13./14. Lebensjahr) zu, danach sind bereits auch hier – in Abhängigkeit vom aufgabenbezogenen Motorikanteil – stagnierende und rückläufige Tendenzen charakteristisch. Außerdem ist zu beobachten, dass sich die leistungsstärkeren Mädchen und Jungen auch zwischen 1990 und 2000 auf dem Gebiet der Koordination durchaus weiter verbessern. Begleitet wird dies jedoch von deutlichen Rückgängen in der koordinativen Leistungsfähigkeit bei den Leistungsschwächeren. In neueren

Studien können auch bei heutigen Schulanfängern bereits deutlich schwächere Koordinationsleistungen als noch in den 80er Jahren festgestellt werden.

Abbildung 69 zeigt zusammenfassend die Entwicklung somatischer Parameter, von Wahrnehmungs- und Konzentrationsleistungen sowie konditioneller und koordinativer Leistungsvoraussetzungen von 7- bis 12-jährigen Jungen und Mädchen 1995 im Vergleich zu den entsprechenden Leistungen im Jahr 1974/75 (= 100 %), womit die differenzierte Entwicklung somatischer, psychischer und motorischer Dispositionen in den letzten 20 Jahren des vergangenen Jahrhunderts deutlich wird.

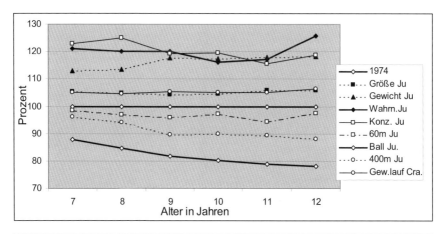

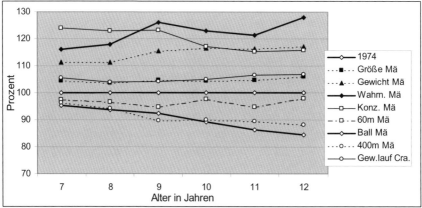

Abb. 69 : Entwicklung somatischer, Wahrnehmungs- und Konzentrationsleistungen sowie konditioneller und koordinativer Leistungsvoraussetzungen von 7- bis 12-jährigen Jungen (oben) und Mädchen (unten) 1995 im Vergleich zu 1974/75 (= 100 %)

Es zeigen sich bei Mädchen und Jungen teilweise übereinstimmende Tendenzen. Die größten Zunahmen um fast 20 % erreichen das Körpergewicht und die Wahrnehmungs- und Konzentrationsleistungen. Steigerungen um etwa 5 % zeigen sich weiterhin bei der Körperhöhe und den Koordinationsleistungen unter Zeitdruck. Rückgänge um etwa 5 % werden bei der Laufschnelligkeit, um etwa 10 % bei der Ausdauer und um 15 bis 20 % beim Ballweitwerfen deutlich.

Säkulare Akzeleration und „säkulare Regression/Retardation"

Wodurch ist dieses eigenartige Phänomen zu erklären? Was hat sich im kulturell-sozialen Bereich in der Zeit nach 1980 so verändert, dass dieses differenzierte Bild entstanden ist und aus der *säkularen Akzeleration* im konditionellen, sportlichen Leistungsbereich bis zu den 80er Jahren nun zum Ende des 20. Jahrhunderts eine *säkulare Regression/Retardation* geworden ist, die immerhin nun schon über 20 Jahre anhält?

Da die somatische Akzeleration noch keineswegs abgeschlossen ist und im Wahrnehmungs- und Konzentrationsbereich ebenfalls weitere Fortschritte nachweisbar sind, müssen die Ursachen im Bereich der Bewegungstätigkeit der Heranwachsenden gesucht werden. Allgemein wird der *zunehmende Bewegungsmangel* als Folge „verdichteter Wohnwelt", „technisierter Erfahrungswelt", „verinselter Erfahrungs- und Bewegungsräume" oder „Verhäuslichung", „zunehmendem Medienkonsums" bzw. „konsumtiver Mediennutzung" erkannt.

Kindheit befindet sich im Prozess der *Modernisierung und Individualisierung* (Fölling-Albers, 1997). Nicht zufällig setzte Ende der 80er Jahre und folgend ein fast unüberschaubarer Forschungsboom über „Kinderwelten", „Kinderleben", „Kindheit im Wandel" oder zur „Veränderten Kindheit" ein. Vor allem die *Gleichzeitigkeit und Dichte* der gesellschaftlichen Veränderungen (z.B. Rückgang der Geburtenrate, Zunahme des Anteils an Ein-Eltern-Familien, zunehmende Liberalisierung in den Erziehungsnormen, verändertes Spielverhalten und veränderte Freizeitbeschäftigungen, verändertes Medienverhalten, Zunahme der interkulturellen Erfahrungen u.a.) war es (nach Fölling-Albers, 1997, S. 16), die diesen Boom auslösten.

Diese Aspekte eines Kulturwandels sind es heute, die Einfluss auf die motorische Leistungsfähigkeit der Heranwachsenden nehmen, nachdem sich bis in die Mitte der 80er Jahre der Kulturwandel positiv auf die motorische Entwicklung auswirkte. Wir können also von einem *Umschlagen* der säkularen Akzeleration der motori-

schen Entwicklung in eine säkulare Stagnation, Regression oder Retardation sprechen. Beide Erscheinungen stellen beachtliche und beachtenswerte *Phänomene der
motorischen Entwicklung* dar. Es geht also nicht mehr vordergründig um eine säkulare Akzeleration, eine Entwicklungsbeschleunigung, obgleich die gleichzeitige
Verbesserung der Wahrnehmungs- und Konzentrationsleistungen einen zu beach-
tenden Fakt darstellt. Der gesellschaftliche und kulturelle Wandel hat eben viele
Gesichter und wirkt sich unterschiedlich im Sinne eines komplexen Bedingungsge-
flechts auf die Entwicklung der Heranwachsenden aus.

Wir sollten also von kulturwandelbezogenen Veränderungen und Modifizierungen,
von einem *Entwicklungswandel und seinen differenzierten Auswirkungen auf die
Motorik* sprechen.

Geschlechtsspezifik

Jungen und Mädchen sind zunächst gleichermaßen von den Akzelerationserscheinungen betroffen. Zeigen die Veränderungen hinsichtlich der somatischen Entwicklung im gesamten 20. Jahrhundert nur kleinere geschlechtsspezifische Unterschiede im 1-cm- bzw. 1-kg-Bereich von Körperhöhe und -gewicht, belegen die
gewichteten Stichprobenmittelwerte von Bös (2003), dass Mädchen in den letzten
Jahrzehnten noch schneller wachsen als Jungen und bei Jungen das Gewicht stärker zunimmt. Allerdings führt der in den zurückliegenden Jahrzehnten früher einsetzende puberale Wachstumsschub dazu, dass die 10- bis 12-jährigen Mädchen
heute größer und schwerer sind als die gleichaltrigen Jungen, was auch als *Phänomen* der motorischen Entwicklung einzuordnen ist.

Als ein weiteres *Phänomen* der motorischen Entwicklung erweist sich die Tatsache, dass sich im Zuge der säkularen Akzeleration bei den konditionellen wie bei
den koordinativen Voraussetzungen eine deutliche *Annäherung der Mädchenleistungen* an die der Jungen ergab. Lagen um 1975 die Geschlechtsquotienten (Mädchenleistungen in % zu den Jungenleistungen) im 60-m-Lauf noch bei 90 bis 95 %,
so näherten sie sich 1995 der 100-%-Marke immer mehr an: 98 bis 99 %. Noch
deutlicher sind die Veränderungen beim Schlagball-Weitwurf. Hier erfolgte eine
Annäherung der Mädchenleistungen an die der Jungen in etwa 30 Jahren von 5 bis
10 %.

Im *koordinativen Bereich* zeigt sich diese Erscheinung ebenfalls. Die Ergebnisse in
verschiedenen Gewandtheitsläufen (Koordination unter Zeitdruck) zeigen übereinstimmend eine deutliche Annäherung der Koordinationsleistungen von Mädchen

an die der Jungen im Verlaufe der letzten 30 Jahre des 20. Jahrhunderts von etwa 3 bis 4 % in der deutschen Studie, von bis zu 8 % bei den 11- bis 12-Jährigen in der polnischen Studie. Interessant ist in diesem Zusammenhang auch, dass die Mädchen auf dem Gebiet von *Wahrnehmung und Konzentration* in den zurückliegenden 20 Jahren gegenüber den Jungen nicht nur aufgeholt haben, sondern diese in ihren entsprechenden Leistungen am Ende des 20. Jahrhunderts deutlich übertreffen.

Dies alles bestätigt, dass die Akzelerationserscheinungen keineswegs unabhängig vom Geschlecht verlaufen. Als Ursachen dieser Entwicklung erweist sich das sich wandelnde Rollenverständnis und Aufgabenbild von Mann und Frau in unserer Gesellschaft. Die erwähnte Annäherung der Mädchenleistungen ist jedenfalls Ausdruck eines Kulturwandels und stellt ein echtes *Phänomen der motorischen Entwicklung* dar.

Kulturwandel und motorische Kompetenz

Abschließend soll an dieser Stelle der Kompetenzansatz nochmals aufgegriffen werden (vgl. Abschnitt 1.4), da es nicht zu bestreiten ist, dass die motorische Handlungskompetenz durch die beschriebenen kulturwandelbedingten Veränderungen beeinflusst und verändert wird.

Während der Bereich der Konstitution direkt der weiterhin wirkenden säkularen Akzeleration unterliegt, wird der Bereich Kondition (d.h. die konditionellen Ressourcen) sowohl durch die somatische Entwicklungsbeschleunigung als auch durch kulturwandelbezogene Veränderungen (wie besonders durch den Bewegungsmangel) in starkem Maße beeinflusst oder auch beeinträchtigt. Die Bereiche Kognition und Koordination werden hingegen indirekt durch Formen der sozial-säkularen Akzeleration beeinflusst und unterliegen kulturwandelbezogenen Veränderungen in positiver (verbesserte Wahrnehmung, Konzentration und Feinmotorik), aber auch negativer Hinsicht (Rückgänge in der Koordination unter Zeitdruck).

Übertragen auf das Kompetenzmodell ergibt sich daraus zunächst eine durch die Bewältigung „traditioneller" Anforderungen und unter Inanspruchnahme inzwischen adaptierter und veränderter motorischer und anderer Ressourcen herausgebildete neue, modifizierte und adaptierte motorische Kompetenz. Um diese weiter auszuprägen, sind die erforderlichen Ressourcen in einer neuen Qualität zu entwickeln und solche Anforderungen zu stellen, die eine neue Qualität der motorischen Kompetenz sichern können.

4 Diskontinuität in der motorischen Entwicklung – Dynamik, Stagnation und Regression

4.1   Einführung

Die motorische Entwicklung verläuft keineswegs geradlinig und kontinuierlich. Abweichungen wurden als *Diskontinuitäten* (Kossakowski, 1991) oder auch als *Inkonsistenzen* (Touwen, 1984) gekennzeichnet. Unterschiede zwischen den Personen zu einem bestimmten Zeitpunkt und Verlaufsschwankungen bei ein und derselben Person über die Zeit stellen nach Touwen (1984, S. 29) und auch nach Zimmermann & Kaul (1998, S. 183) *intra- und interindividuelle Variabilitäten* dar. Auch sie sind als Diskontinuitäten und Inkonsistenten zu kennzeichnen und stellen in der Regel das Ergebnis von „nichtnormativen Einflüssen" bzw. „kritischen Lebensereignissen" dar. Dieser Problematik wollen wir uns jedoch im Kapitel 5 näher widmen.

Hier soll es um Entwicklungserscheinungen (Phänomene) der Motorik gehen, die die Menschen in ihrer Gesamtheit berühren, von denen sie in der Regel alle betroffen sind oder sein können. Bedingt sind diese entweder durch Reifungsprozesse, denen alle Individuen mehr oder weniger intensiv unterliegen, oder aber auch durch charakteristische Zäsuren im Leben, die durch einen Determinationswechsel gekennzeichnet sind und die objektiven motorischen Handlungsmöglichkeiten oder -spielräume erweitern oder auch einengen können.

Dabei sollen Abschnitte in der Lebensspanne, in denen sich bestimmte motorische Fähigkeiten besonders dynamisch entwickeln, ebenso beleuchtet werden wie solche, in denen die Entwicklung motorischer Merkmale in der Regel stagniert oder zeitweilig gar regressiv verläuft. Schließlich wollen wir uns auch gegenläufigen Entwicklungserscheinungen im Sinne der Multidirektionalität von Baltes (1990) zuwenden.

Interessant sind solche Phänomene besonders auch im Zusammenhang mit Folgerungen für die Förderung der motorischen Entwicklung der Heranwachsenden, mit Fragen der Beeinflussung, des Übens und Trainierens, also der Beachtung und Nutzung dieser Phasen in der sportlichen Praxis.

4.2   Die besondere Entwicklungsdynamik im Vorschulalter

„Für die koordinative Befähigung des Kindes gibt es kein zu früh", überschreibt Winter (2002, S. 136) eine Veröffentlichung und referiert über verschiedene Belege unterschiedlicher Autoren zur Untermauerung dieser Aussage.

Bezug nehmend auf Israel (1976) und Weineck (2000) unterstreicht er, dass „die biotischen Voraussetzungen in der motorischen Ontogenese der Kindheit und Jugend" (2002, S. 138) frühzeitig gegeben sind für die Ausbildung der Bewegungskoordination. „Besonders das Kleinkind- und Vorschulalter sind fraglos motorische Entwicklungsabschnitte, in denen die Aneignung und rasche Vervollkommnung vielfältiger grundlegender Bewegungsformen und entsprechender elementarer koordinativer Fähigkeiten erfolgt" (ebenda, S. 138).

Diese Aussagen lassen sich durch Untersuchungen mit ca. 270 Berliner Kindern im Alter zwischen 3 und 7 Jahren differenzierter belegen.

Eine verbesserte Funktionstüchtigkeit der Analysatoren zwischen dem 4. und dem 7. Lebensjahr (wobei der auditive und der visuelle Analysator vor dem kinästhetischen reifen) und auch des Pyramidenbahnsystems führt im Verein mit vielfältigen Entwicklungsreizen zu Fortschritten in der Entwicklung der für die Bewegungssteuerung wesentlichen *psychophysischen Funktionen* und der *koordinativer Fähigkeiten,* wie die folgenden Abbildungen zeigen.

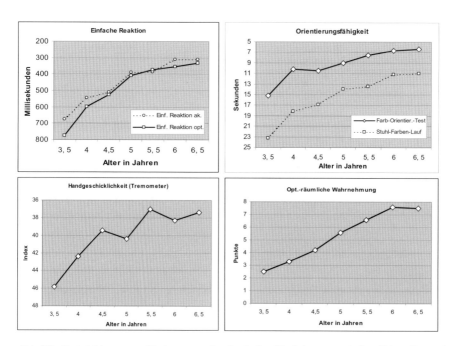

Abb. 70: Entwicklung verschiedener psychophysischer Funktionen sowie konditioneller und koordinativer Fähigkeiten im Vorschulalter Teil 1 (Ludwig, 1989)

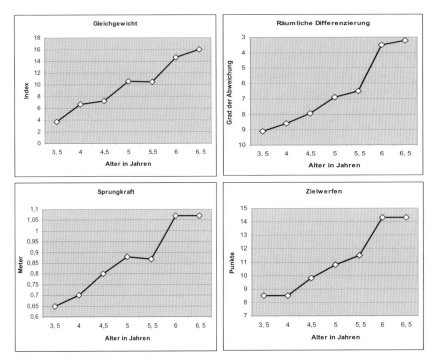

Abb. 71: Entwicklung verschiedener psychophysischer Funktionen sowie konditioneller und koordinativer Fähigkeiten im Vorschulalter Teil 2 (Ludwig, 1989)

Für die meisten Funktionen und motorischen Fähigkeiten stellt sich der Altersabschnitt zwischen 3,5 und 6,5 Jahren als Phase äußerst dynamischer Veränderungen dar. Die jährlich erreichten Verbesserungen (Zuwachsraten) werden in keinem der folgenden Altersabschnitte wieder erreicht. Besonders deutlich zeigt sich das bei der optisch-räumlichen Wahrnehmung, aber auch bei der Gleichgewichtsfähigkeit (unter Zeitdruck). Nach einer Phase intensiver Entwicklung bis zum Alter von 4 Jahren – die auch Schmidt-Kolmer (1984) und Vogt (1978) bei ihren Untersuchungen ermittelten – bleibt die Entwicklungsdynamik ähnlich hoch bis zum Alter von 6,5 Jahren.

Bei der differenzierten Betrachtung der Entwicklung einzelner motorischer Leistungsvoraussetzungen im Vorschulalter zeigen sich *zwei Tendenzen*:

1. Bei einigen Funktionen und Fähigkeiten liegt der Abschnitt intensiver Verbesserungen zwischen 3,5 und 5 Jahren, danach flachen die Entwicklungskurven leicht ab, wie bei der Reaktionsfähigkeit, räumlichen Orientierungsfähigkeit und Handgeschicklichkeit deutlich zu erkennen ist. Zwischen den einzelnen Fähigkeiten

zeigen sich insofern Unterschiede, als bei der Rhythmusfähigkeit (Rhythmuswechsel-Test) nach dem 7. Lebensjahr die immer noch dynamische Entwicklung bis zum Alter von 10 Jahren anhält, während jedoch der Entwicklungszuwachs bei der Reaktions-, der Gleichgewichts- und der räumlichen Orientierungsfähigkeit im Schulalter nicht mehr das Ausmaß des Vorschulalters erreicht.

2. Bei einigen Funktionen und Fähigkeiten fällt der enorme Zuwachs im 6. Lebensjahr (zwischen 5,5 und 6 Jahren) auf: optisch-räumliche Wahrnehmung, räumliche Differenzierung, Gleichgewichtsfähigkeit, Zielwerfen, Sprungkraft.

Die durch den Tremometer-Test erfasste Handgeschicklichkeit als Leistungsvoraussetzung zum Steuern schneller und genauer Bewegungsvollzüge der Hand entwickelt sich zunächst zwischen 5 und 5,5 Jahren relativ intensiv, nach einer Stagnationsphase setzt dann mit dem 8. Lebensjahr, d.h. nach Schuleintritt und damit auch intensiver Beeinflussung, nochmals ein markanter Entwicklungsschub ein. Die Untersuchungsbefunde von Vogt (1978) zur Entwicklung der Geschicklichkeit finden Bestätigung.

Geschlechtsspezifik

Die Untersuchungsergebnisse zeigen in der Tendenz, dass mit zunehmendem Alter Geschlechtsdifferenzierungen bei der Entwicklung koordinativer Fähigkeiten auftreten, die jedoch nur in wenigen Fällen statistisch gesichert sind. Signifikante Unterschiede zeigen sich mit 6 Jahren bei der Gleichgewichtsfähigkeit (wie auch bei Vogt, 1978 beim „Stehen auf einem Bein") und dem schnellen Hin- und Herspringen zugunsten der Mädchen. Jungen erzielen dagegen in diesem Alter gesichert bessere Leistungen bei der einfachen Reaktion auf ein optisches Signal sowie beim Tapping der Beine (maximale Bewegungsschnelligkeit).

Mit Ausnahme der Geschicklichkeit wurden bei den 4- und 5-Jährigen keine nennenswerten Unterschiede zwischen Mädchen und Jungen gefunden. Bei der Geschicklichkeit treten mit 4 Jahren signifikante geschlechtsspezifische Unterschiede zugunsten der Jungen auf, die in den folgenden Altersabschnitten nicht mehr zu beobachten sind.

Zusammenfassung

Grundlegende psychophysische Funktionen und koordinative Fähigkeiten entwickeln sich auf der Basis biologischer Reifungs- und psychosozialer Entwicklungsprozesse im Vorschulalter äußerst intensiv. In Verbindung mit Veränderungen im emotionalen und volitiven Bereich, z.B. der Zunahme von

Leistungs- und Anstrengungsbereitschaft sowie einem erheblich erweiterten Feld für motorische Tätigkeiten, aber auch bei Sport und Spiel in der Familie, bewirken die Wachstums- und Reifungsprozesse im Organismus, dass sich diese Funktionen und Fähigkeiten zwischen dem 4. und 7. Lebensjahr intensiv verbessern, es deuten sich gute Entwicklungsmöglichkeiten in diesem Altersabschnitt bei einer gezielten koordinativ-motorischen Vervollkommnung an.

4.3   Zur Dynamik der koordinativ-motorischen Entwicklung im frühen Schulkindalter

Das „frühe Schulkindalter" oder auch „mittlere Kindesalter", also die Phase zwischen dem 7. und 10. Lebensjahr, erweist sich als eine weitere dynamische Entwicklungsperiode, besonders für eine Reihe psychophysischer Funktionen und koordinativer Fähigkeiten. Die endgültige Ausreifung oder Ausprägung dieser Leistungsdispositionen ist also im Vorschulalter noch nicht abgeschlossen.

Anhand von berechneten Zuwachsraten und vergleichenden Betrachtungen der beiden Greifswalder Querschnittstudien (vgl. Kap. 2) wird dieses Phänomen der motorischen Entwicklung im Folgenden veranschaulicht.

Optisch-räumliche Wahrnehmung

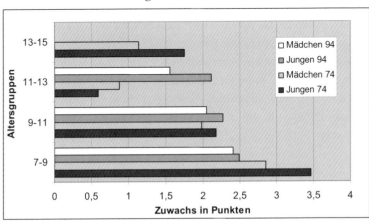

Abb. 72: Zuwachsraten in der optisch-räumlichen Wahrnehmung von 7- bis 15-jährigen Greifswalder Mädchen und Jungen 1974 und 1994 im Vergleich

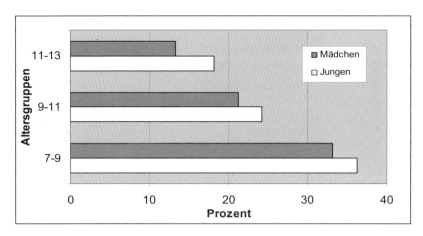

Abb. 73: Zuwachsraten (in %) der optisch-räumlichen Wahrnehmung von Greifswalder Mädchen und Jungen 1994

Die dargestellten Zuwachsraten in der optisch-räumlichen Wahrnehmung (Abb. 73) zeigen 1974 und 1995 übereinstimmend, dass zwischen dem 7. und 9. Lebensjahr die größten Steigerungen (zwischen 30 und 40 %) während der Schulzeit zu verzeichnen sind. Dennoch entwickeln sich die Wahrnehmungsleistungen während der gesamten Schulzeit weiter, allerdings dann mit geringeren Zuwachsraten von 10 bis 20 %.

Reaktionsfähigkeit

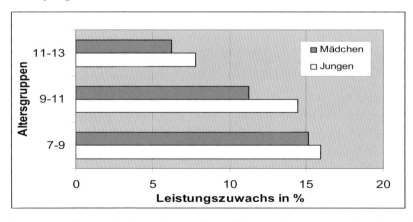

Abb. 74: Zuwachsraten (in %) in der ganzkörperlichen Reaktion von Greifswalder Schulkinder 1994

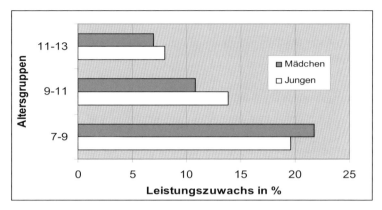

Abb. 75: Zuwachsraten (in %) in der ganzkörperlichen Wahlreaktion von Greifswalder Schulkinder 1994

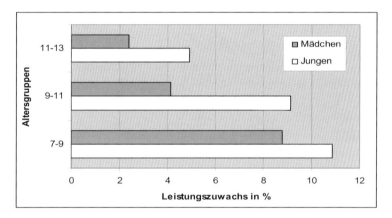

Abb. 76: Zuwachsraten (in %) in der ganzkörperlichen (sportlichen) Reaktion von Greifs-walder Schulkindern 1974

Gleiches gilt für die Entwicklung der Reaktionsfähigkeit (Abb. 74 bis 76), beson-ders dann, wenn es sich um ganzkörperliche, in komplexe Bewegungshandlungen „eingebettete", so genannte „sportliche" Reaktionsleistungen oder auch Wahlreak-tionen, d.h. koordinativ anspruchsvolle Reaktionen, handelt. Diese wurden in der Studie 1974 durch einen Test erfasst, bei dem der Proband sich aus dem Hockstand rücklings auf ein Kommando hin aufrichten, umdrehen und durch eine 3 m entfern-te Lichtschranke laufen musste. 1994 wurden die Reaktions- und Wahlreaktions-leistungen durch maximal schnelle beidbeinige Sprünge von einer Sprungplatte zur anderen mit der Greifswalder Ganzkörper-Koordinations- und Reaktionsmessanlage (GKR) gemessen. Zuwachsraten von 15 bis 20 % im Alter von 7 bis 9 Jahren stehen solchen von etwa 5 % im Alter von 11 bis 13 Jahren gegenüber und verdeutlichen die besonders dynamische Entwicklung der komplexen Reaktionsfähigkeit in den ersten Schuljahren.

Bei einfachen Reaktionsleistungen auf akustische oder optische Signale (Knopfdruck) zeigt sich im Vergleich, dass diese sich erst zwischen dem 9. und 11. Lebensjahr (Steigerungen um 15 %) deutlicher ausprägen (Abb. 77). Wird die Reaktion allerdings mit ganzkörperlichen Koordinationsleistungen verbunden, werden die deutlichsten Steigerungen zwischen dem 7. und 9. Lebensjahr erreicht.

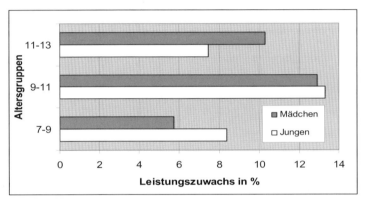

Abb. 77: Zuwachsraten (in %) in der einfachen akustischen Reaktion von Greifswalder Schulkindern 1974

Koordinative Fähigkeiten

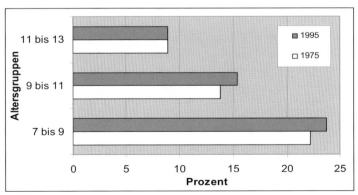

Abb. 78: Zuwachsraten (in %) bei Koordinationsleistungen unter Zeitdruck von Greifswalder 7- bis 13-jährigen Jungen 1975 und 1995 (verschiedene Tests)

Bei Koordinationsleistungen unter Zeitdruck (in den Studien 1975 und 1995 mit unterschiedlichen Tests erfasst) zeigt sich ein ähnliches Bild wie bei den ganzkörperlichen Reaktionsleistungen (Abb. 78). Noch deutlicher erweist sich die enorme Steigerungsrate zwischen dem 7. und 9. Lebensjahr (20 bis 30 %) bei den unter Zeitdruck erfassten Gleichgewichtsleistungen, die 1975 mit dem Balancier-Gleichgewichts-Test (BGT) und 1995 mit dem Test „Drehungen auf der Turnbank" erfasst wurden (Abb. 79).

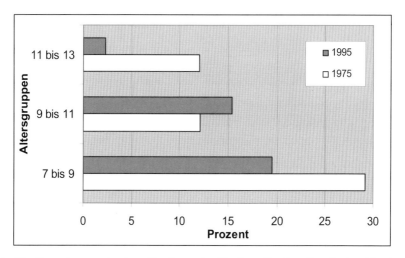

Abb. 79: Zuwachsraten in der Gleichgewichtsfähigkeit Greifswalder 7- bis 13-jähriger Mädchen 1975 und 1995 (verschiedene Tests)

Abschließend soll die Dynamik der koordinativ-motorischen Entwicklung bei Mädchen und Jungen in den ersten Schuljahren (bzw. im frühen Schulkindalter – mittlere Kindheit) an der Darstellung der errechneten Zeitabschnitte, in denen die Kinder 25 % (Viertelwert), 50 % (Halbwert) oder 75 % (Dreiviertelwert) des Gesamtzuwachses der Merkmale während der Schulzeit erreichen, verdeutlicht werden (Abb. 80). Die Hälfte der Gesamtsteigerung wird bei den koordinativen Fähigkeiten bereits im 9. Lebensjahr erreicht, bei der kinästhetischen Differenzierung sogar noch ein Jahr früher. Deutlicher kann die enorme Entwicklungsdynamik dieser Leistungsdispositionen in diesem Alter kaum dargestellt und ausgedrückt werden.

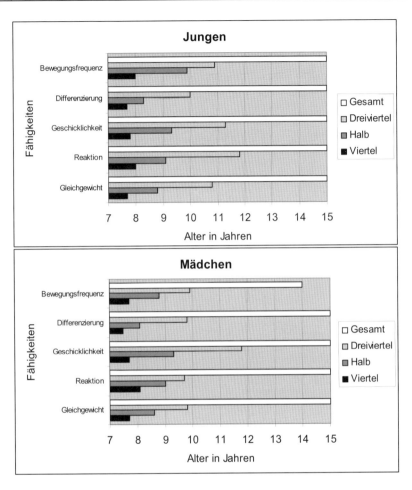

Abb. 80: Zeitabschnitte bis zum Erreichen des Viertel-, Halb- und Dreiviertelwertes der Gesamtentwicklung koordinativer Fähigkeiten während der Schulzeit (Hirtz, 1979)

Zusammenfassung

Im frühen Schulkindalter setzt sich die äußerst dynamische Entwicklung aus dem Vorschulalter – besonders hinsichtlich der koordinativen Leistungsvoraussetzungen – weiter fort. Der Ausreifungsprozess zugrunde liegender Funktionen findet seinen Abschluss. Dies kann durch Zuwachsraten von 20 bis 40 % bestätigt werden – Entwicklungsschübe, die in späteren Lebensabschnitten nicht wieder erreicht werden.

4.4   Die Dynamik der Kraftentwicklung in der Pubeszenz

Die enorme Kraftentwicklung besonders der Jungen in der Pubertät ist mit den reifebedingten Änderungen im Hormonhaushalt (Freisetzung der Sexualhormone, insbesondere des Testosterons) zu begründen, die eine Muskelhypertrophie begünstigen.

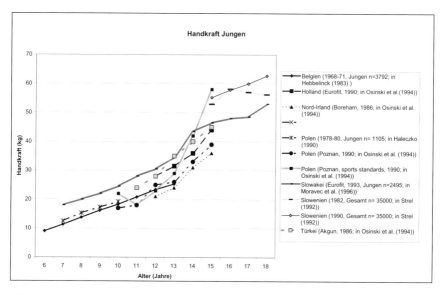

Abb. 81: Entwicklung der Handkraft der Jungen zwischen dem 6. und 18. Lebensjahr (Zusammenstellung verschiedener internationaler Studien)

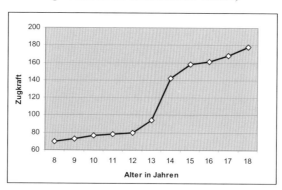

Abb. 82: Entwicklung der Maximalkraft (Zugkraft des Bizeps) von Jungen zwischen dem 8. und 18. Lebensjahr (Farfel, 1979)

Nach Schmidtbleicher (1994, S. 132) führt die anabole Wirkung des Testosterons, die Steigerung der Proteinsynthese, zu einem Ansteigen der Muskelmasse bei den Jungen von 27 % auf 40 % der Gesamtkörpermasse.

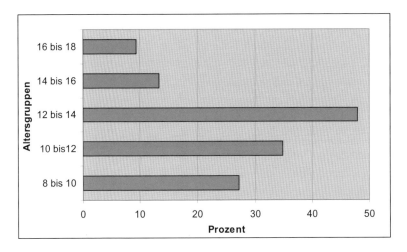

Abb. 83: Steigerungsraten im Medizinballstoßen polnischer Jungen (nach Raczek, 2000)

Dies ist deutlich in den Abbildungen zur Entwicklung der Handkraft, zur Zugkraft des Bizeps sowie zur Umsetzung der Kraft beim Medizinballstoßen (Abb. 81 bis 83) zu erkennen. Wenn auch der Mensch über die gesamte Lebenszeit seine Kraft durch Training verbessern kann, so ist doch unwidersprochen diese Phase bei den Jungen durch eine besonders hohe Trainierbarkeit gekennzeichnet.

Zusammenfassung
In der Pubeszenz kommt es – besonders bei den Jungen – zu einer besonders dynamischen Entwicklung der Kraftleistungen. Steigerungsraten von bis zu über 40 % belegen dieses Phänomen.

4.5   Stagnation und Regression in der koordinativ-motorischen Entwicklung während der Pubeszenz

Immer wieder wird in der Literatur, aber auch in der sportlichen Praxis, daran gezweifelt, dass es während der Pubeszenz Einschränkungen in der motorischen Leistungsfähigkeit gibt. Das liegt zunächst daran, dass diese Periode – wie unter 4.4. gerade dargestellt und begründet – durch eine enorme Zunahme der Kraft gekennzeichnet ist. Dadurch verbessern sich in der Regel auch die meisten sportlichen Leistungen, so dass die koordinativen Beeinträchtigungen „versteckt" bleiben. Es kommt hinzu, dass die meisten aus *Querschnittstudien* entstandenen Mittelwertkurven lediglich eine Stagnation in der Entwicklung koordinativer Fähigkeiten „suggerieren", wie die Abbildungen 84 und 85 zeigen. Nach einer stürmischen Entwicklungsphase zwischen dem 7. und dem 10./11. Lebensjahr (vgl. dazu auch Abschnitt 4.3) „stagnieren" die Ergebnisse zwischen dem 11. und 14. Lebensjahr.

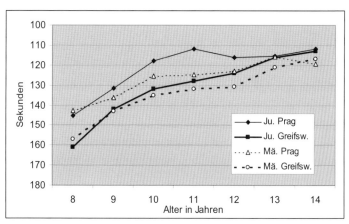

Abb. 84: Entwicklung der „sportlichen" Reaktionsfähigkeit von 8- bis 14-jährigen Mädchen und Jungen aus Prag (2002) bzw. Greifswald (1995) – Bank-Ball-Reaktionstest

In *Längsschnittstudien* kann man allerdings nachweisen, dass diese Kurvenverläufe dadurch zustande kommen, dass in den meisten Fällen individuelle Rückgänge der koordinativen Leistungsfähigkeit in Erscheinung treten, allerdings je nach auftretender Retardation oder Akzeleration zu verschiedenen Zeitpunkten, so dass in der „nivellierenden" Mittelwertskurve eine Stagnationsphase deutlich wird.

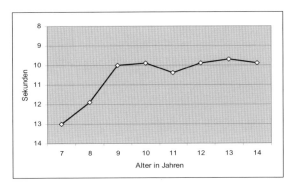

Abb. 85: Entwicklung der Gleichgewichtsfähigkeit 7- bis 14-jähriger Greifswalder Mädchen (Querschnittstudie 1994) – Test „Drehungen auf der Turnbank"

Aus den Abbildungen 86 und 87 ist zu entnehmen, wie viel Prozent der Mädchen zweier Greifswalder Längsschnittstudien in den siebziger und neunziger Jahren (vgl. Kap. 2) in den einzelnen Altersstufen einen *Wachstumsschub* von über 6 cm im Jahr „erlebt" haben bzw. bei wie viel Prozent von ihnen dies mit einem *Rückgang* der koordinativen Leistungsfähigkeit verbunden war. Während in der Studie 1974 bis 1983 alle beteiligten Mädchen einen solchen Wachstumsschub „erlebten", waren es in der Studie 1988 bis 1995 immerhin 92 %. Bei 91 % (erste Studie) und 88 % (zweite Studie) von ihnen war dies mit einem zeitweiligen Rückgang der koordinativen Leistungsfähigkeit verbunden.

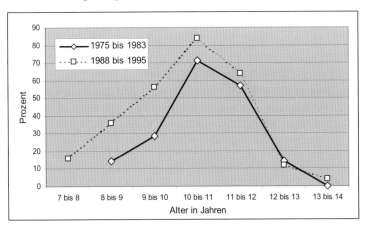

Abb. 86: Häufigkeit des Auftretens (in %) der puberal bedingten Wachstumsschübe von mehr als 6 cm im Jahr bei Mädchen zweier Greifswalder Längsschnittstudien im Vergleich

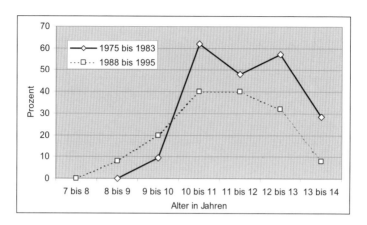

Abb. 87: Häufigkeit des Eintretens von Rückgängen der koordinativen Leistungsfähigkeit (in %) bei Mädchen zweier Greifswalder Längsschnittstudien im Vergleich

Dies bestätigt eindeutig den objektiven Charakter der Aussage. Ein Vergleich der beiden Längsschnittstudien verweist darüber hinaus auf ein im Kapitel 3 angedeutetes Phänomen der motorischen Entwicklung. Während in beiden Studien die meisten Wachstumsschübe zwischen dem 10. und 12. Lebensjahr lagen (60 bis 80 %), so fällt doch eine gewissen *Vorverlagerung des puberal bedingten Wachstumsschubs* in der zweiten Studie (1988 bis 1995) auf (Häufigkeit des Auftretens bereits zwischen 40 und 60 % im Alter zwischen 8. und 10. Lebensjahr), was als Ausdruck der *säkularen Akzeleration* angesehen werden kann.

Während sich die Rückgänge der koordinativen Leistungsfähigkeit in beiden Studien auf das Alter zwischen dem 10. und 13. Lebensjahr konzentrieren, sind in der zweiten Studie Häufigkeiten des Auftretens dieser Erscheinung von 20 bis 40 % vor diesem Alter erwähnenswert und stehen ebenfalls ganz offensichtlich mit der erwähnten Vorverlagerung der geschlechtlichen Entwicklung im Zusammenhang.

Die Rückgänge folgen in der Regel den Wachstumsschüben (vorwiegend bis zum 12. Lebensjahr) und erreichen noch zwischen dem 13. und 14. Lebensjahr ein beträchtliches Ausmaß (zwischen 10 und 30 %, besonders in der zweiten Studie).

Das Ausmaß der puberal bedingten Beeinträchtigungen der koordinativen Leistungsfähigkeit liegt in beiden Studien zwischen 15 und 30 %, ist also durchaus beträchtlich. Ganzkörperliche Bewegungshandlungen unter Zeitdruck werden dabei stärker beeinflusst als z.B. Reaktions- und Wahrnehmungsleistungen. Besonders deutlich sind die Rückgänge in beiden Studien in der kinästhetischen Differenzierungsfähigkeit.

Dieses *Phänomen* kann man nur durch Längsschnittstudien erkennen und aufdecken. Seine Beachtung ist jedoch vor allem im Sportunterricht gefordert, denn in der Selbstreflexion der Heranwachsenden tritt die puberal bedingte mangelnde Bewegungsharmonie deutlich hervor, das Verhältnis zur eigenen Körperlichkeit ist verunsichert und eine Abneigung gegenüber körperlich-sportlicher Betätigung kann sich durchaus ausprägen und länger andauern.

Zu beachten ist allerdings, dass deutliche Wachstumsschübe ohne ernsthafte Folgen bleiben können, wenn in der vorpuberalen und puberalen Phase intensiv trainiert wird, wie z.B. die Studien von Sharma (1993) und Glasauer (2003) im folgenden Abschnitt eindrucksvoll beweisen.

> *Zusammenfassung*
>
> Längsschnittstudien bestätigen, dass die Stagnationsphasen in der koordinativ-motorischen Entwicklung während der Pubeszenz im individuellen Einzelfall tatsächlich Regressionsphasen darstellen. Rückgänge der Leistungsfähigkeit in der kinästhetischen Differenzierung, aber auch bei Koordinationsleistungen unter Zeitdruck von bis zu 30 % sind keine Seltenheit.

4.6 Ergebnisse Trainierender in der Pubeszenz

Im Folgenden stützen wir uns auf zwei experimentelle Studien, die beide u.a. den Einfluss körperlicher Veränderungen von Jungen auf die koordinative Leistungsfähigkeit in der Phase der Pubeszenz während intensiver Trainingseinwirkungen untersuchten.

Sharma (1993) erfasste die koordinative Leistungsfähigkeit von 50 13-jährigen Jungen mit verschiedenen Tests (vgl. 2.2.10) im Abstand von fünf Monaten. Die Probanden nahmen in Leipziger Schulsportgemeinschaften einmal wöchentlich an einem Handball-Training teil. Dabei wurde besonders dem Zusammenhang mit den mittels des KEI (Körperbau-Entwicklungs-Index nach Wutscherk, 1974) bestimmten biologischen Altersgruppen (akzeleriert, normal, retardiert) Aufmerksamkeit geschenkt. Darüber hinaus absolvierte eine Gruppe zusätzlich ein intensives Koordinationstraining.

Im Ergebnis der Studie kann zunächst festgehalten werden, dass biologisch jüngere (retardierte) 13-jährige Jungen statistisch signifikant bessere Koordinationsleistungen zeigen, da sie sich offensichtlich noch in der vorpuberalen Phase befinden, als die biologisch älteren Schüler, die mitten im puberalen Wachstumsschub Probleme bei der Bewältigung der koordinativ anspruchsvollen Testaufgaben hatten (vgl. Abb. 88). Dies bestätigt die unter 4.5 getroffenen Aussagen. In den fünf Experimentmonaten verbesserten sich die Retardierten allerdings am wenigsten. Der Grund liegt darin, dass sie in den fünf Monaten allmählich in die Phase des puberalen Wachstumsschubs bzw. der koordinativen Beeinträchtigungen hineingewachsen sind.

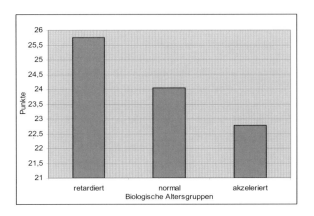

Abb. 88: Koordinative Leistungsfähigkeit (Gesamtpunktzahl verschiedener Tests) 13-jähriger Jungen nach biologischen Altersgruppen

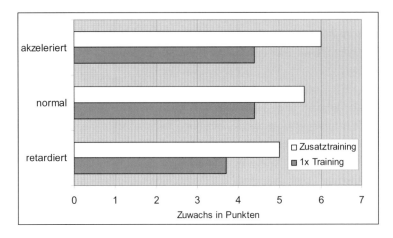

Abb. 89: Zuwachs an koordinativer Leistungsfähigkeit von 13-jährigen Jungen in einem fünfmonatigen Trainingsexperiment

Besondere Zuwachsraten erreichten dagegen die Akzelerierten, die offensichtlich in diesem Zeitraum den puberalen Wachstumsschub nun hinter sich gelassen haben (Abb. 89). Diese Aussage gilt sowohl für die einmal wöchentlich trainierenden Handballer als auch für die Teilnehmer an dem koordinativen Zusatztraining. Insgesamt bestätigt dies eine gewisse Beeinträchtigung der koordinativen Leistungsfähigkeit auch bei Trainierenden in der Pubeszenz. Dennoch muss hervorgehoben werden, dass es bei ihnen keineswegs zu Rückgängen oder Stagnationen, wie bei den nicht zusätzlich Trainierenden (4.5), sondern lediglich zu verminderten Steigerungen kommt.

Glasauer (2003) untersuchte in seiner Basketballstudie (vgl. 2.2.9) ebenfalls den Einfluss von körperlichen Veränderungen während intensiver Trainingseinwirkung in der Phase der Pubeszenz. Das Treatment umfasste 18 Trainingswochen, wobei das Trainingsprogramm in die Jahresplanung der zehn Versuchsteams integriert war. Es wurden Trainingsmittel aus den Bereichen allgemeines und basketballgerichtetes Koordinationstraining, spezifisches Ball-Koordinationstraining und basketballspezifisches Koordinationstraining eingesetzt.

Die Versuchspersonen absolvierten im Mittel jeweils 49 Trainingseinheiten zu 90 bis 120 Minuten bei einem Gesamttrainingsumfang von 4712 Minuten.

Die untersuchten Spieler waren bei Versuchsbeginn im Mittel 13,95 Jahre alt, maßen 172,1 cm an Körperhöhe und wiesen einen Körperbau-Entwicklungs-Index (KEI) von 0,85 auf. Sie gehörten der ersten puberalen Entwicklungsphase (Pubeszenz) an und erfuhren im Untersuchungszeitraum zum Teil größere körperliche Veränderungen. Diese sind als Differenzen vom Prä- zum Posttest im Körperbau-Entwicklungs-Index (KEI) und in der Körperhöhe beschrieben worden (Glasauer, 2003, S. 255). Zum Zeitpunkt des Posttestes waren die Spieler rund 4,5 Monate älter, hatten im Mittel 2,4 cm an Körperhöhe gewonnen, während die körperliche Entwicklung um den KEI-Wert 0,01 vorangeschritten war.

Die Untersuchung zielte darauf ab festzustellen, inwieweit diese körperlichen Veränderungen Einfluss auf den Ausprägungsgrad motorischer Fähigkeiten, technischer Fertigkeiten und spezifischer Kompetenzen genommen haben.

Für vergleichende Betrachtungen wurden je zwei extreme Teilgruppen gebildet. Die „Starkentwickler" zeigten eine KEI-Differenz von $\geq 0,044$ und eine Zunahme der Körperhöhe von $\geq 4,0$ cm (Maximum: 6,3 cm), die „Schwachentwickler" eine KEI-Differenz von $\leq -0,004$ und eine Zunahme der Körperhöhe von $\leq 1,5$ cm (Minimum: 0,7 cm).

Die Abbildungen 90 und 91 geben Auskunft über die Veränderungen in 18 Merkmalsausprägungen infolge unterschiedlicher Körperhöhenzunahme.

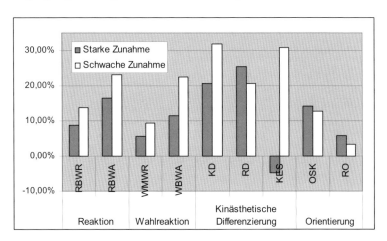

Abb. 90: Veränderungen in den Merkmalsausprägungen infolge unterschiedlicher Körperhöhenzunahme (Prä-Post-Test)

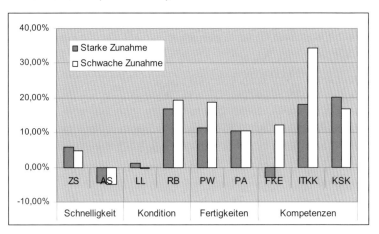

Abb. 91: Veränderungen in den Merkmalsausprägungen infolge unterschiedlicher Körperhöhenzunahme (Prä-Post-Test)

Beide Gruppen haben sich vom Prä- zum Posttest – mit Ausnahme von vier der achtzehn Merkmale – leistungsmäßig verbessert. Dies kann als Auswirkung der trainingsmethodischen Einflussnahmen gewertet werden.

Deutlich treten die größeren Verbesserungen der schwach wachsenden Spieler bei den ganzkörperlichen Reaktionsleistungen und bei den basketballspezifischen Fertigkeitsleistungen sowie den technisch-koordinativen Komplexmerkmalen hervor. Hier könnte von Bedeutung sein, dass diese Spieler durch harmonischere Körperproportionen und geringere Schwierigkeiten bei der Kopplung von Arm-Bein-Bewegungen besser in der Lage sind zu koordinieren. Das bestätigt die unter 4.5 getroffene Aussage, dass Fähigkeiten zur Steuerung ganzkörperlicher Bewegungshandlungen durch puberale Wachstumsschübe stärker beeinflusst werden. Die Spieler mit starker Zunahme an Körperhöhe weisen im Vergleich zu denen mit schwacher Zunahme zwar geringere Steigerungsraten im Leistungsniveau der koordinativen Fähigkeiten (9,5 zu 15,3 %), der basketballspezifischen Fähigkeiten und Fertigkeiten (7,4 zu 12,0 %) sowie der Kompetenzen auf (19,2 zu 25,5 %). Doch sind auch bei ihnen Verbesserungen klar ersichtlich. Das verstärkte Körperwachstum der untersuchten Spieler wirkt sich prinzipiell jedoch nicht negativ auf die koordinative und die basketballspezifische Leistungsfähigkeit aus.

Zusammenfassung:
Die Basketballstudie von Glasauer bestätigt die Handballstudie von Sharma. Selbst starke körperliche Entwicklungsprozesse bleiben motorisch dann ohne ernsthafte Folgen, wenn zielgerichtet trainiert wird. Die intensive Trainingseinwirkung war ausschlaggebend für koordinative und basketballspezifische Niveausteigerungen. Stagnations- oder Regressionsphasen konnten kaum beobachtet werden.

4.7 Dynamik, Stagnation und Regression zwischen 15 und 23 Jahren

Ist die Pubeszenz „überstanden", so ergeben sich in der folgenden Adoleszenz sowie im jüngeren (frühen) Erwachsenenalter durchaus Möglichkeiten zu einer weiteren Leistungssteigerung. Allerdings ist diese in starkem Maße abhängig von einer aktiven Bewegungstätigkeit. Im Normalfall kommt es in dieser Zeit zur individuell vollen Ausprägung der koordinativen Leistungsfähigkeit. Dabei haben Roth und Winter (1994, S. 199 ff.) – u.a. in Auswertung auch der Greifswalder Ergebnisse – auf die Tendenz verwiesen, dass mit steigendem motorischen Anteil der

Koordinationsaufgabe die Phase des maximalen Leistungsvermögens und damit auch der Beginn des Leistungsabfalls, früher erreicht wird. Bei hohen motorischen Anteilen sind wiederum bei Geschwindigkeitsleistungen die Einbußen größer als bei Genauigkeitsleistungen.

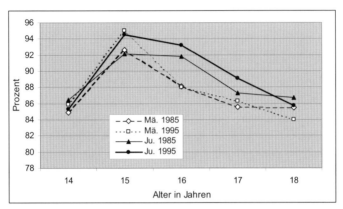

Abb. 92: Entwicklung der Orientierungsfähigkeit 14- bis 18-jähriger polnischer Mädchen und Jungen (Raczek, 1998)

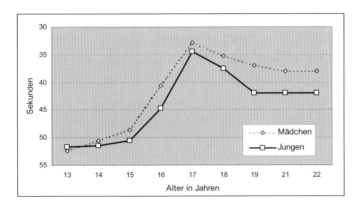

Abb. 93: Entwicklung der Feinmotorik (Tremometer-Test) 13- bis 22-jähriger weiblicher Probanden (Greifswald, 1973)

Allerdings finden wir in dieser Phase sowohl Erscheinungen der dynamischen Entwicklung als auch der Stagnation und Regression, wie die Abbildungen 92 und 93 beweisen.

Die Orientierungsfähigkeit entwickelt sich nach der Pubeszenz zunächst dynamisch weiter, erreicht ihren Höhepunkt bei Mädchen und Jungen aber bereits mit dem 15. Lebensjahr. Danach ist eine regressive Entwicklung charakteristisch. Auch die Feinmotorik entwickelt sich – nach einer offensichtlich puberal bedingten Stagnation vom 15. bis zum 17. Lebensjahr bei Mädchen und Jungen dynamisch weiter. Auch hier folgt eine Phase stagnierender bzw. zurückgehender Leistungen. Die in Abbildung 94 dargestellten Entwicklungsverläufe der Gleichgewichts- und der komplexen (ganzkörperlichen) Reaktionsfähigkeit zeigen einerseits unterschiedliche Entwicklungen zwischen 17- und 18-jährigen Gymnasiasten und Auszubildenden sowie 19- bis 22-jährigen Studierenden, die darauf hinweisen, dass offensichtlich bereits zwischen dem 14. und 18. Lebensjahr eine Stagnations- und danach bereits eine deutliche regressive Phase einsetzen. Lediglich die 17- und 18-jährigen Gymnasialschüler erreichen noch einmal eine weitere Steigerung ihrer Leistungen.

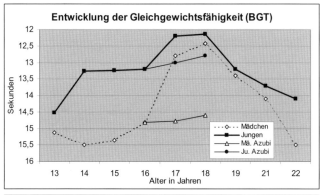

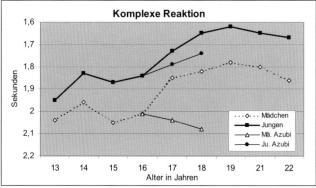

Abb. 94: Entwicklung der Gleichgewichts- und komplexen Reaktionsfähigkeit von 13- bis 22-jährigen Greifswalder weiblichen und männlichen Probanden (1974)

Abbildung 95 zeigt die Geschlechtsabhängigkeit der weiteren motorischen Entwicklung zwischen dem 14. und 18. Lebensjahr. Leichten Steigerungen im konditionellen und auch im koordinativen Bereich bei den Jungen steht eine ausgeprägte Stagnationsphase bei den Mädchen gegenüber.

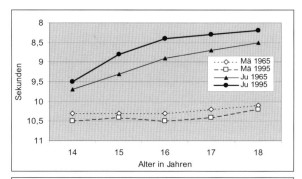

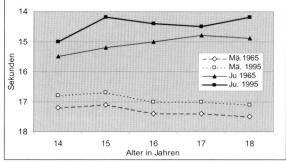

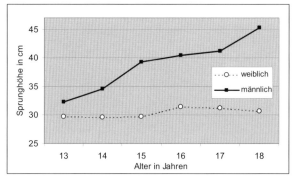

Abb. 95: Entwicklung der 60-m-Laufleistungen (oben), der Leistungen im Gewandtheitslauf (Mitte) und in der Sprungkraft (unten) von 14- bis 18-jährigen polnischen weiblichen und männlichen Probanden in den Jahren 1965 und 1995 (Raczek, 1998)

Zusammenfassung:
Die Adoleszenz und das jüngere Erwachsenenalter erweisen sich in der motorischen Entwicklung des Menschen im Allgemeinen als absoluter Höhepunkt. Während in der Adoleszenz dynamische Entwicklungen durchaus noch zu beobachten sind, dominieren im jüngeren Erwachsenenalter Stagnationen, allerdings eben Stagnationen auf einem hohen Niveau, teilweise auf dem höchsten Niveau in der Lebensspanne. Dabei sind im koordinativen Bereich – bei nicht ausreichender motorischer Aktivität – ab dem 17./18. Lebensjahr regressive Erscheinungen – besonders bei den weiblichen Jugendlichen und jungen Frauen – durchaus bereits charakteristisch.

4.8 Regressive Entwicklungen im Alter

Die leicht regressive Entwicklung im frühen Erwachsenenalter setzt sich in den folgenden Phasen des „Leistungs- und Erfahrungsalters" (nach Wessel, 1994) bzw. der „Phase der Berufstätigkeit und des beruflichen Ruhestandes" (nach Israel, 1976) weiter fort. Der Abfall des zugrunde liegenden adaptiven Potentials weist allerdings zunächst einen nur kleinen Neigungswinkel auf. Dies wird teilweise auch durch die folgenden Abbildungen bestätigt, die aus Daten gestaltet wurden, die einer etwas zurückliegenden Greifswalder Studie zur koordinativ-motorischen Entwicklung von Erwachsenen (vgl. 2.2.13) aus dem Jahr 1975 entstammen. Insgesamt wurden dabei 600 Frauen und Männer im Alter von 20 bis 70 Jahren erfasst, was darauf hindeutet, dass es sich nicht um eine repräsentative Studie handelt. Da solche Studien mit Erwachsenen schwierig zu gestalten und äußerst selten sind, sollen die Ergebnisse hier dennoch dargestellt und interpretiert werden.

Die Darstellungen in Abbildung 96 zu den optisch-räumlichen Wahrnehmungs-, kinästhetischen Differenzierungs- sowie einfachen Reaktionsleistungen beweisen, dass sich grundlegende Funktionen immer dann relativ lange auf einem hohen Niveau halten, wenn ihr motorischer Anteil relativ gering ist. Hinzu kommt, dass dieses Niveau sehr lange deutlich über dem der Kinder und Jugendlichen bleibt. Leichte Regressionen werden erst etwa nach dem 50. Lebensjahr deutlich. Danach werden auch erst geschlechtsspezifische Unterschiede zugunsten der Männer bedeutsam (bei den Wahrnehmungsleistungen, akustischen Reaktionen und räumlichen Differenzierungsleistungen besonders deutlich, nicht bei den optischen Reaktionen!).

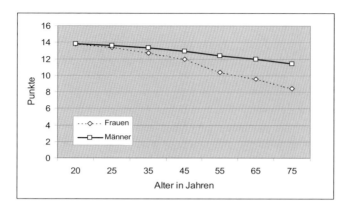

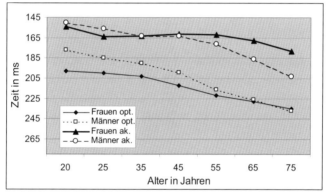

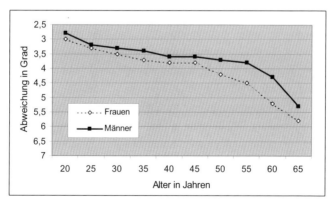

Abb. 96: Entwicklung der optisch-räumlichen Wahrnehmung (oben), der optischen und akustischen Reaktionszeiten (Mitte) sowie der räumlichen kinästhetischen Diffe-renzierung von 20- bis 70-jährigen Frauen und Männern (Greifswald, 1975; n = 600)

Das bedeutet, dass die funktionellen Möglichkeiten für motorische Leistungen bei Erwachsenen sehr lange gut ausgebildet sind. Bei komplexeren, ganzkörperlichen Koordinationsleistungen mit höheren konditionellen Anteilen und unter Zeitdruck ausgeführt sind allerdings bereits deutliche regressive Erscheinungen ab dem 20. Lebensjahr (und wie in Abschnitt 4.7 dargestellt auch bereits schon früher) charakteristisch (vgl. Abb. 97 zur Entwicklung der Sprungkraft sowie Abb. 98 zu den komplexen Koordinationsleistungen unter Zeitdruck).

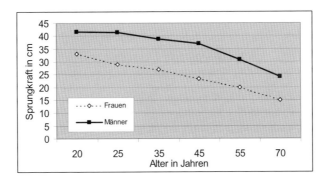

Abb. 97: Entwicklung der Sprungkraft (Sprunggürtel-Test nach Abalakow) von 20- bis 70-jährigen Frauen und Männern (Studie Greifswald, 1975; n = 600)

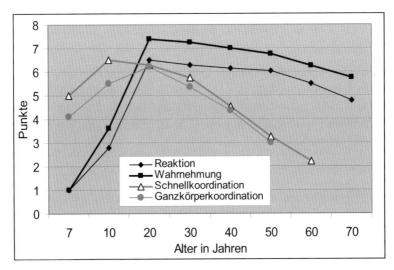

Abb. 98: Entwicklung koordinativer Funktionen und Fähigkeiten vom 7. bis 70. Lebensjahr (Untersuchungen Greifswald, 1975; Richter, 1985)

Dieser „Leistungsknick" führt dazu, dass das entsprechende Ausprägungsniveau dieser Leistungsvoraussetzungen der 50- und 60-Jährigen bereits unter das der jüngeren Schulkinder sinkt, was die letzte Abbildung gut verdeutlicht. Hier ist die Entwicklung der Wahrnehmungs- und Reaktionsleistungen der Entwicklung von Schnellkoordinationsleistungen (Schlängellauf) und ganzkörperlichen Koordinationsleistungen (komplexer Motoriktest) gegenübergestellt worden. Zu ähnlichen Erkenntnissen gelangten Roth und Winter (1994). Diese Koordinationsleistungen sind in starkem Maße übungsabhängig und die motorische Aktivität reicht – im Durchschnitt – offensichtlich sowohl in der Quantität als auch in der Qualität für ihren längeren Erhalt nicht aus. Darüber hinaus begünstigt die einseitige Lebensweise eine physiologisch unbegründete Einengung der motorischen Vielfalt. Obgleich die inaktivitätsbedingten Rückgänge nicht vollständig von den alterungsbedingten Einflüssen zu trennen sind (vgl. Tittlbach, 2002, S. 64), bestätigen Altssportler bzw. Seniorinnen und Senioren, die sich regelmäßig bewegen, mit ihren weit über dem Durchschnitt liegenden Leistungen, dass die motorische Leistungsfähigkeit auch im hohen Alter trainierbar ist. Das naturgesetzliche körperliche Altern kann durch das individuelle Verhalten modifiziert werden (vgl. Kap. 6 zur Plastizität).

Zusammenfassung

Stagnationen der motorischen Entwicklung in der Zeit nach dem frühen Erwachsenenalter in Wahrnehmungs-, Reaktions- und Differenzierungsleistungen sind positiv zu werten, sie verdeutlichen den möglichen lang anhaltenden Erhalt der motorischen Leistungsfähigkeit, besonders bei entsprechender motorischer Aktivität. Dennoch sind regressive Erscheinungen erkennbar und nicht zu unterschätzen. Sie sind umso deutlicher, je höher der motorische, besonders der konditionelle Anteil an der gestellten Bewegungsaufgabe ist und je weniger sich der älter werdende Mensch bewegt.

4.9   Stagnationen als Ausdruck verhinderter Regression im Alter

Die Entwicklung motorischer Fertigkeiten und Fähigkeiten im Alter wird in der Literatur meist durch deutliche Regressionen und damit einen Leistungsabfall gekennzeichnet (vgl. Abschnitt 4.8). Dieser Trend kann im altersgruppenübergrei-

fenden Vergleich verschiedener Greifswalder Studien am Beispiel der Ganzkörperreaktion und der Bewegungsschnelligkeit untermauert werden (vgl. Abb. 99).
Gleichzeitig wird darauf hingewiesen, dass insbesondere aktive Sportler diesen
Leistungsrückgang deutlich verzögern können und somit eine Stagnation im Sinne
der Aufrechterhaltung eines Fähigkeits- und Fertigkeitsniveaus über Jahre oder
sogar Jahrzehnte zu erkennen ist. So zeigt sich auch im Greifswalder Studienver-
gleich (vgl. 2.2.14) sehr deutlich, dass die in Abbildung 99 dargestellten Leistungen etwa ab dem 60. Lebensjahr stagnieren. Zu begründen ist dies mit der besonderen Selektion der Strichprobe der Greifswalder Altersstudie (GASt), deren Werte
sich durch die hohe Bewegungsaktivität der Über-60-jährigen-Stichprobe von der
Grundgesamtheit positiv abheben.

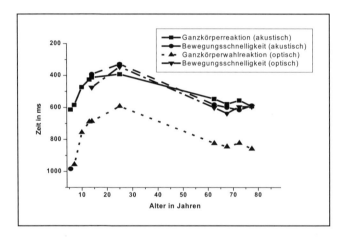

Abb. 99: Entwicklung von Reaktionsleistungen und Bewegungsschnelligkeit im Lebenslauf

Die univariate einfaktorielle Varianzanalyse zur Untersuchung der Altersabhängigkeit verschiedener motorischer Ressourcen und Kompetenzbereiche bewe-
gungsaktiver Senioren (Greifswalder Altersstudie) als Indikatoren für Regressionen und Stagnationen der motorischen Leistungsfähigkeit zeigte, dass insgesamt
vier der zwölf erfassten motorischen Ressourcen sowie alle drei untersuchten
Kompetenzbereiche signifikant altersabhängig sind, wenn auch mit weniger deutlichen Effekten (Tab. 3). Offensichtlich nehmen koordinative und konditionelle
Fähigkeiten bei sportaktiven Senioren nicht so drastisch im Altersverlauf ab, wie es
in der sportwissenschaftlichen Literatur für den Bevölkerungsdurchschnitt darge-

stellt wird. Die meisten der erfassten Ressourcen bleiben auf einem Niveau stehen und können als *Stagnationen* des langfristigen Leistungsrückganges interpretiert werden.

Tab. 3:   Altersabhängigkeit motorischer Ressourcen und Kompetenzbereiche

	p	η^2	n	AM	s
Gleichgewicht	0,000	0,218	166	18,62	4,97
Handkraft	0,000	0,197	132	55,149	11,452
Zeitliche Differenzierung	0,006	0,096	128	4,994	1,986
Räumliche Differenzierung	0,05	0,047	167	5,013	1,968
Komplexe Situation meistern	0,000	0,239	159	5,036	1,662
Wahrnehmen, Entscheiden und Reagieren (Leistungsgruppen)	0,002	0,113	132	2,583	0,997
Subjektive motorische Alltagskompetenz	0,006	0,081	149	14,785	3,469

Augenscheinlich hat also die (aktuelle) regelmäßige sportliche Betätigung, die die untersuchte Stichprobe auszeichnet, einen deutlichen Effekt auf den Erhalt motorischer Leistungsfähigkeit durch Erhalt der motorischen Ressourcen. Das bestätigen auch die von Eichberg (2003, S. 138) dargelegten Ergebnisse der ILSE-Studie, die besagen, dass sportaktive Senioren (sowohl Lebenszeitsportler als auch Neueinsteiger) ein höheres motorisches Leistungsniveau im Sinne von Fitness besitzen als inaktive.

Die erfassten motorischen Kompetenzbereiche zeigen sich deutlicher altersabhängig (alle hoch signifikant und mit mäßigen bis mittleren Effektstärken). Besonders bei der Einteilung in Leistungsgruppen (sehr gut – mittel – mäßig – nicht teilgenommen) zeigt sich eine deutliche „Überalterung" in der Kategorie derjenigen, die den Test verweigert haben. Ein Abfall motorischer Leistung bei der Bewältigung komplexer motorischer Anforderungen scheint trotz sportlicher, aber unspezifischer Aktivität nur sehr schwer zu kompensieren und aufzuhalten zu sein, so dass sich hier deutlichere Regressionen motorischer Leistungen zeigen.

> *Zusammenfassung*
> Die Ergebnisse der Greifswalder Altersstudie bestätigen, dass nicht nur aktive Alterssportler, sondern auch Senioren mit aktuell hoher Bewegungsaktivität dem regressiven Trend der motorischen Entwicklung entgegen wirken können Die Stagnation ihrer Leistungen kann als Ausdruck einer verhinderten Regression gekennzeichnet werden.

4.10 Zusammenfassung

Neben individuellen Schwankungen in der motorischen Entwicklung (vgl. Kap. 5) gibt es auch bei vorrangiger Betrachtung von Mittelwertskurven aus Quer- und Längsschnittstudien für die Grundgesamtheit Erscheinungen einer besonderen *Dynamik*, von *Stagnation* und auch *Regression*. Derartige Diskontinuitäten bzw. Inkonsistenzen stellen auch in der motorischen Entwicklung beachtenswerte *Phänomene* dar.

So sind die äußerst dynamischen Prozesse in der koordinativ-motorischen Entwicklung im Vorschul- sowie jüngeren Schulkindalter ebenso reifungsbedingt wie die Phasen dynamischer Kraftentwicklung sowie stagnierender bzw. regressiver Entwicklung koordinativer Fähigkeiten während der Pubeszenz. Für die sportliche Praxis in Schule und Verein gilt es, diese Phänomene zu beachten oder auch zu nutzen. Aus der Sicht der Autoren werden die äußerst günstigen Voraussetzungen im Vorschul- und im jüngeren Schulkindalter immer noch nicht ausreichend genug für eine intensive Beeinflussung und Schulung besonders der koordinativen Leistungspotenzen genutzt. Die im Kapitel 3 aufgezeigten Entwicklungstendenzen sprechen hier eine deutliche Sprache, was die Rückgänge in der koordinativen Leistungsfähigkeit der Schulkinder und -jugendlichen zum Ende der neunziger Jahre betrifft.

Auch die objektiv im Individualfall beeinträchtigte Bewegungskoordination während der Pubeszenz verdient endlich entsprechende Beachtung, denn eine entstehende Abneigung gegenüber körperlich-sportlicher Betätigung kann sich hier dauerhaft ausprägen und lebenslang anhalten. Ein zielgerichtetes Training besonders koordinativer Fähigkeiten vor und während der Pubeszenz kann die Beeinträchtigungen deutlich mindern.

Die Adoleszenz und das jüngere Erwachsenenalter erweisen sich als Höhepunkt der motorischen Entwicklung. Die hier anzufindenden *Stagnationen* sind positiv zu werten. Alarmierend sind allerdings durch nicht ausreichende motorische Aktivität bedingte beginnende *Regressionen* in diesem Alter, besonders bei jungen Frauen. Auch die *Stagnationen* im Alter bis etwa zum 50. Lebensjahr in verschiedenen psychophysischen Funktionen deuten auf die andauernden großen Möglichkeiten für ansprechende motorische Leistungen hin. Die dennoch zu konstatierenden *Regressionen* in der motorischen Entwicklung im Erwachsenenalter sind umso deutlicher, je höher der motorische, besonders der konditionelle Anteil der gestellten Anforderungen ist und je weniger sich die älteren Menschen bewegen. Bei regelmäßig übenden Seniorinnen und Senioren kann eine Stagnation als Ausdruck einer verhinderten Regression festgestellt werden.

5 Stabilität und Variabilität

5.1   Die Phänomene Stabilität und Variabilität in der motorischen Entwicklung

Variabilität und Stabilität werden allgemein als ein dialektisches Begriffspaar betrachtet, als ein Widerspruchspaar, das auch die menschliche Entwicklung treffend
charakterisiert. In der Lern- und Entwicklungstheorie ist das Prinzip von Variabilität und Stabilität zu einem Leitdualismus geworden. Unwidersprochen ist einerseits
die deutliche *Individualität* auch der motorischen Entwicklung, die durch eine hohe
inter- und intraindividuelle Variabilität gekennzeichnet ist. Andererseits sind bestimmte charakteristische Veränderungen, die grob bestimmten Lebensabschnitten
zugeordnet werden können (vgl. auch Roth & Winter, 1994, S. 193), durchaus
beachtenswert und für Pädagogen von Interesse.

In konsequenter Umsetzung eines dialektischen, interaktionistischen und tätig-
keitsorientierten Entwicklungskonzeptes, wonach sich die Entwicklung des Menschen (und auch seiner Motorik) in der wechselseitigen Interaktion mit der Umwelt
vollzieht, ist die *interindividuelle Variabilität* der motorischen Entwicklung einerseits durch die unterschiedlichen biogenetischen Dispositionen und Entwicklungs-
programme, andererseits durch das differenzierte sozial-ökologische Umfeld und
nicht zuletzt durch die individuell unterschiedliche motorische Aktivität bedingt.

Diese besondere Betonung der *Individualität* der motorischen Entwicklung in unserem Konzept schließt die Subjektposition des Individuums ein. Die Person bleibt
Subjekt ihrer (motorischen) Entwicklung, indem sie in ihrem Handeln einerseits
ihre biogenetischen Prädispositionen in einer bestimmten Weise realisiert, indem
sie sich andererseits mit den sozialökologischen Gegebenheiten auseinandersetzt
und auf sie einwirkt (vgl. auch Baur, 1989). Die Subjektposition wird zunehmend
eine maßgebliche Führungsgröße für die motorische Entwicklung, weil sie Art,
Umfang, Intensität und Güte der motorischen Handlungen, der motorischen Aktivität wesentlich induziert.

Zu den Ursachen dieser Eigenzeiten der motorischen Entwicklung zählen also
einerseits endogene, *genetisch-biologische Einflüsse,* wie z.B. Beginn, Dynamik
und Ausmaß puberal bedingter somatischer Veränderungen, die sich übrigens nach
unseren neuesten Untersuchungsbefunden auch schon deutlich in vorpuberalen
Perioden zeigen. Andererseits müssen so genannte *kritische Lebensereignisse* wie
Einschulung, Berufswahl, Wohnortwechsel und andere Umstellungs- und Verlust-
situationen ebenso genannt werden wie kaum vorhersehbare *nichtnormative Einflüsse* wie Unfälle, Krankheiten, aber auch besondere Begegnungen oder Erlebnis-

se. Nicht zu unterschätzen sind aber besonders Umfang, Art und Intensität der alltäglichen *Bewegungsaktivitäten*. Bewegungs- und Sportkarrieren sind nach Baur (1989) sozial gebahnt. „Im Zuge der individuellen Bewegungserfahrungen differenzieren sich auch die *körper- und bewegungsbezogenen Orientierungen* der Kinder" (Scheid, 1994, S. 285). *Familiale Anregungsbedingungen* (sportbezogene Orientierungen und Aktivitäten der Eltern und Geschwister) sind mitunter von entscheidendem Einfluss. Häufig sind die Ursachen miteinander verwoben und verknüpft, selten treten sie völlig isoliert in Erscheinung.

Eisfeld und Hirtz (2002) stellen in Auswertung der Arbeiten von Touwen (1984), Michaelis, Kahle & Michaelis (1993) folgende Aspekte bzw. Formen von Entwicklungsvariabilität zusammen:

Interindividuelle Variabilität
(Unterschiede hinsichtlich Zeitpunkt, Tempo und Dauer der Entwicklung der motorischen Kompetenz bzw. ihrer Komponenten zwischen den Individuen)

Intraindividuelle Variabilität
(Unterschiede in der Entwicklung von verschiedenen Komponenten der motorischen Kompetenz eines Individuums)

Intrafunktionelle Variabilität
(Unterschiede in der Entwicklung verschiedener Aspekte einer motorischen Funktion oder Fähigkeit bzw. einer Komponente der motorischen Kompetenz)

Stagnationen
(zeitweiliger oder andauernder Verbleib der Entwicklung der motorischen Kompetenz bzw. ihrer Komponenten auf einer Stufe)

Regressionen
(zeitweiliger oder andauernder Rückschritt der Entwicklung der motorischen Kompetenz bzw. ihrer Komponenten)

Interkulturelle Variabilität
(Unterschiede in der (motorischen) Entwicklung von Individuen verschiedener Kulturkreise)

Beispiele für inter- und intraindividuelle sowie interfunktionelle Variabilitäten werden wir in diesem Kapitel vorstellen. Die Phänomene Stagnation und Regression haben wir bereits im Kapitel 4 ausführlich behandelt, sie können auch an Individualverläufen der Längsschnittstudien veranschaulicht werden. Interkulturelle

Variabilitäten sind – neben den bisherigen Abhandlungen in den Kapiteln 3 und 4 – ebenfalls Gegenstand der folgenden Ausführungen in diesem Kapitel. Auch in der Entwicklungspsychologie ist die Betrachtung differentieller Entwicklungsverläufe gegenüber der Darstellung typischer, auf Durchschnittswerten beruhender Entwicklungsfolgen immer mehr in den Vordergrund gerückt, so dass gruppen- und personenspezifische Entwicklungslinien und deren Entstehungsbedingungen an Bedeutung gewinnen (vgl. auch Scheid, 1994, S. 269). Bezogen auf die motorische Entwicklung sollen solche Entwicklungslinien anhand von Daten zweier Längsschnittstudien (vgl. Kap. 2) in diesem Kapitel vorgestellt und diskutiert werden.

Trotz aller Formen der individuellen Variabilität ist dennoch auch einleuchtend, dass bestimmte Ausreifungsprozesse des ZNS und der Analysatoren bei vielen gleichaltrigen Heranwachsenden in etwa gleichen Zeiträumen und Intensitäten verläuft oder dass Zeitpunkt und Ausmaß des puberalen Wachstumsschubs (z.B. bei deutlich akzelerierten und deutlich retardierten Kindern) vergleichbar sind. Bekannt ist auch, dass sich bei allen Kindern gleichzeitig bestimmte soziale Bedingungen (z.B. bei der Einschulung) grundlegend verändern. Schließlich existieren Gruppen von Kindern, die etwa zum gleichen Zeitpunkt ein zusätzliches außerunterrichtliches Training aufnehmen. Solche *Determinationswechsel* in der motorischen Entwicklung, die die Mehrheit in einer Altersstufe betreffen, können bei aller Individualität auch zu *interindividuellen Ähnlichkeiten bzw. Stabilitäten* der motorischen Entwicklung führen. So genannte Entwicklungsaufgaben im Sinne von typischen Erwartungen und Anforderungen, die in einem bestimmten Alters- bzw. Lebensabschnitt an Personen gestellt werden (vgl. Kap. 1), können als Ursache genannt werden.

Neben dieser *relativen altersbedingten Stabilität* im Sinne von interindividuellen Ähnlichkeiten im Verlauf der motorischen Entwicklung ist auch auf eine gewisse *bewegungsstrukturelle Stabilität* aufmerksam zu machen. Besonders in den ersten Lebensjahren ist eine gewisse bewegungsstrukturelle Entwicklungshierarchie charakteristisch. So ist das Halten des Kopfes in Bauch- oder Rückenlage Voraussetzung für das Aufrechthalten und Stabilisieren von Kopf und Oberkörper sowohl im freien Sitz als auch beim Stehen. Ohne sicher stehen zu können ist kein Gehen, Laufen und Springen möglich. Die Studie von Kopelmann (5.2.1) bestätigt jedoch, dass auch im jüngeren Schulkindalter die Aneignung motorischer (sportlicher) Handlungskombinationen die Beherrschung der elementaren Bewegungsfertigkeiten voraussetzt. Die Entwicklung grundlegender motorischer Könnensaspekte ist also hinsichtlich bestimmter bewegungsstruktureller Entwicklungsetappen hierarchisch strukturiert und somit durch eine gewisse Stabilität gekennzeichnet. Erhalten Individuen im Längsschnitt über längere Zeit ihre Position innerhalb ihrer Alterskohorte, so sprechen wir mit Oerter und Montada (2002) von einer *normativen bzw. Positionsstabilität.* Auch solche Beispiele können die Längsschnittstudien liefern.

Wenn sich dies auf bestimmte Merkmale, also auf die relative Konstanz von Fähigkeitsausprägungen allgemein, bezieht, ist eine gewisse *Merkmalsstabilität* vorhanden, die im Folgenden an den Ergebnissen unserer beiden Längsschnittstudien untersucht werden soll.

Auch in den motorischen Ressourcenstrukturen bzw. Kompetenzprofilen von Individuen lässt sich eine Form der *intraindividuellen Stabilität* nachweisen, so z.B. bei trainierenden Jugendlichen während der Pubeszenz.

Hinsichtlich der relativen Stabilität sind zusammenfassend also ebenfalls verschiedene Formen bedeutsam:

Bewegungsstrukturelle Stabilität
(Hierarchische Strukturierung grundlegender Bewegungsfertigkeiten)

Normative oder Positionsstabilität
(Erhalt der Positionen der Individuen in der Verteilung eines Merkmals in der Alterskohorte)

Merkmalsstabilität
(Relative Konstanz von Fähigkeitsausprägungen über Jahre hinweg)

Intraindividuelle Stabilität
(von Ressourcenstrukturen bzw. Kompetenzprofilen)

Relative altersbedingte Stabilität
(als interindividuelle Ähnlichkeiten in der Entwicklung von Merkmalen)

5.2   Formen der Stabilität in der motorischen Entwicklung

5.2.1   Bewegungsstrukturelle Stabilität in der Könnensentwicklung jüngerer Schulkinder

Das motorische Können jüngerer Schulkinder umfasst einfache bzw. elementare motorische Handlungen sowie einfache und ausdifferenzierte motorische Handlungskombinationen (Sukzessiv- und Simultankombination von zwei oder mehreren elementaren motorischen Handlungen). „Führende koordinative Elemente", die nach Djatschkow (1973) das Zusammenwirken einzelner Phasen und Kräfte ganzheitlicher Bewegungen optimieren, ergänzen das Repertoire des motorischen Könnens jüngerer Schulkinder, das aufgrund seiner Basisfunktion für die weitere motorische Entwicklung Heranwachsender und für die Ausprägung einer individuellen motorischen Handlungskompetenz auch als „grundlegend" bezeichnet wird.
In der Studie (vgl. 2.2.7) konnte anhand der *Entwicklung des Ballprellens* in simultaner Kombination mit dem Gehen (einfache Handlungskombination) bzw. dem Gehen rückwärts, dem Gehen im Slalom und mit dem Laufen (ausdifferenzierte Handlungskombinationen) exemplarisch eine bewegungsstrukturelle Hierarchie der Könnensentwicklung nachgewiesen werden. Diese kommt einerseits in der eindeutigen Chronologie der Aneignung und des Beherrschens der einfachen und der ausdifferenzierten Handlungskombinationen des Ballprellens und andererseits in einer interindividuell weitgehend stabilen Abfolge der qualitativen Ausprägung markanter Bewegungsmerkmale zum Ausdruck.

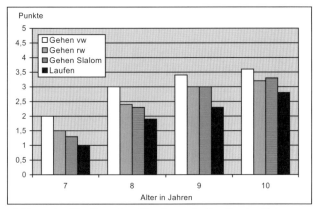

Abb. 100:   Entwicklung der Handlungskombinationen Ballprellen im Gehen vorwärts, rückwärts, im Slalom und im Laufen von 7- bis 10-jährigen Mädchen

So wurde eindeutig festgestellt, dass die einfache Handlungskombination Ballprellen – Gehen (vorwärts) von Jungen und Mädchen der 1. bis 4. Klasse stets auf einem höheren Niveau beherrscht wird als die ausdifferenzierten Handlungskombinationen (vgl. Abb. 100).

Darüber hinaus belegen die Analysen, dass die ausdifferenzierten Handlungskombinationen des Ballprellens von jüngeren Schulkindern zeitlich generell erst *nach* der einfachen Handlungskombination angeeignet bzw. auf geringem Niveau beherrscht werden.

Die in Abb. 101 dargestellten individuellen Verläufe bei der Ausprägung der Handlungskombinationen zeigen, dass die ausdifferenzierten Handlungskombinationen erst beherrscht (mindestens 2 Punkte) werden, nachdem die einfache Handlungskombination angeeignet wurde.

Das gilt unabhängig vom individuellen Leistungsniveau. So verdeutlichen die Abbildungen sowohl eine bewegungsstrukturelle Stabilität als auch interindividuelle Variabilitäten im motorischen Könnenserwerb.

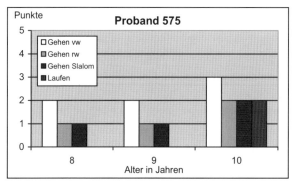

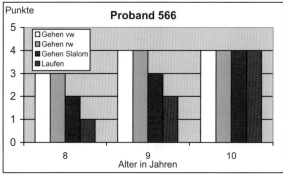

Abb. 101: Individuelle Ausprägungen der Handlungskombinationen Ballprellen im Gehen vorwärt, im Gehen rückwärts, Gehen im Slalom und im Laufen

*Tab. 4:   Zeitpunkt (Klassenstufe) des Erreichens eines mittleren Niveaus der Bewegungs-
ausführung*

Ballprellen mit	2 Pkt.		2,5 Pkt.		3 Pkt.	
	Jungen	Mädchen	Jungen	Mädchen	Jungen	Mädchen
Gehen vorwärts	2. Kl. (2,5 Pkt.)	1. Kl.	2. Kl.	2. Kl.	3. Kl. (3,5 Pkt.)	2. Kl.
Gehen rückwärts	2. Kl. (2,0 Pkt.)	2. Kl.	3. Kl.	3. Kl.	3. Kl. (3,0 Pkt.)	3. Kl.
Gehen im Slalom	3. Kl.	2. Kl.	3. Kl.	3. Kl.	4. Kl.	3. Kl.
Laufen	3. Kl.	3. Kl.	4. Kl.	4. Kl.	(4. Kl.: 2,8 Pkt.)	(4. Kl.: 2,8 Pkt.)

Tabelle 4 gibt an, in welchen Klassenstufen ein bestimmtes Niveau der Bewegungsausführung (in Punkten) erreicht wird. Es ist dabei zu beachten, dass ab Erreichen von etwa 2 Punkten die Anforderung so bewältigt wird, dass sie zumindest,
wenn auch noch mit wesentlichen Fehlern, beherrscht wird.

Obwohl die Handlungskombination Ballprellen – Laufen in der zeitlichen Abfolge
erst nach dem Ballprellen – Gehen rückwärts und Ballprellen – Gehen im Slalom
angeeignet wird, ist davon auszugehen, dass diese drei Handlungskombinationen
eine hierarchische Ebene darstellen. Die Chronologie des Beherrschens der einzelnen Handlungskombinationen muss nicht grundsätzlich mit der hierarchischen
Folge übereinstimmen. Bewegungsstrukturell stellt die Kombination aus Ballprellen und Laufen keine Ausdifferenzierung z.B. des Ballprellens in Kombination mit
dem Gehen im Slalom, sondern eher des Ballprellens – Gehen vorwärts dar.

Für das Ballprellen kann somit die folgende bewegungsstrukturelle Entwicklungshierarchie abgeleitet werden:

1.   Ballprellen im Stand
2.   Ballprellen – Gehen vorwärts
3.   Ballprellen – Gehen rückwärts, Ballprellen – Gehen im Slalom, Ballprellen –
     Laufen.

Die Ergebnisse belegen, dass ausdifferenzierte Handlungen und Handlungskombinationen erst angeeignet werden, wenn die entsprechenden motorischen Grund-
formen bzw. einfachen Handlungen oder Handlungskombinationen zumindest auf
einem bestimmten Niveau beherrscht werden.

Für die Entwicklung des grundlegenden motorischen Könnens ist daher zu schluss-
folgern, dass zunächst die elementaren motorischen Handlungen angeeignet und

beherrscht werden müssen, um sie miteinander – simultan oder sukzessiv – kombinieren zu können. Erst nachdem elementare Handlungskombinationen beherrscht werden, können sie weiter ausdifferenziert werden. Die Beherrschung ausdifferenzierter Handlungskombinationen ist wiederum als eine bewegungsstrukturelle Voraussetzung für die erfolgreiche Realisierung komplexer sport- oder alltagsmotorischer Handlungen anzusehen.

Eine gewisse bewegungsstrukturelle Stabilität konnte auch bei der elementaren *Handlungskombination Stützen – Schwingen* nachgewiesen werden. Trotz eines sehr breiten Spektrums individueller Ausführungsvariationen konnten etwa die Hälfte aller Jungen und Mädchen der 1. bis 4. Klassen drei „charakteristischen Typen der Bewegungsausführung" zugeordnet werden.

Typ I (14,7 % der Jungen und Mädchen) zeichnet sich dabei durch eine überdurchschnittliche Schwingungsamplitude des Oberkörpers im Vor- und Rückschwung aus. Für Typ II (12,7 %) ist ein starker „Beinschwung", erzeugt durch eine auffällige Hüftbeugung im Vorschwung und eine deutliche Hüftstreckung im Rückschwung, charakteristisch. Typ III ist primär durch eine mittlere Schwingungsamplitude des Oberkörpers gekennzeichnet.

Zusammenfassung

Die nachgewiesene bewegungsstrukturelle Hierarchie führt zu einer inter- und intraindividuellen Stabilität in der motorische Entwicklung. Ohne diese zu durchbrechen, sind auf den „hierarchischen Ebenen" der Bewegungsgenese jedoch auch z.T. erhebliche inter- und intraindividuelle Entwicklungsvariabilitäten möglich.

5.2.2   Merkmalsstabilität

Im Zusammenhang mit der sportmotorischen Fähigkeitsdiskussion spielen Fragen der Konsistenz und Stabilität eine wichtige Rolle. So muss gesichert werden, dass die Merkmale *stabil* im Hinblick auf Bedingungen und Verhalten und *konsistent* im Sinne einer Unabhängigkeit von verschiedenen Kontextbedingungen sind. Stabilität und Konsistenz stellen wichtige Prüfsteine sportmotorischer Fähigkeitskonzeptionen dar (vgl. Bös & Mechling, 2002, S. 50). Bös und Mechling (1983, 2002) haben im Zusammenwirken mit Multerer und Schott Stabilitätskoeffizienten verschiedener motorischer Fähigkeiten im Zeitraum zwischen 1976 und 1986 sowie

1976 und 1996 berechnet. Wir haben die entsprechenden Koeffizienten für unsere beiden Längsschnittstudien 1975 bis 1983 (8 Jahre) und 1988 bis 1994 (6 Jahre) ebenfalls berechnet und mit den Ergebnissen von Bös und Mechling sowie von Havlicek (1990) verglichen und in Abbildung 102 zusammengestellt.

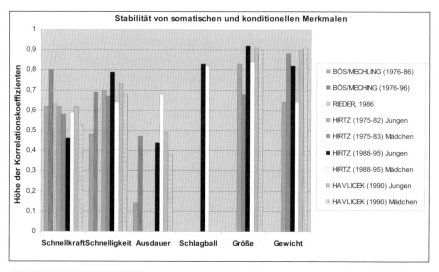

	Schnellkr.	*Schnelligk.*	*Ausdauer*	*Schlagball*	*Größe*	*Gewicht*
Bös & Mechling 76–86	0,61**	0,49**	0,34**			
Bös & Mechling 86–96	0,73**	0,69**	0,47*			
Rieder, 1986	0,63**					
Hirtz 75–83, Jungen	0,62**	0,70**			0,83**	0,68**
Hirtz 75–83, Mädchen	0,58*	0,67**			0,68**	0,88**
Hirtz 88–94, Jungen	0,46*	0,79**	0,44*	0,83**	0,92**	0,82**
Hirtz 88–94, Mädchen	0,59*	0,64*	0,68**	0,85**	0,84**	0,54*
Havlicek 86–90, Jungen	0,62**	0,73**	0,49*		0,91**	0,90**
Havlicek 86–90, Mädchen		0,53*	0,68**	0,38*	0,90**	0,91**

Abb. 102: *Stabilitätskoeffizienten somatischer und konditioneller Merkmale (** auf dem 0,01-Niveau, * auf dem 0,05-Niveau signifikant)*

Wie aus Abbildung 102 ersichtlich stellen *Körperhöhe* und *Körpergewicht* als biologisch bedingte Parameter die stabilsten Elemente dar, was die (hoch signifi-kanten) Korrelationskoeffizienten von 0,70 bis 0,90 eindrucksvoll bestätigen. Beim Körpergewicht der Mädchen gibt es in der Längsschnittstudie von 1988 bis 1994 eine Ausnahme (r = 0,54), was bestätigt, dass sich das Gewicht als durchaus beeinflussbar erweist. Aber auch die meisten motorischen Fähigkeiten können als äußerst stabil gekennzeichnet werden, denn in den meisten Fällen liegt eine entsprechende Signifikanz vor.

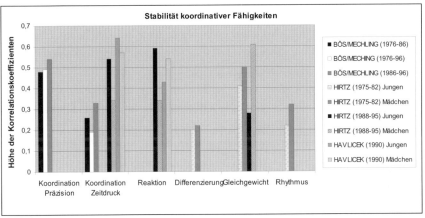

	Präzision	*Zeitdruck*	*Reaktion*	*Diff.*	*Gleichg.*	*Rhythmus*
Bös & Mechling 76–86	0,48**	0,26**				
Bös & Mechling 76–96	0,49**	0,19				
Bös & Mechling 86–96	0,54**	0,33**				
Hirtz 75–83, Jungen			0,21		0,41*	0,22
Hirtz 75–83, Mädchen			0,22		0,51*	0,32
Hirtz 88–94, Jungen		0,34*	0,59**		0,28	
Hirtz 88–94, Mädchen		0,54**	0,34*		0,61**	
Havlicek 86–90, Jungen		0,64**	0,43*			
Havlicek 86–90, Mädchen		0,57**	0,54**			

Abb. 103: Stabilitätskoeffizienten koordinativer Fähigkeiten (** auf dem 0,01-Niveau, * auf dem 0,05-Niveau signifikant)

Die höchsten Merkmalsstabilitäten im *konditionellen Bereich* ergeben sich für die *Schnellkraft* und die *Schnelligkeit*, die durchweg – wenn auch nicht immer auf dem 0,01-Niveau – signifikant sind. Bös und Mechling (2002) haben ähnlich hohe Stabilitäten auch bei der Maximalkraft und bei der Rumpfbeweglichkeit festgestellt. Die hohe Stabilität dieser Merkmale ergibt sich aus einer gewissen genetischen, biologisch-motorischen Bedingtheit entsprechender Grundlagen. Interessant ist die sehr hohe Stabilität des *Schlagball-Weitwerfens,* die sich durch die zugrunde liegende spezifische Schnellkraft (der Arme) erklären lässt. Das weist darauf hin, dass es sich hier um ein weniger stark trainingsabhängiges Merkmal handelt und relativ früh eine entsprechende Eignung (für den Leistungssport) feststellbar ist.

Die geringste Stabilität wird bei den *Ausdauerleistungen* (6-Minuten- bzw. 12-Minuten-Lauf, Cooper-Test, Walking-Test, 400-m-Lauf) deutlich (R = 0,14 bis 0,68), was die besondere Trainingsabhängigkeit dieses Merkmals bestätigt. Im *koordinativen Bereich* (Abb. 103) sind geringere Stabilitätskoeffizienten charakteristisch, sie liegen zwischen 0,20 und 0,60, sind jedoch in der Regel auch statistisch signifikant. Auch sie ergeben sich aus der besonders hohen Übungsabhängigkeit. Die *Reaktionsfähigkeit* (Fallstab-Test, Ganzkörperreaktions-Test) erweist sich jedoch als besonders stabil (r = 0,34 bis 0,59 signifikant), was auf ihre stärkere genetische Bedingtheit verweist. Ebenso stabil sind *Koordinationsleistungen unter Zeitdruck* (Herzberg-Selbstwähltest, Wiener Koordinationsparcours, Schnellkoordinationstest, Hindernislauf), was durch Koeffizienten von 0,26 bis 0,64 mit beachtlicher Signifikanz bestätigt wird. In der Studie von Bös und Mechling (2002) über 20 Jahre (r = 0,19) konnte keine Stabilität nachgewiesen werden, während in den kürzeren Studien von Hirtz (1985) und Havlicek (1985) über 6 (r = 0,34, 0,54) bzw. 3 Jahre (r = 0,57, 0,64) ein deutlicher Zusammenhang bestätigt werden konnte. Hier wird die „begrenzte Haltbarkeit" des Merkmals deutlich. Koordinationsleistungen unter Zeitdruck bedürfen zu ihrer Festigung und Stabilisierung einer deutlichen Beeinflussung durch Übung oder Training. *Koordinationsleistungen bei Präzisionsaufgaben* (Bewegungskoordinationstest für Kinder und Erwachsene von Bös & Mechling, 2002) erweisen sich dagegen auch über längere Zeiträume als stabil (r = 0,48 bis 0,54, hoch signifikant), was auch für *Gleichgewichtsleistungen* (Balancier-Gleichgewichts-Test BGT; Drehungen auf der Turnbank – beides unter Zeitdruck) gilt, für Mädchen deutlich stärker noch als für Jungen (0,61 zu 0,28 in der Studie von Hirtz 1988 bis 1994). Die geringsten Stabilitätskoeffizienten wurden bei *kinästhetischen Differenzierungs-* (Winkelreproduzieren) und *Rhythmusleistungen* (Rhythmus-Resistenz-Test) festgestellt. Beide Testleistungen erweisen sich nicht als stabil, es handelt sich offensichtlich um wenig personenstabile und stark übungsabhängige Merkmale.

Zusammenfassung

Die Ergebnisse bestätigen ein relativ hohes Maß an Stabilität für die meisten konditionellen und koordinativen Fähigkeiten. Die höchste Merkmalsstabilität zeigt sich beim Schlagball-Weitwerfen, aber auch bei allen Schnellkraft- und Schnelligkeitsleistungen, etwas geringer bei der Ausdauer. Eine beachtenswerte Stabilität erreichen auch die Merkmale „Koordination unter Zeitdruck", „Koordination bei Präzisionsaufgaben", Reaktion und Gleichgewicht.

5.2.3   Altersbedingte Stabilität

Wie bereits unter 5.1 angedeutet, sind charakteristische durchschnittliche Veränderungen in bestimmten Alters- oder Lebensabschnitten trotz aller Orientierungen auf Individualverläufe durchaus existent und pädagogisch auch bedeutsam. Sie kennzeichnen eine gewisse *altersbedingte Stabilität*, die u.a. durch Reifungsprozesse, so genannte Entwicklungsaufgaben, aber auch durch charakteristische Zäsuren und Determinationswechsel bedingt ist. Im Kapitel 4 haben wir solche Phasen einer besonderen Dynamik, aber auch der Stagnation und Regression genauer charakterisiert. In vorliegendem Abschnitt sollen Ergebnisse zusammengetragen werden, die diese relative Stabilität belegen, indem Entwicklungsverläufe verschiedener Merkmale

- unabhängig von der Alterskohorte (säkulare Stabilität),
- unabhängig von kulturellen Einflüssen (interkulturelle Stabilität),
- unabhängig von Quer- oder Längsschnittstudien,
- unabhängig von den verwendeten sportmotorischen Tests

dargestellt und diskutiert werden sollen.

Stabilität in der somatischen Entwicklung
Die Entwicklung motorischer Leistungen ist in gewisser Weise auch von den Körperbaumerkmalen abhängig bzw. beeinflusst.

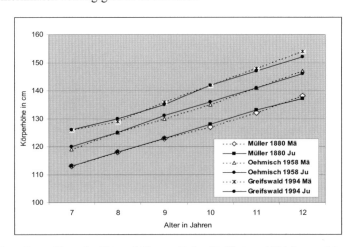

Abb. 104:   Entwicklung der Körperhöhe von 7- bis 12-jährigen Mädchen und Jungen 1880, 1958 und 1994

So kann ein relativ charakteristischer Entwicklungsverlauf der Körpergröße bei Jungen und Mädchen bestätigt werden. Als säkular stabil erweisen sich zwar nicht die absoluten Werte, aber die Verlaufskurven zeichnen sich durch eine deutliche Ähnlichkeit bzw. Stabilität aus (Abb. 104). Die Ergebnisse aus den internationalen Studien (Abb. 105) weisen zwar einerseits auf unterschiedliche Körperhöhenmaße der Heranwachsenden verschiedener Länder, andererseits aber auch auf einen äußerst ähnlichen, stabilen Verlauf hin.

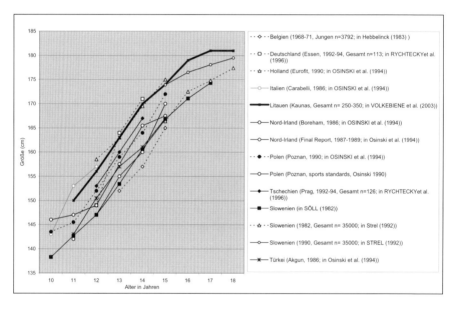

Abb. 105: Entwicklung der Körperhöhe bei 10- bis 18-jährigen Jungen verschiedener internationaler Studien

Stabilität in der Entwicklung konditioneller Merkmale/Fähigkeiten

Abbildung 106 zeigt zunächst deutliche Ähnlichkeiten im Entwicklungsverlauf der 60-m-Lauf-Leistungen unabhängig vom Untersuchungszeitpunkt.

Interessant sind auch die ähnlichen Entwicklungsverläufe der mit unterschiedlichen Tests erfassten *Sprungkraft* (Abb. 107). Ob mit dem Dreierhop (Crasselt et al., 1985), mit dem Standsprung-Reichhöhe-Test (Crasselt et al., 1990) oder mit dem Sprunggürtel-Test (Hirtz, 1974) ermittelt, stets ergibt sich ein äußerst ähnlicher Verlauf der durchschnittlichen Entwicklungskurven. Als ein gutes Beispiel für eine *stäkulare Stabilität* von Entwicklungsverläufen erweisen sich die in der repräsenta-

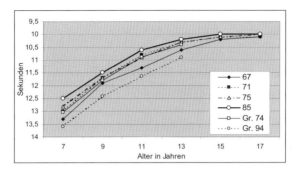

Abb. 106: Entwicklung der Schnelligkeitsleistungen (60-m-Lauf) von Mädchen unterschiedlicher Kohorten (Crasselt, 1967 bis 1985; Greifswalder Querschnittstudien 1974 und 1988 bis 1995)

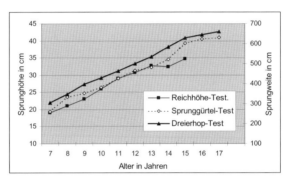

Abb. 107: Entwicklung der mit unterschiedlichen Tests ermittelten Sprungkraft von 7- bis 17-jährigen Jungen (Studien Crasselt, 1985; Hirtz, 1974)

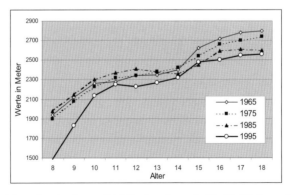

Abb. 108: Entwicklung der Ausdauer (12-Min.-Lauf) von 8- bis 18-jährigen südpolnischen Jungen zwischen 1965 und 1995 (Raczek, 2002a)

tiven Studie von Raczek (2002a, 2002b) ermittelten *Ausdauerleistungen.*
Abbildung 108 zeigt sowohl säkulare Veränderungen (Variabilitäten) im Ausmaß
der Ausdauer als auch deutliche Ähnlichkeiten im Entwicklungsverlauf (dynamischer Anstieg, puberal bedingte Stagnation und weiterer Anstieg in der Adoleszenz) unabhängig vom Zeitpunkt der Untersuchung.

Stabilität in der Entwicklung koordinativer Merkmale/Fähigkeiten
Betrachten wir zunächst Entwicklungsverläufe von Schnellkoordinationsleistungen
bzw. *Koordinationsleistungen unter Zeitdruck.* In der Querschnittstudie 1974 wurde dies mit dem „Ball-Slalom-Test", 20 Jahre später mit einer komplizierten
Sprungfolge auf der GKR-Anlage (Kap. 2) erfasst. Alle vier Entwicklungskurven
in Abbildung 109 zeigen deutliche *Ähnlichkeiten.*

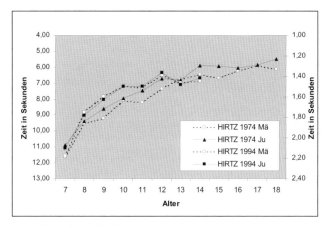

Abb. 109: Entwicklung der Schnellkoordinationsleistungen von 7- bis 18-jährigen Mädchen
und Jungen zweier Greifswalder Querschnittstudien 1974 und 1994 im Ver-
gleich

Gleiches gilt für die *Gewandtheits- oder Hindernisläufe* von Crasselt und Raczek
sowie den in der Greifswalder Studie 1988 bis 1995 auch durchgeführten „Ball-
Nummern-Lauf" (Abb. 110). Wenn Probanden die unterschiedlichsten Koordinationsleistungen unter Zeitdruck ausführen, dann ergibt sich stets ein ähnlicher Entwicklungsverlauf, unabhängig vom Untersuchungszeitpunkt sowie vom eingesetz-
ten sportmotorischen Test: steiler Anstieg bis etwa zum 12. Lebensjahr, folgende
Stagnation in der Pubeszenz und Adoleszenz. Besonders deutlich ist diese Ähnlichkeit im Entwicklungsverlauf der Schnellkoordination in der Studie von Raczek

(2002a) zu erkennen. Die Hindernislauf-Leistungen verändern sich zwar zwischen den Jahrzehnten, nicht aber der charakteristische Verlauf, dieser verweist auf eine *säkulare Stabilität* in der Entwicklung koordinativer Merkmale. Diese Aussagen können auch für differenzierte koordinative Fähigkeiten bestätigt werden, wie die folgenden Abbildungen zeigen.

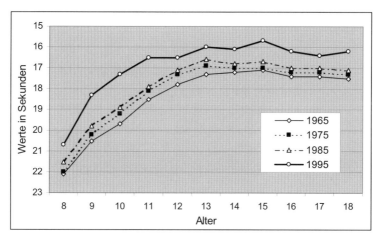

Abb. 110: Entwicklung der Hindernislaufleistungen südpolnischer 8- bis 18-jähriger Mädchen von 1965 bis 1995 (Raczek, 2002a)

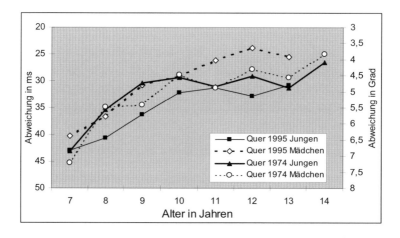

Abb. 111: Entwicklung der kinästhetischen Differenzierungsfähigkeit von 7- bis 14-jährigen Mädchen und Jungen (Greifswalder Querschnittstudien 1974 und 1988 bis 1995)

Die *kinästhetische Differenzierungsfähigkeit* wurde in der Greifswalder Querschnittstudie 1974 mit dem Winkelreproduzieren am Unterarm-Goniometer (räumliche Differenzierung) und in der Querschnittstudie 1994 durch einen so genannten
Hampelmann-Test (zeitliche Differenzierung) erfasst (Abb. 111). Obgleich also
einmal die Krafteinsatz-Differenzierung in den Armen (und räumlich) und zum
anderen die Krafteinsatz-Differenzierung in den Beinen (und zeitlich) gefordert
war, nehmen die Entwicklungskurven einen sehr ähnlichen, stabilen Verlauf: dynamische Entwicklung bis zum 10. Lebensjahr und folgende Stagnation.

Gleiches kann für die Entwicklung der *Gleichgewichtsfähigkeit* ausgesagt werden.
Im Querschnitt 1974 wurde sie mit dem Balancier-Gleichgewichts-Test BGT erfasst und in der Studie 1994 mit dem Test „Drehungen auf der Turnbank". In diesem Fall führt die Ähnlichkeit der Testanforderungen (schmale Stützfläche; Ausführung unter Zeitdruck) zu fast identischen Entwicklungsverläufen (Abb. 112).

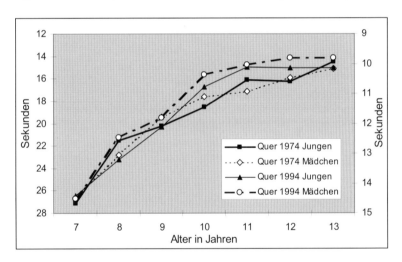

Abb. 112:   *Entwicklung der Gleichgewichtsfähigkeit von 7- bis 13-jährigen Mädchen und*
              Jungen (Greifswalder Querschnittstudien 1974 und 1988 bis 1994)

Auch die Entwicklungsverläufe der *Reaktionsfähigkeit* bestätigen diese grundsätzlichen Aussagen (Abb. 113). Hier zeigt sich eine fast völlige Übereinstimmung der
Kurvenverläufe. Die einfachen Reaktionszeiten auf ein optisches Signal wurden
1974 durch Knopfdruck ermittelt, während 1994 auf ein akustisches Signal ein
beidbeiniger Sprung von einer Platte zu einer anderen zu absolvieren war. Trotz
unterschiedlicher Signalgebung (optisch, akustisch) und verschiedener Bewe-

gungshandlungen (Knopfdruck mit der Hand; Sprung mit den Beinen) sowie mit einem Zeitunterschied von 20 Jahren erfasst, ergibt sich dieser ähnliche, stabile Entwicklungsverlauf sowohl bei Mädchen als auch bei Jungen.

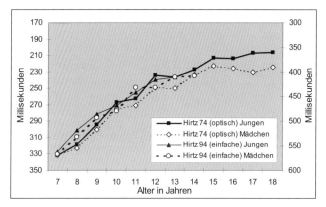

Abb. 113:   Entwicklung der Reaktionsfähigkeit von 7- bis 18-jährigen Mädchen und Jungen zu verschiedenen Zeitpunkten und mit unterschiedlichen sportmotorischen Tests erfasst

Zusammenfassung

Zusammenfassung

Trotz aller bedeutsamen Orientierungen auf motorische Individualverläufe existieren auch charakteristische durchschnittliche somatische, konditionelle und koordinative Entwicklungsbesonderheiten im Sinne von altersbedingten Stabilitäten, die durch einheitliche Reifungsprozesse, typische Entwicklungsaufgaben, charakteristische Determinationswechsel im Leben der Heranwachsenden entstehen. Solche interindividuellen Ähnlichkeiten konnten unabhängig von der Alterskohorte (säkulare Stabilität), von kulturellen Einflüssen (interkulturelle Stabilität), von Quer- oder Längsschnittstudien sowie unabhängig von den verwendeten sportmotorischen Tests nachgewiesen werden.

5.2.4   Intraindividuelle Stabilität von Ressourcenstrukturen jugendlicher Basketballer in der Pubeszenz

Die Ergebnisse der Basketballstudie belegen, dass sich die Profile leistungsbestimmender Merkmale bei den jugendlichen Spielern im Untersuchungszeitraum von sechs Monaten kaum verändert haben, obwohl die Probanden eine starke körperliche Entwicklung durchlaufen haben. Trotz zu vermutender Störprozesse durch rapide Reifungszunahmen oder dynamische Wachstumsschübe kommt es nicht zu motorischen Stagnations- oder Regressionserscheinungen (vgl. 4.6). Stabile Verlaufsstrukturen sprechen für die individuelle Charakteristik von Ressourcenverknüpfungen. Diese können als Zeichen *intraindividueller Stabilität* gewertet werden.

Um Prä-Post-Veränderungen analysieren zu können, wurden diejenigen Spieler der Versuchsgruppe mit den stärksten körperlichen Veränderungen vom Prä- zum Posttest – ermittelt nach Differenzen im „Körperbau-Entwicklungs-Index" (KEI, vgl. Tab. 5) und in der „Körperhöhe" (KH, vgl. Tab. 6) – ausgesucht.

Tab. 5:   KEI-Werte für Spieler mit starker körperlicher Entwicklung während der Pubeszenz

Individuelle Prä-Post-Veränderungen nach dem KEI					
Spieler	Prätest		Posttest		Veränderung
Code	KEI	Entwicklungsgruppe	KEI	Entwicklungsgruppe	KEI-Differenz
202	0,8200	normal entwickelt	0,8765	sehr weit entwickelt	0,0565
811	0,7867	normal entwickelt	0,8510	weit entwickelt	0,0643

Der Spieler mit der stärkeren KEI-Differenz (811) gehört im Prätest zu den „normal entwickelten" Spielern und rückt nach dem Posttest zu den „weit entwickelten" Spielern auf. Einen scheinbar noch größeren Sprung in den Entwicklungsgruppen macht Spieler 202, der von den „normal entwickelten" zu den „sehr weit entwickelten" Spielern aufsteigt.

In Abbildung 114 sind die Ressourcen- und Kompetenzprofile für diese beiden Spieler auf der Basis von C-Werten dargestellt (trotz der problematischen Darstellung als Entwicklungskurve haben wir uns wegen der besseren Anschaulichkeit für diese Form entschieden). Als Ressourcen der basketballspezifischen Koordination werden Leistungsvoraussetzungen verstanden, die in Form von koordinativen, konditionellen und kognitiven Fähigkeiten sowie als technomotorische Fertigkeiten in Erscheinung treten (Glasauer, 2003, S. 64).

Beim Intravergleich des Prätestprofils (1) mit dem Posttestprofil (2) für ein und denselben Spieler fällt Folgendes auf:

Die Profilverläufe bei *Spieler 202* zeigen mit wenigen Ausnahmen (Merkmale WMWR, ZS, KSK) hohe Übereinstimmungen zwischen Prä- und Posttestleistungen. In den überprüften 18 Merkmalen ergibt sich eine mittlere Differenz von 1,09 auf der C-Skala. Bei Spieler 811 verlaufen die beiden Profillinien fast parallel. Die mittlere Differenz zwischen Prä- und Posttestergebnissen auf der C-Skala beträgt 1,34.

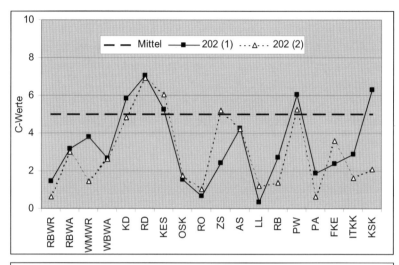

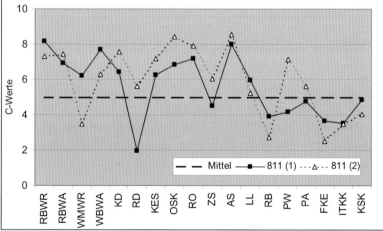

Abb. 114: Ressourcen- und Kompetenzprofile von zwei Spielern mit starker Entwicklung nach dem Körperbau-Entwicklungs-Index (KEI) während der Pubeszenz am Anfang und am Ende des sechsmonatigen Untersuchungszeitraums

Wie sich die Ressourcen- und Kompetenzprofile von Spielern darstellen, die während des Untersuchungszeitraums eine starke Zunahme ihrer Körperhöhe (KH) erfahren haben, wird nachfolgend dargestellt. Als Einzelfälle wurden die Spieler 205 und 1001 ausgewählt. Tabelle 6 gibt Aufschluss über die KH-Werte. Der Spieler mit der stärksten KH-Differenz (205) gehört im Prätest noch zu den „sehr kleinen" Spielern und nach dem Posttest zu den „kleinen" Spielern. Bezogen auf ein Kalenderjahr entspricht seine Körperhöhenzunahme einem Wert von 16,8 cm. Bereits zu den „großen" Spielern zählt im Prätest Spieler 1001. Nach dem Posttest rückt er zu den „sehr großen" Spielern auf (prognostiziertes jährliches Wachstum: 13,6 cm). Die sich bei diesen Spielern andeutenden jährlichen Wachstumsraten sind als sehr hoch einzustufen. Auch Hirtz und Ockhardt (1986) fanden bei Jungen in diesem Alter hohe Wachstumsraten von 10 bis 14 cm pro Jahr.

Tab. 6: KH-Werte für Spieler mit starker Zunahme an Körperhöhe während der Pubeszenz

Spieler	Individuelle Prä-Post-Veränderungen nach der Körperhöhe				
	Prätest		Posttest		Veränderung
Code	KH	Körperhöhegruppe	KH	Körperhöhegruppe	KH-Differenz
205	160,2	sehr klein	166,5	klein	6,3 cm
1001	178,4	groß	183,5	sehr groß	5,1 cm

In Abbildung 115 sind die Ressourcen- und Kompetenzprofile für diese beiden Spieler auf der Basis von C-Werten dargestellt.

Die Profillinien von *Spieler 205* zeigen auf der C-Skala eine mittlere Differenz von 1,43 zwischen Prä- und Posttestleistungen, d.h., es kann in etwa noch von einem gleichartigen Verlauf gesprochen werden. Unterschiede > 2 treten nur bei drei von 18 Merkmalen auf.

Bei *Spieler 1001* tritt trotz dreier extremer Unterschiede (Merkmale RBWA, AS, PW) eine ähnliche mittlere Differenz von Prä- zu Posttestleistungen auf (1,39) wie bei Spieler 205. Auch bei ihm kann durchaus noch von einem gleichartigen Profilverlauf gesprochen werden.

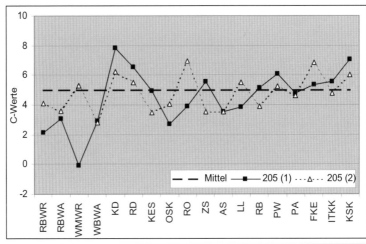

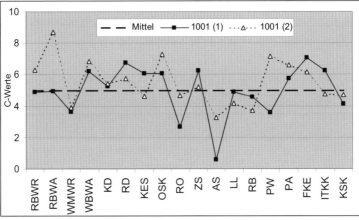

Abb. 115:   *Ressourcen- und Kompetenzprofile von zwei Spielern mit großer Körperhöhen-*
            zunahme während der Pubeszenz am Anfang und am Ende des sechsmonatigen
            Untersuchungszeitraums

Zusammenfassung

Sowohl die Spieler mit starker Entwicklung nach dem Körperbau-Entwicklungs-
Index (KEI) als auch die Spieler mit großer Zunahme an Körperhöhe (KH) wäh-
rend der Pubeszenz zeichnen sich durch relativ stabile Verlaufsstrukturen in ihren
Ressourcen- und Kompetenzprofilen aus. Trotz jeweils erheblicher körperlicher
Fortentwicklung im Zeitraum der Untersuchung ähneln die Posttestprofile denen
im Prätest.

5.2.5   Normative oder Positionsstabilität

„Mit normativer Stabilität ist gemeint, dass die Positionen der Individuen in der Verteilung eines Merkmals oder einer Leistung in der Alterskohorte als Bezugsgruppe erhalten bleiben" (Oerter & Montada, 2002, S. 48). Ähnlich wie der Intelligenzquotient können auch motorische Merkmale oder Fähigkeiten über eine solche Stabilität verfügen. Dabei dürfen absolute und normative Stabilität nicht verwechselt werden, da sich die entsprechenden Leistungen auch bei hoher Positionsstabilität deutlich verändern und verbessern können.

Wir haben deshalb für die folgenden Darstellungen von Individualverläufen zweierlei Z-Transformationen und anschließende Umwandlungen in C-Werte vorgenommen. Einmal dienten die Gesamtwerte aller an der Längsschnittstudie teilnehmenden 6- bis 12-jährigen Mädchen bzw. Jungen als Ausgangsbasis, zum anderen jeweils nur die Leistungen der einzelnen Altersklassen. So können sowohl die absoluten Leistungssteigerungen als auch die relativen Verläufe (innerhalb der jeweiligen Altersgruppe) nach- bzw. ausgewiesen werden.

Am Beispiel der Entwicklung der *Körperhöhe* zweier Probanden der Längsschnittstudie 1988 bis 1994 (Abb. 116) kann das Vorgehen gut erläutert werden. Proband 104 ist in den Klassen 1 bis 6 stabil einer der kleinsten Schüler (relativ), obgleich er kontinuierlich wächst (absolut). Proband 103 gehört dagegen in dieser Zeit stabil zu den größten Kindern der Längsschnittstudie. Ähnlich verhält es sich mit den aus mehreren Testergebnissen ermittelten Gesamtwerten der *Kondition bzw. Koordination* (Abb. 117). Proband 109 ist konditionell von Anfang der Schulzeit an gut „ausgestattet" und gehört stabil zu den konditionell stärksten Schülern (relativ stets etwa um 9 Punkte), während z.B. der Proband 121 im koordinativen Leistungsbereich von Anfang an zu den schwächsten Schülern zählt und diese Position (relativ zwischen 3 und 4 Punkten) auch stabil hält, obgleich er sich koordinativ (absolut) kontinuierlich leicht verbessert. Konkret lässt sich diese Positionsstabilität auch am *Schlagball-Weitwerfen* sowie am 30-m-Lauf bzw. an den Wahlreaktionsleistungen bei einzelnen Probanden nachweisen (Abb. 118). Die Probandin 215 gehört alle sechs Jahre hindurch stets zu den besten Werferinnen (das Schlagball-Weitwerfen besitzt ja auch eine hohe Merkmalsstabilität – vgl. Abschnitt 5.2.2), während die Probandin 248 trotz leichter (absoluter) Steigerungen stabil im schwachen Leistungsbereich bleibt (relativ um 2 Punkte). Im *30-m-Lauf* erreichen die männlichen Probanden 125 und 146 relativ stabil sehr schwache (konstant 3 Punkte) bzw. sehr gute (um 8 Punkte) Leistungen (Abb. 118, Mitte).

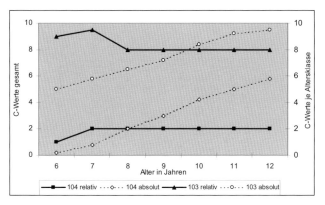

Abb. 116: *Entwicklung der Körperhöhe von zwei Jungen zwischen dem 6. und 12. Lebensjahr absolut und im Verhältnis zur Kohorte (Greifswalder Längsschnittstudie 1988 bis 1995)*

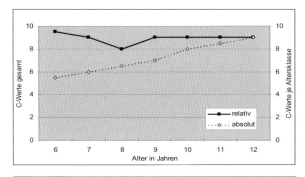

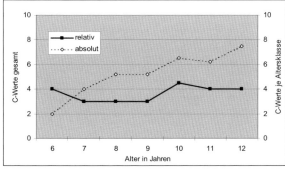

Abb. 117: *Entwicklung des Gesamtwertes „Kondition" des Probanden 109 (oben) und des Gesamtwertes „Koordination" des Probanden 121 (unten) zwischen dem 6. und 12. Lebensjahr absolut und im Verhältnis zur Kohorte (Greifswalder Längsschnittstudie 1988 bis 1995)*

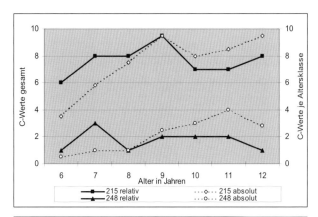

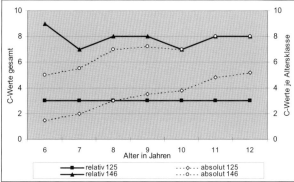

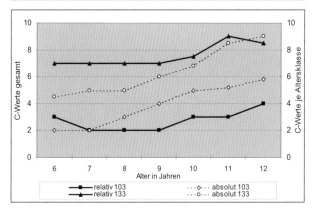

*Abb. 118:   Entwicklung der Leistungen im Schlagball-Weitwerfen von zwei Mädchen und
von zwei Jungen im 30-m-Lauf (Mitte) sowie von zwei Jungen in der Wahlreaktion (unten) zwischen dem 6. und 12. Lebensjahr absolut und im Verhältnis zur
Kohorte (Greifswalder Längsschnittstudie 1988 bis 1995)*

Solche Stabilitäten lassen sich auch im koordinativen Bereich gut erkennen bzw. nachweisen, wie z.b. bei der *Wahlreaktion* der männlichen Probanden 103 und 133 (Abb. 118, unten). Sie zeigen stabil schwache (um 2 Punkte) bzw. stabil starke (zwischen 7 und 9 Punkten) Leistungen, obgleich sich beide absolut während dieser sechs Jahre deutlich steigern. Offensichtlich reichen bei den jeweils stabil Schwächeren die leichten (absoluten) Verbesserungen nicht aus, um den stabil schwachen Platz in der Population verlassen zu können.

Derartige Positionsstabilitäten kommen im konditionellen Bereich häufiger vor als im koordinativen und bei Jungen häufiger als bei Mädchen.

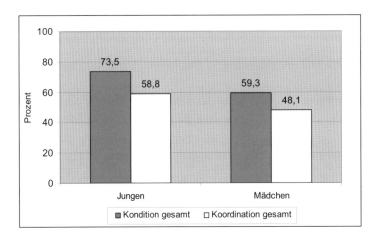

Abb. 119:   *Häufigkeiten (in %) von Positionsstabilitäten in den Bereichen Kondition und Koordination von 6- bis 12-jährigen Mädchen und Jungen der Greifswalder Längsschnittstudie 1988 bis 1995*

In der Greifswalder Längsschnittstudie 1988 bis 1995 wurde der Bereich *Kondition gesamt* durch die Merkmale Weitsprung aus dem Stand, Schlagball-Weitwurf, 400-m-Lauf, 30-m- und 60-m-Lauf und der Bereich *Koordination gesamt* durch sportmotorische Testergebnisse zur Reaktion, Wahlreaktion, Schnellkoordination, Differenzierung sowie zum Gleichgewicht ermittelt. Bei der Hälfte bis zu Dreiviertel der Teilnehmer an der Längsschnittstudie treten Positionsstabilitäten sowohl auf hohem, mittlerem als auch niedrigem Niveau auf (Abb. 119). In 25 bis 50 % der Fälle sind allerdings inter- und intraindividuelle Variabilitäten charakteristisch, die im folgenden Abschnitt näher beschrieben werden sollen.

Zusammenfassung
Die im intellektuellen Bereich durch Oerter und Montada (2002) erkannte normative bzw. Positionsstabilität kann durch die Ergebnisse einer Greifswalder Längsschnittstudie auch für den motorischen Bereich der Heranwachsenden bestätigt werden. In der Mehrzahl der Entwicklungsverläufe dominieren sogar solche Positionsstabilitäten, d.h., die Mädchen und Jungen steigern zwar ihre Leistungen absolut, ihre Position in der Gesamtpopulation bleibt aber relativ konstant.

5.3   Formen der Variabilität in der motorischen Entwicklung

5.3.1   Inter- und intrafunktionelle Variabilität

Unter *interfunktioneller Variabilität* werden Unterschiede in der (durchschnittlichen) Entwicklung verschiedener motorischer Merkmale oder Fähigkeiten verstanden. Wie bereits im Kapitel 4 dargelegt entwickeln sich die verschiedenen konditionellen und koordinativen Fähigkeiten keineswegs in gleicher Weise. Erwähnt werden sollen hier besonders die unterschiedlichen Entwicklungsverläufe der Kraft gegenüber den meisten koordinativen Leistungsvoraussetzungen.

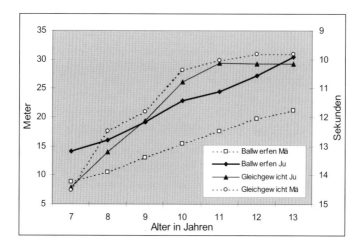

Abb. 120:   Entwicklung der Schlagball-Weitwurf- und der Gleichgewichtsleistungen von 7- bis 13-jährigen Mädchen und Jungen (Greifswalder Querschnittstudie 1988 bis 1995)

Aber auch innerhalb der koordinativen Fähigkeiten gibt es – trotz aller im Kapitel 5 nachgewiesenen Stabilitätserscheinungen – auch unterschiedliche durchschnittliche Entwicklungsverläufe.

In Abbildung 120 ist die unterschiedliche Entwicklung von Schnellkraftleistungen (der Arme) beim Schlagball-Weitwerfen und von Gleichgewichtsleistungen („Drehungen auf der Turnbank") zu erkennen. So steigern sich die mit dem Schlagball durchschnittlich erreichten Weiten kontinuierlich mit dem Alter bei beiden Geschlechtern, obgleich auf einem deutlich unterschiedlichen Niveau zu Gunsten der Jungen. Andererseits verlangsamt sich die Entwicklung der Gleichgewichtsfähigkeit nach einer stürmischen dynamischen Phase etwa mit dem 10. Lebensjahr (wie bei fast allen koordinativen Leistungen unter Zeitdruck). Außerdem sind die geschlechtsspezifischen Unterschiede wesentlich geringer, wobei die Mädchen durchgängig leicht bessere Ergebnisse erreichen. Wir erkennen eine deutliche *interfunktionelle Variabilität* hinsichtlich Entwicklungsverlauf und geschlechtsspezifischer Differenzierung.

Unter *intrafunktioneller Variabilität* werden Unterschiede in der durchschnittlichen Entwicklung verschiedener Aspekte einer motorischen Funktion oder Fähigkeit bzw. einer Komponente der motorischen Kompetenz verstanden. So entwickeln sich z.B. die räumlichen (Winkel reproduzieren) und zeitlichen (zeitliche Wiedergabe) Komponenten der *kinästhetischen Differenzierungsfähigkeit* sehr unterschiedlich bzw. prägen sich zu unterschiedlichen Zeitpunkten (7. bis 10. Lebensjahr – räumlich und 9. bis 11./12. Lebensjahr – zeitlich) aus (Abb. 121).

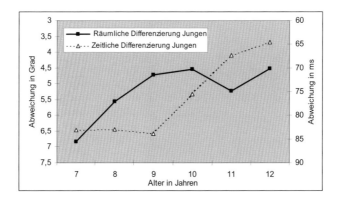

Abb. 121: Entwicklung der räumlichen und zeitlichen Differenzierung von 7- bis 12-jährigen Jungen (Greifswalder Querschnittstudie 1974)

Eine derartige unterschiedliche Entwicklung verschiedener Ausprägungsformen einer koordinativen Fähigkeit haben wir auch hinsichtlich der *Gleichgewichtsfähigkeit* nachgewiesen (Hirtz, Hotz & Ludwig, 2000, S. 106). So entwickelt sich das Balancier- und Drehgleichgewicht während der Schulzeit am frühesten (beide Formen zwischen dem 7. und 11./12. Lebensjahr), während sich das Standgleichgewicht (ein- und beidbeiniges Schwebestehen im Quer- und Seitstand nach Fetz, 1990) in diesem Alter zunächst kaum ausprägt und erst zwischen dem 9. und 14. Lebensjahr – also in Verbindung mit der Kraftentwicklung in der Pubeszenz – einen deutlichen Entwicklungsschub erfährt. Beim komplizierteren Rollbrettstehen werden Entwicklungsschübe sogar erst nach dem 14. Lebensjahr deutlich.

Eine ebenfalls unterschiedliche Entwicklung kann bei verschiedenen Formen der *Koordination unter Zeitdruck* festgestellt werden. Bei Mädchen z.B. hängt dies in sehr starkem Maße mit dem konditionellen oder koordinativen Anteil der Testanforderungen zusammen. In Abbildung 122 wird der durchschnittliche Entwicklungsverlauf der so genannten sportlichen Reaktion (Ablauf aus dem Hockstand rücklings durch die 5 m entfernte Lichtschranke) dem Verlauf der sportlichen Geschicklichkeit (Ball-Slalom-Test) gegenübergestellt. Während die sportlichen Reaktionsleistungen der Mädchen ab dem 10. Lebensjahr stagnieren, können die Geschicklichkeitsleistungen weiter gesteigert werden.

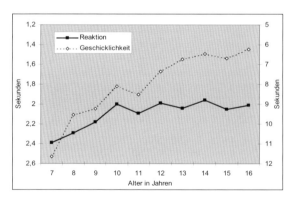

Abb.: 122: Entwicklung verschiedener Formen der Schnellkoordination von 7- bis 16-jährigen Mädchen (Greifswalder Querschnittstudie 1974)

Ähnlich verhält es sich auch mit der Entwicklung verschiedener Formen der *Reaktionsfähigkeit* (in Abb. 123 am Beispiel der Jungen einer Greifswalder Querschnittstudie von 1974).

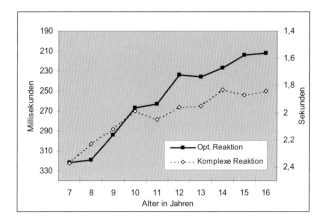

Abb. 123: *Entwicklung verschiedener Formen der Reaktionsfähigkeit von 7- bis 16- jähri-*
gen Jungen (Greifswalder Querschnittstudie 1974)

Während sich die einfachen Reaktionszeiten (auf ein optisches Signal) kontinuierlich mit dem Alter verbessern, verlangsamt sich die Entwicklung der komplexen
(ganzkörperlichen, sportlichen – s.o.) Reaktion ab dem 10. Lebensjahr deutlich.

Zusammenfassung
Die motorischen Fähigkeiten der Heranwachsenden entwickeln sich keinesfalls
in gleicher Weise, zeigen vielmehr eine beachtliche inter- und auch intrafunktionelle Variabilität, was für die pädagogische Tätigkeit besonders zu beachten
ist.

5.3.2   Interkulturelle Variabilität

Eine gewisse Form der Entwicklungsvariabilität ist auch z.b. bei binationalen
Vergleichen feststellbar. So konnten in unserer gemeinsamen Studie mit der
Karls-Universität Prag (vgl. 2.2.16) bei Anwendung der gleichen sportmotorischen Tests signifikante Unterschiede in der durchschnittlichen motorischen
Entwicklung jüngerer Schulkinder festgestellt werden. Die Abbildungen 124a
und 124b zeigen, dass die Kinder aus dem Norden Tschechiens in der *Orientie-*
rungs-, und der Reaktionsfähigkeit bis etwa zum 11. Lebensjahr deutlich und
signifikant (p = 0,01) über dem Leistungsniveau der Greifswalder Kinder liegen

und sich erst im 13. und 14. Lebensjahr das Niveau angleicht. Anders stellt sich das Bild bei der *Gleichgewichtsfähigkeit* dar. Bis zum 11. Lebensjahr liegen die Leistungen der tschechischen Kinder deutlich und signifikant unter dem Niveau der Greifswalder, erst vom 12. bis 14. Lebensjahr erreichen die Jungen etwa ein gleiches Niveau, während die Mädchen der Prager Studie durchgehend unter den Leistungen der gleichaltrigen Greifswalder bleiben. Offensichtlich wirkt sich das nachgewiesene häufige Spielen im Freien der jüngeren Schulkinder in der ländlichen Bergregion Nord-Tschechiens auf die Entwicklung der Orientierungs- und der Reaktionsfähigkeit (Koordination unter Zeitdruck) positiv aus. Die Schulung der Gleichgewichtsfähigkeit gilt im Sportunterricht an Greifswalder Grundschulen dagegen als ein Schwerpunkt und könnte die deutlich besseren Leistungen auf diesem Gebiet erklären. So entstehen interkulturelle Variabilitäten in der motorischen Entwicklung.

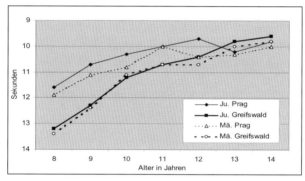

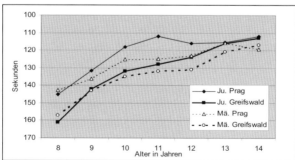

Abb. 124a: Entwicklung der Orientierungsfähigkeit (Medizinball-Nummern-Lauf - oben) und der Reaktionsfähigkeit (Ball-Bank-Reaktions-Test – unten) von 8- bis 14-jährigen Mädchen und Jungen aus Greifswald bzw. Nordtschechien (Kohoutek, Hendl, Vele & Hirtz, 2005)

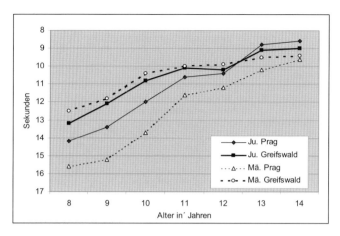

Abb. 124b: Entwicklung der Gleichgewichtsfähigkeit (Drehungen auf der Turnbank) von 8- bis 14-jährigen Mädchen und Jungen aus Greifswald bzw. Nordtschechien (Kohoutek, Hendl, Vele & Hirtz, 2005)

Zusammenfassung
Auch interkulturell variieren Entwicklungsverläufe koordinativer Fähigkeiten, wie Ergebnisse einer gemeinsamen Studie zwischen den Sportinstituten Prag und Greifswald bestätigen. In Abhängigkeit von den unterschiedlichen Lebensbedingungen zeigen sich teilweise deutliche Leistungsunterschiede.

5.3.3 Inter- und intraindividuelle Variabilität

Gruppen- und personenspezifische Entwicklungslinien und deren Entstehungsbedingungen gewinnen gegenüber vorrangig Mittelwert-orientierten Betrachtungen immer mehr an Bedeutung. Deshalb sollen im Folgenden Beispiele aus den beiden Greifswalder Längsschnittstudien

- für Unterschiede hinsichtlich Zeitpunkt, Tempo und Dauer der Entwicklung verschiedener motorischer Ressourcen *zwischen* den Individuen (*interindividuelle Variabilität*) bzw.
- für Unterschiede in der Entwicklung von verschiedenen Komponenten der motorischen Kompetenz *eines* Individuums (*intraindividuelle Variabilität*)

zusammengestellt werden.

Interindividuelle Variabilität

Abbildung 125 zeigt exemplarisch (am Beispiel der Schnellkoordination) die bedeutende interindividuelle Variabilität der motorischen Entwicklung der Heranwachsenden.

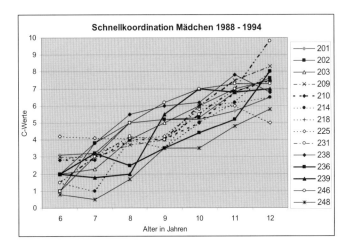

Abb. 125:   Interindividuelle Variabilität bei der Entwicklung der Schnellkoordination von 14 willkürlich ausgewählten Mädchen (Greifswalder Längsschnittstudie 1988 bis 1995)

Die Ursachen dieser Erscheinung können ganz unterschiedlich sein. Die individuellen Entwicklungsverläufe hängen u.a. vom unterschiedlichen Leistungsniveau, von der differenzierten Entwicklung der Geschlechtsreifung und natürlich von Inhalt und Umfang der körperlich-sportlichen Aktivität ab. Auch längere Krankheiten und Verletzungen können den Entwicklungsverlauf beeinträchtigen.

Zunächst jedoch kann festgehalten werden, dass die interindividuelle Variabilität der motorischen Entwicklung durch das unterschiedliche *biologische Alter* der Mädchen und Jungen begründet sein kann. Dieses wurde in unserer gemischten Quer- und Längsschnittstudie 1988 bis 1995 bei allen Probanden mit dem Körperbau-Entwicklungs-Index KEI nach Wutscherk (1974) ermittelt (vgl. Hirtz & Sharma, 1995). So zeigen sich in der *Gleichgewichtsfähigkeit* der *Mädchen* durchgehend gesicherte Unterschiede (p = 0,01) zugunsten der Retardierten (vgl. Abb. 126), während z.B. in der Schnellkoordination akzelerierte 7- bis 12-jährige *Jungen* durchgehend (teilweise jedoch mit geringerer Signifikanz) bessere Leistungen als gleichaltrige Retardierte aufweisen (Abb. 127).

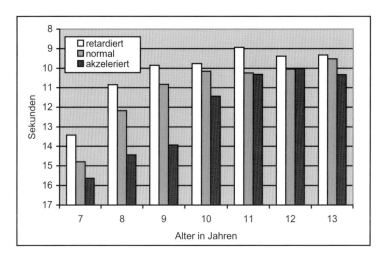

Abb. 126: *Entwicklung der Gleichgewichtsfähigkeit von Mädchen verschiedener biologischer Altersgruppen (Hirtz & Sharma, 1995)*

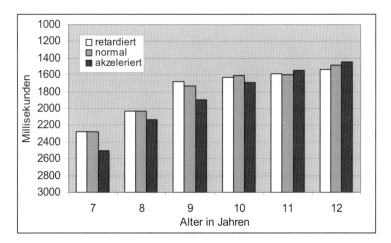

Abb. 127: *Entwicklung der Schnellkoordination von Jungen verschiedener biologischer Altersgruppen (Hirtz & Sharma, 1995)*

Dieser Zusammenhang wird auch durch die in den folgenden Abbildungen dargestellten *Individualverläufe* bestätigt. Das retardierte Mädchen (212; puberaler
Wachstumsschub von 15 cm erst zwischen dem 10. und 12. Lebensjahr und leichter Rückgang der koordinativen Leistungsfähigkeit danach) erreicht durchgehend

deutlich bessere Leistungen in der Wahlreaktion als die akzelerierte bzw. normal
entwickelte Probandin.

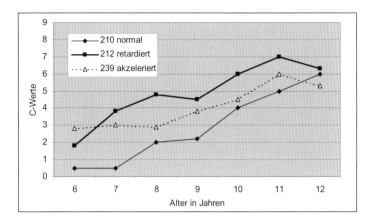

Abb. 128: Interindividuelle Variabilität in Abhängigkeit von der biologischen Entwick-
lung am Beispiel der Entwicklung der Wahlreaktion

Das akzelerierte Mädchen 239 hat einen deutlich früheren puberal bedingten
Wachstumsschub von 19 cm bereits zwischen dem 7. und 9. Lebensjahr „zu ver-
kraften", was die anfänglich stagnierende Entwicklung verursacht. Das „normal"
entwickelte Mädchen (210) zeigt auch eine „normale" Entwicklungskurve, da ihre
Körperhöhe in den ersten sechs Schuljahren kontinuierlich um 5 bzw. 6 cm zunimmt (Abb. 128).

Auch das unterschiedliche Wachstum in den ersten beiden Schuljahren kann zu
einer interindividuellen Variabilität z.b. der konditionellen Entwicklung führen
(Abb. 129). Die oberen Kurven zeigen den Wachstumsverlauf von Kindern, die
weniger als 5 cm, 5 bis 12 cm bzw. über 12 cm im Jahr wachsen, die unteren Kurven geben deren durchschnittliche konditionelle Entwicklungsverläufe (Faktor aus
30 m, 60 m, Sprungkraft, Ballweitwurf und 400-m-Lauf) wieder. Die Gruppe mit
dem geringsten Anfangswachstum zeigt durchgehend die schwächsten Konditions-
leistungen, während die „Schnellwachser" (über 12 cm) jedoch unter den Leistungen der durchschnittlich wachsenden Kinder bleiben.

Probandin 20 (in Abb. 130) hat die beiden Wachstumsschübe von 7 cm zwischen
dem 10. und 11. Lebensjahr und von 8 cm zwischen dem 12. und 13. Lebensjahr
koordinativ nicht „verkraftet", während bei der leistungsstarken und zusätzlich
trainierenden Probandin 11 ein Wachstumsschub von 24 cm zwischen dem 10. und

13. Lebensjahr nicht zu koordinativen Beeinträchtigungen führt. Hier zeigt sich das „Wechselspiel" zwischen biologischer Entwicklung und sozialen Einflussgrößen bzw. motorischer Aktivität besonders deutlich.

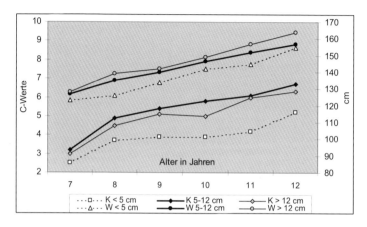

Abb. 129: Konditionelle Entwicklung (Gesamtfaktor) von Kindern mit einem unterschiedlichen Wachstumstempo in den ersten beiden Schuljahren

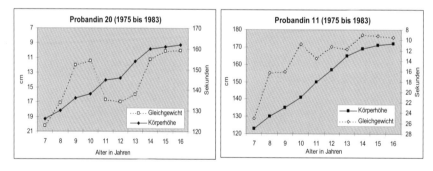

Abb. 130: Der Einfluss des körperlichen Wachstums auf die Entwicklung der Gleichgewichtsfähigkeit von zwei Mädchen (Greifswalder Längsschnittstudie 1975 bis 1983)

Eine hohe interindividuelle Variabilität der motorischen Entwicklung ergibt sich auch durch das *unterschiedliche Leistungsniveau* der Kinder. Leistungsstarke und trainierende Jungen erreichen z.B. im *Schlagball-Weitwerfen* eine dynamische Entwicklung bis zum 9. Lebensjahr und halten danach ihr hohes Niveau, während

sich leistungsschwache Werfer in den ersten sechs Schuljahren nur unwesentlich
steigern können (Abb. 131).

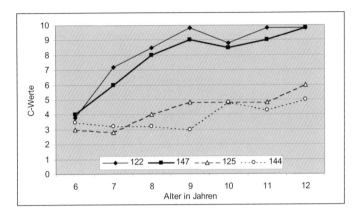

*Abb. 131: Entwicklungsverläufe im Schlagball-Weitwerfen von leistungsstarken und leis-
tungsschwachen Jungen (Greifswalder Längsschnittstudie 1988 bis 1995)*

Intraindividuelle Variabilität

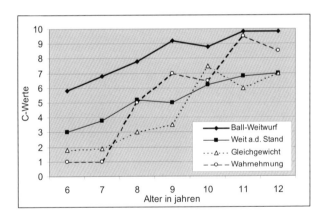

*Abb. 132: Intraindividuelle Variabilität der motorischen Entwicklung am Beispiel verschie-
dener Ressourcen eines Probanden der Greifswalder Längsschnittstudie 1988
bis 1995*

Aus Abbildung 132 wird deutlich, wie unterschiedlich die Entwicklung verschiedener Ressourcenbereiche eines einzelnen Probanden verlaufen kann. Ohne auf die
differenzierten Entwicklungsverläufe und ihre Ursachen näher eingehen zu wollen,

bestätigen die Entwicklungsverläufe eine nicht zu unterschätzende *intraindividuelle Variabilität* der motorischen Entwicklung.

Die in den Abbildungen 133 und 134 gezeigten Entwicklungsverläufe sollen jedoch umfangreicher interpretiert werden.

Proband 102 entwickelt sich konditionell durchaus dynamisch, seine koordinative Entwicklung stagniert dagegen zunächst, der „Schub" kommt erst verzögert (Abb. 133). Ursache ist der frühe Wachstumsschub des akzelerierten Jungen, der die koordinative Entwicklung zunächst beeinträchtigt, die konditionelle Entwicklung jedoch positiv beeinflusst.

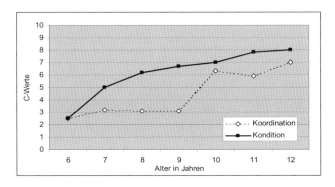

Abb. 133: *(Absolute) Entwicklung konditioneller und koordinativer Fähigkeiten von Proband 102*

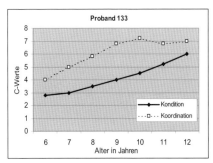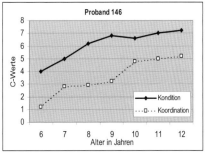

Abb. 134: *Entwicklung konditioneller und koordinativer Fähigkeiten der Probanden 133 und 146*

Proband 133 (Abb. 134) erweist sich im Gegensatz zu den Probanden 102 und 146 durchgehend koordinativ stärker als konditionell. Die relativ harmonischen Entwicklungsverläufe des Jungen (133) ergeben sich aus seiner biologischen „Normalentwicklung", während die verzögerte koordinative Entwicklung des Jungen (146) – wie schon bei Proband 102 – mit seiner akzelerierten biologischen Entwicklung im Zusammenhang steht. Wie aus den folgenden Abbildungen ersichtlich, kann trotz absoluter Leistungsentwicklung die relative Entwicklung verschiedener Ressourcenbereiche eines Probanden im Verhältnis zu seinen Altersgefährten ebenfalls einen äußerst unterschiedlichen, ja gegensätzlichen Verlauf nehmen. So verbessern sich absolut die koordinativen Fähigkeiten des *Probanden 108* (Abb. 135) zwar leicht, die Entwicklung reicht jedoch nicht aus, um im Verhältnis zu den Altersgefährten einen stabilen Platz zu halten, sondern führen im Gegenteil von einem anfänglichen Spitzenplatz in das untere Drittel der Gesamtheit.

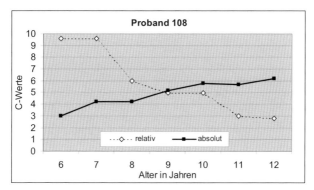

Abb. 135: *Absolute und relative Leistungsentwicklung der Sprungkraft (Weitsprung aus dem Stand) des Probanden 108 (Greifswalder Längsschnittstudie 1988 bis 1995)*

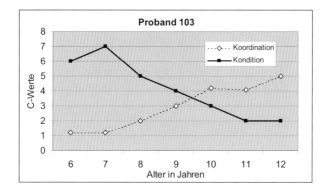

Abb. 136: *(Relative) Entwicklung konditioneller und koordinativer Fähigkeiten von Proband 103 in Relation zu den jeweiligen Altersgefährten*

In dieser relativen Entwicklung kann man sich – wie bei *Proband 103* – intraindividuell koordinativ verbessern und gleichzeitig konditionell verschlechtern (Abb. 136). Eine solche gegenläufige Entwicklung (auch umgekehrt) ist durchaus bei einer ganzen Reihe von Mädchen und Jungen anzutreffen und kann mit der dominierenden motorischen Tätigkeit im Rahmen der Freizeit in Verbindung gebracht werden.

Zusammenfassung
Die motorische Entwicklung der Heranwachsenden ist durch eine hohe inter- und intraindividuelle Variabilität gekennzeichnet. Diese kann durch das unterschiedliche biologische Alter und die differenzierte biologische Entwicklung einerseits, aber auch durch die unterschiedliche und differenzierte motorische oder sportliche Aktivität bedingt sein.

5.3.4   Interindividuelle Variabilität der Kompetenzprofile Trainierender

Durch die Basketballstudie (vgl. 2.2.9) kann eine interindividuelle Variabilität der Kompetenzprofile jugendlicher Leistungsspieler nachgewiesen werden. Die Trainierenden erreichen gleiche Kompetenzwerte über unterschiedliche Ressourcenverknüpfungen. Ihre Profile unterscheiden sich zum Teil erheblich. Schwächen in einigen Leistungsmerkmalen werden durch Stärken in anderen ausgeglichen. Kompetenzen scheinen demnach individuell geprägt und kompensatorisch angelegt. Kompensations- und Potenzierungsvorgänge vermutet auch Hirtz (1994) als Kennzeichen der dynamischen Komponentenstruktur der individuellen motorischen Handlungskompetenz. „Verschiedene Individuen können mit unterschiedlichen Verkettungen der Komponenten motorische Anforderungen gleichermaßen erfolgreich bewältigen" (S. 102).

Um individuelle Profile erstellen und vergleichen zu können, sind im Rahmen der Studie für die beiden basketballspezifischen Kompetenzen „Komplexe Spielkompetenz" (KSK) und „Isolierte technisch-koordinative Kompetenz" (ITKK) jeweils die Spieler mit den höchsten Kompetenzwerten und die Spieler mit den niedrigsten Kompetenzwerten ermittelt worden.

Tabelle 7 zeigt Extremwerte für die Zielgrößen „Komplexe Spielkompetenz" und „Isolierte technisch-koordinative Kompetenz", die einem konzeptorientierten Expertenrating entstammen.

Tab. 7: Kompetenz-Extremwerte jugendlicher Basketballer

KSK - Stärkste		KSK - Schwächste		ITKK - Stärkste		ITKK - Schwächste	
Spieler	Wert	Spieler	Wert	Spieler	Wert	Spieler	Wert
507	5,33	302	2,33	207	6,33	411	2,33
203	5,33	411	2,33	506	6,33	907	2,33
612	5,33	806	2,33	503	6,00	801	2,67
702	5,33	910	2,33	511	6,00	401	2,67

In Abbildung 137 sind für die Zielgröße „Komplexe Spielkompetenz" vier der stärksten Einzelspielerprofile mittels verschiedenartiger Linien dargestellt. Diese vier Spieler erreichen den gleichen C-Wert (5,33) für die Zielgröße KSK durch individuell ganz unterschiedliche Ressourcenverknüpfungen.

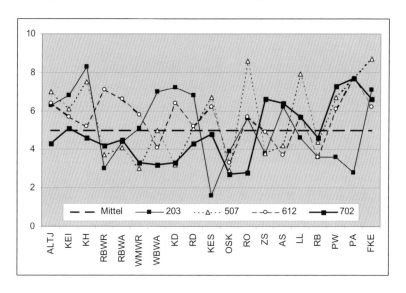

Abb. 137: Komplexe Spielkompetenz – Ressourcenprofile der Stärksten

Ein ähnliches Ergebnis zeigt Abbildung 138, in der vier der schwächsten Einzelspielerprofile dargestellt sind. Das Profilbild erscheint auf den ersten Blick homogener als das der KSK-Stärksten. Möglicherweise deutet sich hier an, dass schwächere spielerische Leistungen eine geringere interindividuelle Variabilität aufweisen. Auch diese vier Spieler unterscheiden sich im C-Wert der Zielgröße KSK (2,33) nicht voneinander. Nur wenige Werte übersteigen das Mittel von 5,0.

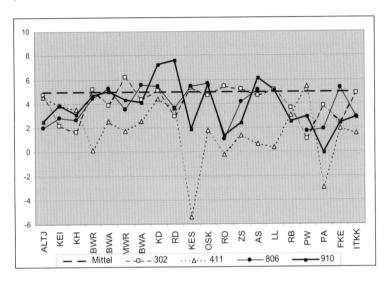

Abb. 138: Komplexe Spielkompetenz – Ressourcenprofile der Schwächsten

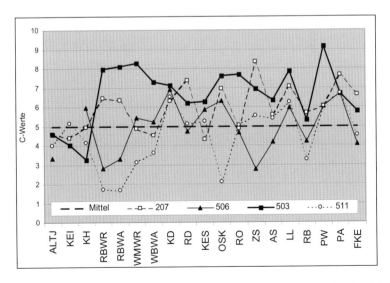

Abb. 139: Isolierte technisch-koordinative Kompetenz – Ressourcenprofile der Stärksten

Die „Isolierte technisch-koordinative Kompetenz" (ITKK) resultiert aus einem
Ratingwert, der die spielerische Komponente völlig ausschaltet und sich vorwiegend auf das technische Fertigkeits- und das koordinative Fähigkeitsniveau stützt.
Abbildung 139 gibt für die Zielgröße ITKK vier der stärksten Einzelspielerprofile
wieder. Eine charakteristische Verknüpfung gleicher Ressourcen lässt sich hier
noch weit weniger beobachten als bei der Zielgröße KSK. Kennzeichen ist vielmehr eine verstärkte interindividuelle Variabilität des Kompetenzprofils.

Zusammenfassung
In den Kompetenzprofilen jugendlicher Basketballer zeigt sich ebenfalls eine
hohe interindividuelle Variabilität, denn gleiche Leistungen bzw. Kompetenzen
werden durch sehr unterschiedliche Profile relevanter Leistungsvoraussetzungen
bzw. Ressourcen erreicht, wobei interessante Erscheinungen der Potenzierung
und Kompensation deutlich werden.

5.3.5 Inter- und intraindividuelle Variabilität der koordinativ-motorischen Entwicklung behinderter und entwicklungsauffälliger Vorschulkinder

Bei der Betrachtung der motorische Entwicklung von Vorschulkindern, ganz besonders von behinderten und entwicklungsauffälligen Kindern, fällt als erstes deren
biopsychosoziale Determiniertheit auf. Motorische Leistungen in verschiedenen
Testverfahren werden von individuellen Dispositionen, individuellen biografischen
Einflüssen wie Vorbild und Verhalten der Eltern bei motorischen Aktivitäten, Art
der vorschulischen Förderung, therapeutische Förderung und aus all dem resultierend den erworbenen motorischen Erfahrungen, geprägt.
Bei dem Versuch die motorische Entwicklung von Kindern mit unterschiedlichen
Behinderungen zu analysieren, ist davon auszugehen, dass die Individualität von
Leistungsprofilen dominiert. Unter dem Einfluss interindividuell stark divergieren-
der biologischer, sozialer und psychischer Faktoren lassen sich kaum Gemeinsamkeiten im motorischen Leistungsprofil erwarten.
Zur Überprüfung dieser Hypothese wurden Daten einer Ist-Stand-Analyse von 4-
bis 6-jährigen behinderten Vorschulkindern (Ludwig, 1989) einer mathematisch-
statistischen Bearbeitung unterzogen. In die Untersuchung waren Schwerhörige,

Gehörlose, Sehschwache, Blinde, Lernbehinderte, Sprachbehinderte und Redeflussauffällige (insgesamt 118; vgl. Kap. 2) einbezogen.

Die vorgestellten Ergebnisse basieren auf Cluster- und Diskriminanzanalysen. Diese Verfahren sind besonders gut geeignet, Gemeinsamkeiten und Unterschiede in der koordinativ-motorischen Entwicklung von behinderten und entwicklungsauffälligen Vorschulkindern herauszufinden.

Hypothetisch angenommen wurde zunächst, dass kaum Ähnlichkeiten in der Entwicklung der motorischen Leistungsfähigkeit zwischen den unterschiedlichen Gruppen Behinderter existieren und sich Auswirkungen einer Behinderung auch auf die koordinativ-motorische Entwicklung zeigen. Das würde bedeuten, dass sich die bei der Clusteranalyse bildenden Gruppen denen der ohnehin bekannten Behinderung entsprechen. Zur näheren Klärung der Gruppenzusammensetzung erfolgen vergleichende Betrachtungen zu den in die jeweiligen Cluster eingeordneten Probanden, dem spezifischen Leistungsprofil der Cluster und den Leistungen Nichtbehinderter, bezogen auf den charakteristischen Entwicklungsstand vier-, fünf- und sechsjähriger Nichtbehinderter. Die Bezugsgröße ist das kalendarische Alter, um Hinweise auf Entwicklungsrückstände zu erhalten.

Ergebnisse

1. Der koordinativ-motorische Entwicklungsstand von Behinderten unterschiedlicher Subkategorien sowie von Entwicklungsauffälligen weist eine *Vielzahl von Gemeinsamkeiten* auf.

Probanden, die zum Zeitpunkt der Untersuchung mittlere Gruppen in Vorschulteilen an Sonderschulen oder Sprachheilkindergärten besuchen, d.h. die voraussichtlich den gleichen Einschulungstermin haben werden, und Kinder mit Redeflusssowie allgemeinen Entwicklungsauffälligkeiten aus Institutionen außerhalb des Bildungswesens für Behinderte verfügen über ähnliche Ausprägungen der motorischen Leistungsfähigkeit mit einer Spezifik, durch die sie sich in vier voneinander unterscheidende Gruppen einordnen lassen.

Unterschiedliche biotische, psychische und soziale Faktoren bewirken demnach ähnliche Erscheinungsbilder hinsichtlich des Standes der koordinativ-motorischen Entwicklung.

2. Die in die Untersuchungen integrierten behinderten und entwicklungsauffälligen Vorschulkinder ordnen sich in *vier* sich signifikant voneinander unterscheidende *Cluster* hinsichtlich ihrer motorischen Entwicklung (Abb. 140).

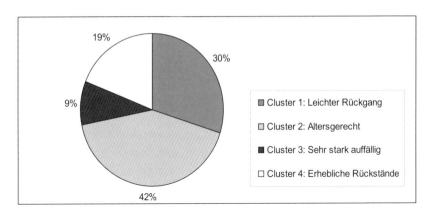

*Abb. 140:   Anteil der Probanden in Clustern bezogen auf die Gesamtpopulation Behinder-
             ter (%)*

3. Die mittels Clusteranalyse herausgefundenen Gruppierungen mit Ähnlichkeiten
hinsichtlich motorischer Leistungen charakterisieren jeweils spezifische Leistungsprofile (Abb. 141) entsprechend der jeweiligen durchschnittlichen Leistungen in
den Clustern.

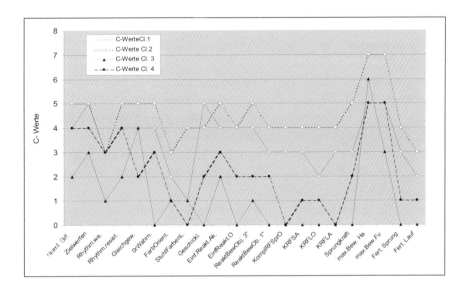

Abb. 141:   Leistungsprofile von Gruppen behinderter Vorschulkinder

Es zeigen sich zunächst folgende *allgemeine Trends*:

Bei den erfassten *konditionell-energetisch* determinierten Leistungsvoraussetzungen erreichen die behinderten Probanden aller Cluster ein nahezu altersgerechtes Entwicklungsniveau.

Das Entwicklungsniveau des 3. Clusters stellt sich insgesamt am auffälligsten dar: in der Mehrzahl der Tests liegen die erreichten Leistungen deutlich unterhalb der für das Alter von 5,7 Jahren charakteristischen. Die motorische Leistungsfähigkeit dieser Probanden unterscheidet sich signifikant von der aller übrigen Probanden in den anderen Gruppen. Eine gleiche Aussage trifft auch zu für die Ergebnisse der Probanden in Cluster 4 bei den Tests zur Erfassung konditionell-energetischer Dispositionen, der Stabilität der Fertigkeiten Laufen und Springen sowie der Reaktionsfähigkeit.

Die *Differenzierungsleistungen* in den entsprechenden Tests liegen – mit Ausnahme der Probanden aus Cluster 3 – im Normbereich für 5-jährige Vorschulkinder. Beachtenswert sind die Ergebnisse der Probanden im *Gleichgewichtstest*: sie stellen sich normgerecht dar (nur die Werte von Cluster 4 liegen darunter). Die Fachliteratur verweist mehrheitlich darauf, dass Behinderte bei Gleichgewichtstests auffällig sind und begründen daraus die Notwendigkeit, in verschiedenen Testverfahren für Behinderte stets auch das Gleichgewicht zu erfassen. In allen Tests zur Erfassung von *Reaktionsleistungen* unterscheiden sich die Leistungen von Cluster 1 und 2 jeweils von denen in Cluster 3 und 4. Das zeigt sich bei der einfachen Reaktion, der Reaktion auf ein bewegtes Objekt ebenso wie bei der komplexen Reaktionsfähigkeit (Sprung und Lauf), auch unabhängig von der Art der Signalgebung.

4. Mittels einer Diskriminanzanalyse lässt sich ermitteln, durch welche Parameter sich die Gruppen mit ähnlichem Leistungsprofil zuverlässig voneinander unterscheiden. Die Berechnung jener *Merkmale*, die für die *Unterscheidung* der motorischen Leistungsfähigkeit dieser Probanden unentbehrlich sind, gestattet Rückschlüsse auf diejenigen Leistungsvoraussetzungen, die verschiedene Gruppen Behinderter und Entwicklungsauffälliger voneinander trennen.

Zur Gruppentrennung tragen besonders (in dieser Reihenfolge) die komplexe Reaktions-, die Rhythmusfähigkeit, die Antizipation eines bewegten Objektes sowie die räumliche Orientierungsfähigkeit bei.

Durch diese Leistungsvoraussetzungen lassen sich 80 % der in die Untersuchungen einbezogenen Behinderten und Entwicklungsauffälligen zuverlässig einer der vier gebildeten Gruppen zuordnen. Ihnen gemeinsam ist, dass sie durch Tests erfasst werden, bei denen sich die Probanden schnell umstellen, ihre Bewegungen verändern und anpassen müssen.

5. Die Vielgestaltigkeit des Zusammenwirkens unterschiedlicher Leistungsdispositionen beim motorischen Handeln dokumentiert sich bei der *Analyse der Gruppenzusammensetzung*. In die entsprechend eines ähnlichen motorischen Leistungsprofils sich bildenden vier Gruppen ordnen sich jeweils Probanden mit verschiedenen Behinderungen ein. Trotz der divergierenden individuellen Voraussetzungen (was sich besonders transparent bei Hör- und Sehbehinderten erkennen lässt) zeigen sich dennoch Ähnlichkeiten in der motorischen Leistungsfähigkeit.

In *Cluster 1* (Altersdurchschnitt 5,2 Jahre) befinden sich 61 % der erfassten Entwicklungsauffälligen, 34 % der Kinder mit Redeflussunterbrechungen und 31 % der Sprachbehinderten. Entsprechend der Gemeinsamkeiten im Entwicklungsstand der motorischen Leistungsfähigkeit ordnen sich um 20 Monate ältere Lernbehinderte bzw. um 7 Monat ältere Hörbehinderte ein.

Der Entwicklungsstand bei einer Vielzahl koordinativer und konditioneller Leistungsvoraussetzungen entspricht dem fünfjähriger Nichtbehinderter. Dagegen zeigen sich Auffälligkeiten im Entwicklungsstand der räumlichen Orientierung und bei der Reaktionsfähigkeit.

Das durchschnittliche Alter der Probanden in *Cluster 2* liegt bei 5,7 Jahren. Den Hauptanteil stellen Hörbehinderte (73 %) und Kinder mit Redeflussunterbrechungen (50 %), die altersmäßig dem Gruppendurchschnitt entsprechen, bzw. sogar darunter liegen. Anders verhält es sich mit den Lernbehinderten in dieser Gruppe (41 %), die um 14 Monate älter sind. Sie weisen demnach besonders große Rückstände in der Ausprägung der motorischen Leistungsfähigkeit auf, entspricht doch der Entwicklungsstand einer Vielzahl koordinativer Leistungsvoraussetzungen dem von 5-jährigen Vergleichs-Kindern.

In *Cluster 3*, ordnen sich 2/3 der erfassten blinden Kinder ein. Die Ausprägung der motorischen Leistungsfähigkeit jeweils eines hör- eines lern- und eines sprachbehinderten Kindes sowie eines Kindes mit Redefluss- und eines mit Entwicklungsauffälligkeiten ähnelt demnach der von blinden Kindern. Mit Ausnahme der maximalen Bewegungsfrequenz liegen alle anderen Leistungen unter dem für dieses Alter charakteristischem Niveau. Erhebliche Abweichungen zeigen sich in der Gruppe bei jenen koordinativen Leistungsvoraussetzungen, bei denen die sie repräsentierenden Tests unter Zeitdruck auszuführen sind bzw. ein schnelles Umstellen und Anpassen der Bewegungen erfordern (Geschicklichkeit der Hand, Reaktionsfähigkeit, Verfügbarkeit von Springen und Laufen).

Recht heterogen stellt sich die Zusammensetzung von *Cluster 4* dar. Charakteristisch für diese Gruppe sind Ähnlichkeiten im Niveau der kinästhetischen Differenzierungs- sowie der Rhythmusfähigkeit mit gleichaltrigen Vergleichskindern (Altersdurchschnitt der Gruppe: 5,5 Jahre), ebenso wie bei den konditionell determinierten Dispositionen der maximalen Bewegungsschnelligkeit sowie der Sprungkraft. Größere Rückstände zeigen sich bei den Reaktions- sowie Orientierungsleistungen.

Während die in diese Gruppe eingeordneten redefluss- und entwicklungsauffälligen Kinder um 12 Monate jünger als der Altersdurchschnitt der Gruppe sind, liegt das Alter der Seh- und Lernbehinderten um 10 bzw. 15 Monate darüber.

Aus den Ergebnissen einer Ist-Stand-Analyse von 142 behinderten und entwicklungsauffälligen Vorschulkindern lassen sich Schlussfolgerungen über die intraindividuelle Variabilität der motorischen Entwicklung ziehen.

Ausdruck der intraindividuellen Variabilität ist zum einen das Alter der Kinder. Trotz Altersunterschiede von mehreren Monaten (teilweise von über einem Jahr) stellt sich der aktuelle motorische Entwicklungsstand als ähnlich dar. Die erfassten motorischen Leistungen mögen in ihrem Entwicklungsverlauf ähnliche Tendenzen aufweisen, jedoch divergieren dabei die individuellen Zeitmuster.

Diese Ergebnisse dokumentieren die vielfältigen Möglichkeiten intraindividueller Variabilität. Kinder mit einer Hör-, Seh-, Lern- oder Sprachbehinderung verfügen zweifelsohne über sehr verschiedene intraindividuelle Leistungsdispositionen (vgl. Ludwig & Ludwig, 2002). Dennoch erreichen sie nach außen sichtbar vergleichbar ähnliche motorische Leistungen. Der Einfluss von visuellen Informationen auf motorische Leistungen im Vorschulalter dokumentiert sich bei den Ergebnissen Sehgeschädigter. Sie prägen das motorische Leistungsprofil der Cluster 3 und 4 mit inhomogenem Verlauf auf niedrigem Niveau. Diese Ergebnisse lassen sich als Ausdruck der individuellen Variabilität bei der Entstehung motorischer Leistungen im Sinne von Kompensationsmechanismen über unterschiedliche intraindividuelle Faktoren beim motorischen Handeln erklären.

Zusammenfassung

Unterschiedliche biotische, psychische und soziale Faktoren bewirken ähnliche Erscheinungsbilder hinsichtlich des Standes der koordinativ-motorischen Entwicklung, dokumentieren damit aber gleichzeitig Möglichkeiten der Variabilität motorischer Entwicklung.

5.3.6 Inter- und intraindividuelle Variabilität der motorischen Könnensentwicklung im jüngeren Schulkindalter

Auch die Entwicklung des grundlegenden motorischen Könnens von Kindern ist durch eine erhebliche Variabilität gekennzeichnet.

Die *interindividuelle Variabilität* der Könnensentwicklung äußert sich

- in z.t. erheblichen Differenzen beim individuellen Niveau des Beherrschens grundlegender motorisch-sportlicher Handlungen und Handlungskombinationen gleichaltriger Kinder,
- in Differenzen beim Verlauf der individuellen Aneignung und Ausprägung dieser motorisch-sportlichen Handlungen und Handlungskombinationen (motorisches Lernen) sowie
- in Differenzen bei der Nutzung individueller Ressourcen (z.b. motorischer Fähigkeiten) zur Bewältigung motorischer Könnensanforderungen.

Intraindividuell variabel gestalten sich sowohl

- der Entwicklungsstand verschiedener motorisch-sportlicher Handlungen und Handlungskombinationen als auch
- der Verlauf der Aneignung und Ausprägung (motorisches Lernen) dieser motorisch-sportlichen Handlungen und Handlungskombinationen.

Die im Rahmen der gemischten Längs- und Querschnittstudie untersuchten grundlegenden motorisch-sportlichen Handlungen und Handlungskombinationen weisen in den einzelnen Klassenstufen ein sehr breites Spektrum der individuellen Ausprägung auf.

So konnten bei der *Handlungskombination Stützen – Schwingen* insbesondere bei der Schwingungsamplitude des Oberkörpers (Vor- und Rückschwung) sehr hohe Variabilitätskoeffizienten – beim Vorschwung z.T. mehr als 50 %, beim Rückschwung 20 bis 30 % – festgestellt werden. Das Spektrum des individuellen Aneignungsniveaus reicht in allen Klassenstufen von „sehr gering" bzw. „nicht gekonnt" (Schwingungsamplitude des Oberkörpers bis ca. 30 Grad) bis „sehr hoch" (Schwingungsamplitude des Oberkörpers größer als 100 Grad).

Bei der *Ganzkörperstreckung* konnten ähnliche interindividuelle Unterschiede beobachtet werden. Während beispielsweise 37 % der Jungen und 15 % der Mädchen am Ende der 1. Klasse beim Absprung aus dem Anlauf eine vollständige Ganzkörperstreckung erreichten, konnten andere Erstklässler diese in keiner Weise ausführen. Bei einigen Kindern (4 %) muss bei einem sprungbeinseitigen Knie-

winkel im Moment des Absprungs von unter 140 Grad eher von einer „Absprung-
beugung" gesprochen werden.

Für die einfachen und ausdifferenzierten motorischen Handlungen in simultaner
Kombination mit dem *Ballprellen* ist eine ähnliche interindividuelle Variabilität
bezüglich des Könnensniveaus Gleichaltriger zu konstatieren. Während die meisten Kinder der 1. Klasse die einfache Kombination aus dem Gehen (vorwärts) mit
dem Ballprellen auf geringem Niveau ausführen können, sind einige Kinder (20 %)
nicht in der Lage, diese zu realisieren. Einzelne Kinder erreichen hingegen schon
ein hohes Könnensniveau bei dieser Handlungskombination und beherrschen die
ausdifferenzierten Kombinationen des Ballprellens mit dem Gehen im Slalom bzw.
mit dem Laufen, die von der Mehrzahl der Erstklässler nicht oder nur in Ansätzen
gekonnt werden, bereits auf einem mittleren Niveau. Auch bei Kindern der 3. und
4 . Klasse ist festzustellen, dass einige die ausdifferenzierten Kombinationen nicht
oder nur auf einem sehr geringen Niveau beherrschen, während die Mehrzahl ein
mittleres bis hohes Könnensniveau erreicht. Hier zeigt sich eindeutig der Zusammenhang zu Art und Umfang des Umgangs mit dem Ball im Freizeitverhalten der
Kinder.

Eine sehr hohe interindividuelle Variabilität ist auch beim *Verlauf der Ausprägung*
der grundlegenden motorischen Handlungskombinationen zu beobachten.

So waren bei der Analyse der individuellen Entwicklungsverläufe der Handlungs-
kombination *Stützen – Schwingen* sowohl kontinuierliche Progressionen (jährliche
Zunahme der Schwingungsamplitude des Oberkörpers) als auch kontinuierliche
Stagnationen (konstante Schwingungsamplitude des Oberkörpers) sowie deutliche
Regressionen (Abnahme der Schwingungsamplitude des Oberkörpers) festzustellen
(vgl. dazu auch Kap. 4). Bezüglich der Schwingungsamplitude des Oberkörpers
(Vor- und Rückschwung) verlief die Entwicklung im 3. Schuljahr bei 30 % der
Jungen und 35 % der Mädchen progressiv, bei 47 % der Jungen und 40 % der
Mädchen regressiv, bei 23 % der Jungen und 25 % der Mädchen stagnierte die
Entwicklung. Im 4. Schuljahr verlief die Entwicklung interindividuell ähnlich
variabel, allerdings nimmt der progressive Anteil deutlich zu und der regressive
Anteil deutlich ab, wie Abbildung 142 verdeutlicht. Der hohe Anteil stagnierender
und regressiver Leistungen spiegelt das Auf und Ab motorischer Lernprozesse in
ihren Anfangsphasen wider.

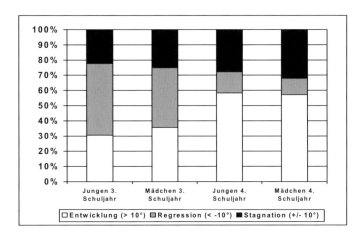

Abb. 142: *Relative Häufigkeit der individuellen Entwicklung der Gesamtschwingungsamplitude des Oberkörpers beim Schwingen im Stütz von Jungen und Mädchen im 3. und 4. Schuljahr*

Die individuellen Entwicklungsverläufe der *Ganzkörperstreckung* weisen eine ähnliche Tendenz auf. Bei 10 der 24 im Längsschnitt erfassten Probanden entsprach der sprungbeinseitige Kniewinkel, der ein wesentliches Merkmal der Ganzkörpersteckung beim Absprung darstellt, am Ende der 4. Klasse weitgehend dem am Ende der 1. Klasse. In diesen Fällen haben die schulischen Lernprozesse in der Sprungschulung offensichtlich einen zu geringen Erfolg gehabt und wurden auch durch ein entsprechendes Üben in der Freizeit nicht unterstützt.

Bei jeweils sechs Kindern nahm der sprungbeinseitige Kniewinkel im Verlauf des Untersuchungszeitraums um mehr als 10 Grad bzw. mehr als 20 Grad ab. Bei zwei Kindern wurde allerdings auch eine deutliche Zunahme des Kniewinkels beim Absprung (mehr als 35 Grad) festgestellt.

Bei den einfachen und ausdifferenzierten Handlungskombinationen des *Ballprellens* wurden bei etwa der Hälfte aller längsschnittlich untersuchten Probanden bei einer oder zwei der vier untersuchten Handlungskombinationen zeitweilige Regressionen im Verlauf der Entwicklung von der 1. bis 4. Klasse festgestellt.

Bei 22 % der erfassten Handlungskombinationen verringerte sich das Könnensniveau innerhalb eines Schuljahres um mindestens einen Punkt. Wiederum bei etwa der Hälfte dieser zeitweiligen Regressionen waren im vorangegangenen oder nachfolgenden Schuljahr deutliche Entwicklungssprünge (mindestens 2 Punkte) zu verzeichnen. Die Kombinationen waren also noch keineswegs gefestigt.

Interindividuell variabel gestaltet sich auch die *Nutzung personeller Ressourcen* zur Bewältigung motorischer Anforderungen. So verfügten Kinder, die eine vollständige Ganzkörperstreckung realisierten, über individuell sehr differenziert ausgeprägte motorische Leistungsvoraussetzungen. Während bei einem dieser Probanden vor allem ein sehr hohes Niveau konditioneller Ressourcen diagnostiziert wurde, dominierten bei einem anderen eher die koordinativen Ressourcen. Bei anderen Kindern war wiederum eher ein individueller „Ressourcen-Mix" aus überdurchschnittlich ausgeprägten konditionellen und koordinativen Fähigkeiten festzustellen.

Intraindividuell differenziert gestaltet sich die Ausprägung bzw. das *Könnensniveau* der verschiedenen motorischen Handlungskombinationen. Einzelfallanalysen ergaben bei zahlreichen Probanden z.T. erhebliche Diskrepanzen zwischen den Ausprägungsgraden der einzelnen Handlungskombinationen (in Relation zum durchschnittlichen Könnensniveau der Klassenstufe).

So verfügt z.B. ein Mädchen am Ende der 4. Klasse über ein hohes bis sehr hohes Könnensniveau beim Schwingen im Stütz (deutlich größere Schwingungsamplitude des Oberkörpers als die mittlere Ausprägung bei gleichaltrigen Mädchen), während die Handlungskombinationen des Ballprellens sowie die Ganzkörperstreckung nur ein geringes Könnensniveau aufweisen. Bei einer anderen Probandin war ebenfalls am Ende der 4. Klasse sowohl beim Schwingen im Stütz als auch bei der Ganzkörperstreckung ein hohes, beim Ballprellen jedoch ein geringes Könnensniveau zu konstatieren. Ganz offensichtlich korrelieren diese Ergebnisse mit bestimmten Inhalten und Formen des Freizeitverhaltens der Kinder.

Neben den intraindividuellen Unterschieden bei der Ausprägung der einzelnen Handlungskombinationen konnten gleichermaßen *intraindividuelle Variabilitäten* im Verlauf ihrer Entwicklung nachgewiesen werden. So können Phasen einer besonders dynamischen oder sprunghaften Entwicklung einer Handlungskombination durchaus mit einer gleichzeitigen Stagnation oder Regression anderer Handlungskombinationen verknüpft sein.

Der Verlauf der Könnensentwicklung der Probandin 608 soll dieses Phänomen exemplarisch verdeutlichen (Abb. 143). Nachdem die Probandin beim Ballprellen in der 2. Klasse ein durchschnittliches Könnensniveau erreicht, vollzieht sie im 3. Schuljahr einen deutlichen Entwicklungssprung. Ihr Könnensniveau beim Ballprellen ist in der 3. Klasse als sehr hoch einzuschätzen. Bedingt durch das hohe Niveau nimmt die Entwicklungsdynamik im 4. Schuljahr wieder ab, das Könnensniveau bleibt aber, in Relation zu Gleichaltrigen, deutlich überdurchschnittlich.

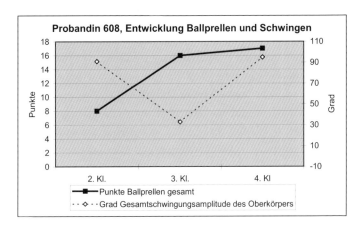

Abb. 143: Intraindividuelle Variabilität bei der Entwicklung unterschiedlicher Aspekte des motorischen Könnens (Ballprellen und Schwingen im Stütz) der Probandin 608

Beim Schwingen im Stütz verläuft die Entwicklung der Probandin jedoch völlig entgegengesetzt. Ihr Könnensniveau ist in der 2. Klasse als leicht überdurchschnittlich zu bewerten und nimmt in Klasse 3 deutlich ab. Sie ist nur noch ansatzweise in der Lage, diese Handlungskombination auszuführen. Im 4. Schuljahr nimmt das Könnensniveau hingegen in gleicher Weise wieder zu, ihr Könnensniveau ist wieder überdurchschnittlich. Dieser „Einbruch" ist offensichtlich auf gravierende körperbauliche Veränderungen der Probandin im 3. Schuljahr (Zunahme der Körperhöhe um 12 cm) zurückzuführen. Die drastische Veränderung der Körperproportionen, die sich beim Schwingen im Stütz deutlich stärker auswirkt als beim Ballprellen, führte zu einer Beeinträchtigung des Koordinationsvermögens. Die koordinativ und konditionell sehr komplexe Anforderung der Handlungskombination Stützen – Schwingen konnte daher vorübergehend nicht anforderungsgerecht realisiert werden.

Zusammenfassung

Die Entwicklung des grundlegenden motorischen Könnens verläuft intra- und interindividuell keineswegs einheitlich. Die anhand von Mittelwerten berechnete „generelle Entwicklungstendenz" wird intra- und interindividuell oftmals „durchbrochen". Als Ursachen sind Anfangsschwierigkeiten in motorischen Lernprozessen, körperbauliche Veränderungen sowie Umfänge und Inhalte motorischer Freizeitaktivitäten zu nennen.

5.3.7   Formen der Variabilität in der kognitiv-motorischen Entwicklung jüngerer Schulkinder

In der vorliegenden Studie (vgl. 2.9) wurden neben somatischen, konditionellen und koordinativen Leistungsvoraussetzungen auch kognitive Aspekte der Bewegungssteuerung wie motorische Antizipation, motorische Entscheidung und Kurzzeitspeicherung bei jüngeren Schulkindern erfasst. Dabei zeigten sich einige interessante Formen von Entwicklungsvariabilität.

Zum Beispiel verweisen die in Abbildung 144 dargestellten Entwicklungslinien verschiedener Aspekte der motorischen Antizipation auf Formen der *intrafunktionellen Variabilität*. In Abhängigkeit von der Art der Informationsvorgabe (kontinuierlich oder diskontinuierlich) und der motorischen Handlung (ganzkörperlich oder feinmotorisch) zeigt sich eine unterschiedliche Entwicklungsdynamik..

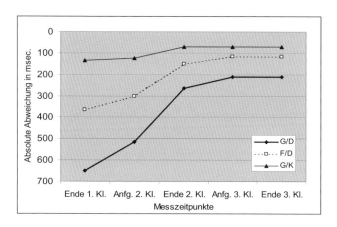

Abb. 144:   Entwicklung verschiedener Aspekte der motorischen Antizipation bei jüngeren Schulkindern (intrafunktionelle Variabilität)

Bei ganzkörperlicher Anforderungsrealisierung (Schlusssprung) und kontinuierlicher Informationsvorgabe (G/K) erreichen die Kinder bereits mit 7 und 8 Jahren beachtliche Werte, und das hohe Niveau kann bis zum 9./10. Lebensjahr gehalten werden

Bei ganzkörperlichen Anforderungen und diskontinuierlicher Informationsvorgabe (G/D) dagegen zeigt sich, dass 7- und 8-jährige Kinder größere Schwierigkeiten haben und erst danach ein gutes Niveau erreicht wird. Dazwischen liegt die Entwicklungskurve der feinmotorischen Anforderungsrealisierung (F/D).

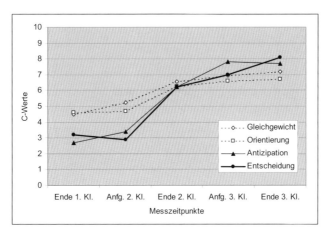

Abb. 145: *Unterschiedliche Entwicklung koordinativer und kognitiver Leistungsvorausset-*
zungen im jüngeren Schulalter (interindividuelle Variabilität)

Eine Form der *interfunktionellen Variabilität* – bezogen auf die Entwicklung kognitiver und koordinativer Leistungsvoraussetzungen – wird in Abbildung 145 dargestellt. Gegenüber der ebenfalls dynamischen Entwicklung koordinativer Fähigkeiten (hier Gleichgewichts- und Orientierungsfähigkeit) erweist sich das kognitiv-
motorische Entwicklungsniveau (hier Antizipations- und Entscheidungsfähigkeit)
im ersten Schuljahr noch wenig ausgeprägt, steigt jedoch danach äußerst stürmisch
an, während sich am Ende der zweiten Klasse die Entwicklungskurven und das
Niveau angleichen.

Abbildung 146 zeigt ein Beispiel für die *interindividuelle Variabilität* auch der
kognitiv-motorischen Entwicklung. Die drei motorisch gleichermaßen sehr aktiven
Probanden erreichen am Ende der 3. Klasse die gleichen überdurchschnittlichen
motorischen Antizipationsleistungen, jedoch auf einem unterschiedlichen Weg,
was auf eine gewisse Eigenzeit der Entwicklung verweist, die auch durch die unterschiedliche körperliche Reife bedingt sein können.

Abbildung 147 illustriert, wie die Ausprägung und Entwicklung der motorischen
Antizipation von der motorischen Aktivität der Kinder abhängig sein können. Proband S. nahm schon aktiv am Vorschulturnen teil und konnte das hohe Leistungsniveau über die ersten Schuljahre hinweg halten und weiter ausbauen. Probandin T.
ist dagegen eine sportlich desinteressierte und relativ leistungsschwache Schülerin.
Ihre motorischen Antizipationsleistungen blieben in den ersten Schuljahren konstant weit unter dem Durchschnitt.

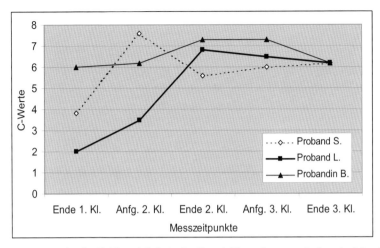

Abb. 146: Interindividuelle Variabilität in der Entwicklung der motorischen Antizipation

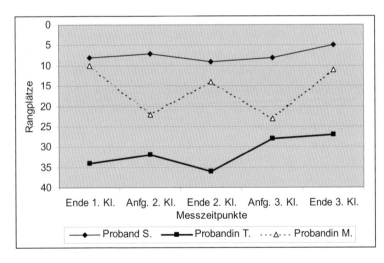

Abb.147: (Relative) Entwicklung der motorischen Antizipation (Rangplätze) von drei Kindern im Längsschnitt in Abhängigkeit von der dominanten Freizeitbeschäftigung

Probandin M. ist eine musisch wie sportlich interessierte Schülerin, jedoch mit offensichtlicher wechselnder Zeitlimitierung, wodurch das Auf und Ab ihrer kognitiv-motorischen Entwicklung erklärt werden kann.

Zusammenfassung
Auch in der kognitiv-motorischen Entwicklung (hier besonders der motorischen Antizipation) jüngerer Schulkinder zeigen sich verschiedene Formen der inter- und intrafunktionellen wie inter- und intraindividuellen Variabilität in Abhängigkeit von Umfang und Art der motorischen Aktivität, aber auch von der Schwierigkeit der zu bewältigenden Anforderungen.

5.4   Zusammenfassung Stabilität und Variabilität

Die motorische Entwicklung wird mit dem Begriffspaar Stabilität und Variabilität treffend charakterisiert. Relativ stabile Elemente in der motorischen Entwicklung treten – das belegen Ergebnisse zahlreicher Greifswalder empirischer Studien – trotz bedeutsamer Variabilität durchaus häufig in Erscheinung.

Zunächst können sie als interindividuelle Ähnlichkeiten auftreten, die durch biologisch und/oder sozial bedingte typische Determinationswechsel bedingt sind und sich als relative *altersbedingte Entwicklungsstabilitäten* erweisen. Derartige Stabilitäten konnten unabhängig von der Alterskohorte (säkulare Stabilität), von unterschiedlichen kulturellen Einflüssen (interkulturelle Stabilität), von Quer- oder Längsschnittstudien sowie unabhängig von den verwendeten sportmotorischen Tests nachgewiesen werden.

Relativ stabil über Jahre hinweg können auch motorische Merkmale oder Fähigkeiten sein. Eine solche hohe *Merkmalsstabilität* konnte besonders für das Schlagball-Weitwerfen und verschiedene Schnellkraft- und Schnelligkeitsleistungen nachgewiesen werden. Auch Koordinationsleistungen unter Zeitdruck bzw. bei Präzisionsaufgaben besitzen noch eine beachtliche Stabilität, was für kinästhetische Differenzierungs- und Rhythmusleistungen nicht mehr zutrifft.

Nicht zu unterschätzen und pädagogisch durchaus bedeutsam ist die durch Kopelmann (5.2.1) nachgewiesene *bewegungsstrukturelle Stabilität* im Sinne einer hierarchischen Strukturierung grundlegender Bewegungsfertigkeiten bzw. Könnensaspekte im jüngeren Schulkindalter.

Bei trainierenden Jugendlichen konnte durch Glasauer (5.2.4) eine *intraindividuelle Stabilität von Ressourcenstrukturen bzw. Kompetenzprofilen* trotz erheblicher körperbaulicher Veränderungen während der Pubeszenz nachgewiesen werden.

Durch die Greifswalder Längsschnittstudien wurde auch eine *normative bzw. Positionsstabilität* im Sinne des Erhalts der Positionen von Schulkindern in der Verteilung eines motorischen Merkmals innerhalb der Alterskohorte bestätigt. In der Mehrzahl der individuellen Entwicklungsverläufe – bei Jungen stärker als bei Mädchen, im konditionellen Leistungsbereich stärker als im koordinativen – dominieren sogar derartige Positionsstabilitäten.

Trotz dieser Stabilitätsformen wird die motorische Entwicklung in starkem Maße durch eine hohe *Inter- und Intraindividualität* geprägt. Bedingt wird sie einerseits durch die unterschiedlichen endogenen, genetisch bedingten Voraussetzungen sowie andererseits durch die differierenden sozialen Einflüsse, kritischen Lebensereignisse, nicht normativen Einflüsse und nicht zuletzt durch unterschiedliche Art, Umfang, Intensität und Güte der motorischen (auch sportlichen) Aktivität. Dies führt zu einer hohen inter- und intraindividuellen Variabilität der motorischen Entwicklung, was durch Ergebnisse der Greifswalder Längsschnittstudien belegt wurde.

Zunächst konnte bestätigt werden, dass sich die motorischen Fähigkeiten der Heranwachsenden keineswegs in gleicher Weise entwickeln und im Gegenteil eine beachtliche *inter- und intrafunktionelle Variabilität* zu verzeichnen ist. Selbst interkulturell kann es zu variierenden durchschnittlichen Entwicklungsverläufen kommen. In Abhängigkeit unterschiedlicher Lebensbedingungen jüngerer Schulkinder in der nordtschechischen Berglandschaft und in einer norddeutschen Mittelstadt zeigen sich teilweise deutliche Leistungsunterschiede im motorischen Bereich wie auch unterschiedliche Entwicklungsverläufe (*interkulturelle Variabilität*).

Die hohe *inter- und auch intraindividuelle Variabilität* der motorischen Entwicklung konnte durch Ergebnisse der beiden Greifswalder Längsschnittstudien in Abhängigkeit vom biologischen Alter, vom Wachstumstempo sowie körperbaulichen Veränderungen, vom Niveau der körperlich-sportlichen Leistungsfähigkeit, von sozialen Einflussgrößen, zusätzlicher sportlicher Betätigung u.a. nachgewiesen werden.

Glasauer (5.3.4) charakterisiert die hohe interindividuelle *Variabilität von Ressourcen- und Kompetenzprofilen* gleich starker bzw. schwacher jugendlicher Basketballer und bestätigt interessante Erscheinungen der Potenzierung und Kompensation.

Ludwig (5.3.5) belegt durch clusteranalytische Untersuchungen – trotz ähnlicher Erscheinungsbilder – auch die hohe inter- und intraindividuelle Variabilität der koordinativ-motorischen Entwicklung *behinderter und entwicklungsauffälliger Vorschulkinder.*

Kopelmann (5.3.6) kann durch seine Untersuchungen bestätigen, dass auch die Entwicklung des *grundlegenden motorischen Könnens* von jüngeren Schulkindern keineswegs einheitlich verläuft und im Gegenteil durch eine hohe inter- und intraindividuelle Variabilität gekennzeichnet ist.

Schließlich bestätigen die Studien von Nüske (5.3.7) auch in der *kognitiv-motorischen Entwicklung* jüngerer Schulkinder (Antizipation, Entscheidung) eine hohe inter- und intraindividuelle Variabilität in Abhängigkeit z.b. von Umfang und Art der motorischen Aktivität.

Die aufgezeigten und empirisch bestätigten Formen der Stabilität und Variabilität der motorischen Entwicklung gilt es im pädagogischen Handeln zu berücksichtigen.

6 Plastizität

6.1   Vorbemerkungen

Im Abschnitt 1.5 sind wir bereits kurz auf das Phänomen Plastizität eingegangen.
Nach Baltes (1990) kennzeichnet es das menschliche Potential, das zu unterschiedlichen Entwicklungsverläufen führt. Nach Oerter und Montada (2002) bedeutet
dies, dass die Entwicklung nicht vorbestimmt, sondern beeinflussbar und gestaltbar
(modifizierbar) ist. Plastizität bezieht sich nach Conzelmann (1999) auf die
intraindividuelle Variabilität der Verhaltensmöglichkeiten, die wir an entsprechenden Beispielen bereits im Kapitel 5 behandelten.

Plastizität ist sicher mehr als Adaptionsfähigkeit, Lernfähigkeit und Trainierbarkeit, andererseits aber auch ein integrierender Begriff für diese „sportwissenschaftlichen" Sachverhalte, denn auch die *motorische* Entwicklung ist durch eine hohe
Plastizität gekennzeichnet. Von besonderem Interesse ist dabei besonders die Frage
nach dem Ausmaß der Plastizität, nach ihren altersbedingten Grenzen.

In der Sportwissenschaft bestehen kaum Zweifel darüber, dass sportliche Interven-
tionen einen wesentlichen Einfluss auf die motorische Entwicklung besitzen, obgleich die umfassenden Wirkungen eines intensiven, langfristigen und zielgerichte-
ten Trainings auf die Entwicklung der Heranwachsenden bisher nur unzureichend
untersucht wurden. Eine viel beachtete Ausnahme stellt die interessante Studie von
Pauer (2001) zur motorischen Entwicklung leistungssportlich trainierender Jugendlicher dar. Im Sinne der „Testing-the-Limits-Forschungsstrategie" von Baltes
(1990) können die in seiner Studie erreichten Bestwerte bzw. „motorischen Maxi-
malverläufe" (von Schülern der DDR-Kinder- und Jugendsportschulen) durchaus
als altersspezifische motorische Verhaltensgrenzen interpretiert werden. Pauer
konnte nicht nur bessere Leistungen, sondern auch andere Entwicklungsverläufe
konstatieren. Eine weitere wichtige Aussage betrifft den festgestellten Effekt, „dass
die Spezifität des Trainings der maßgebliche Faktor für die Ausprägung einzelner
koordinativer Fähigkeiten ist" (S. 155).

In diesem Kapitel wollen wir uns auf verschiedene Ergebnisse unserer im Kapitel 2
dargelegten Studien beschränken. So sollen z.B. die Leistungen und Entwicklungsverläufe mehrmals wöchentlich trainierender Kinder und Jugendlicher im Vergleich zur Grundgesamtheit sowie auch von sportschwachen Schulkindern dargestellt werden. Außerdem verdeutlichen Wirksamkeitsstudien spezieller Trainingsprogramme (pädagogischer Experimente) im Schulsport, im studentischen Sport, in
der Ganztagserziehung, im Seniorensport und im Behindertensport die Möglichkeiten der Beeinflussung, Trainierbarkeit und intraindividuellen Formbarkeit beson-

ders koordinativer Leistungsdispositionen. Auch soll auch ein Beitrag zum Ausloten der „developmental reserve capacity", der Entwicklungs-Kapazitätsreserve (nach Baltes, 1990) geleistet werden. Schließlich sollen Belege für die Plastizität des motorischen Lernens zur Entwicklung des grundlegenden motorischen Könnens jüngerer Schulkinder erbracht werden. Experimentelle Studien dienen darüber hinaus der Feststellung intraindividueller Plastizität bei der koordinativen Förderung erwachsener Menschen mit geistiger Behinderung. Abschließend soll Plastizität im Sinne der Ressourcennutzung bei älteren Menschen untersucht werden. Dabei wird deutlich, dass das Phänomen Plastizität keineswegs umfassend und vollständig bearbeitet werden konnte, sondern exemplarisch mit Ergebnissen unserer Studien belegt werden soll.

6.2 Extremwerte, Ergebnisse Trainierender sowie Resultate pädagogischer Experimente

In den Abbildungen 148 und 149 werden Mittelwerte und die erreichten Maximal- und Minimal-Werte koordinativer Fähigkeiten 7- bis 16-jähriger Jungen der Greifswalder Querschnittstudie 1974 (vgl. 2.2.1) dargestellt. Dadurch wird der Spielraum der Plastizität im Altersverlauf deutlich.

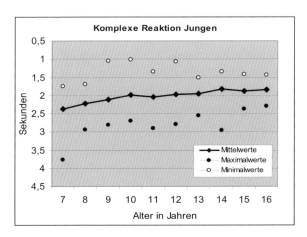

Abb. 148: Maximal- und Minimalwerte im Vergleich zur durchschnittlichen Entwicklung der komplexen Reaktionsfähigkeit von 7- bis 16-jährigen Jungen (Greifswalder Querschnittstudie 1974)

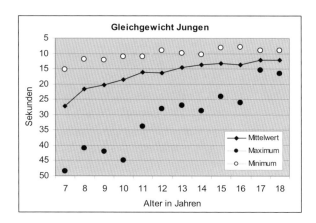

*Abb. 149: Maximal- und Minimalwerte im Vergleich zur durchschnittlichen Entwicklung
der Gleichgewichtsfähigkeit (unter Zeitdruck) von 7- bis 18-jährigen Jungen
(Greifswalder Querschnittstudie 1974)*

Ähnlich wie bei der Untersuchung sportlich Trainierender von Pauer (2001, S.
170) liegt der Höhepunkt der Spitzenleistungen bereits deutlich vor der Pubeszenz,
während sie danach „stagnieren" und ein gewisses Niveau nicht mehr überschreiten können. Das bedeutet, dass die Differenzen zum durchschnittlichen Verlauf mit
zunehmendem Alter immer geringer werden, was noch stärker für die Minimalwerte zutrifft.

Interessant sind in diesem Zusammenhang auch die in den folgenden Abbildungen
150 bis 153 dargestellten „Punktwolken" der gemischten Greifswalder Quer- und
Längsschnittstudie 1988 bis 1995 (vgl. 2.2.3), in denen alle durch die Probanden
erzielten Leistungen berücksichtigt wurden. Sie zeigen zunächst die äußerst unterschiedlichen *Streuungsbereiche:* in den Reaktionszeiten deutlich geringer als in
den konditionellen Fähigkeiten und als bei Koordinationsleistungen unter Zeitdruck. Zu erkennen sind jedoch auch die Unterschiede im Erreichen von Spitzenleistungen bereits vor der Pubeszenz: im koordinativen Bereich deutlich früher als
im konditionellen. Schlagballweit-Wurf-Leistungen von 30 m und mehr oder Weitsprungleistungen aus dem Stand von 1,80 m und mehr werden von 6- bis 8-
Jährigen nicht erreicht, während bei Koordinationsleistungen unter Zeitdruck (Orientierung) vereinzelte Bestwerte jüngerer Schulkinder im Spitzenbereich älterer
Schulkinder (1,0 bis 1,3 Sek.) zu finden sind, was auf die große Plastizität von
Koordinationsleistungen in diesem Altersbereich verweist.

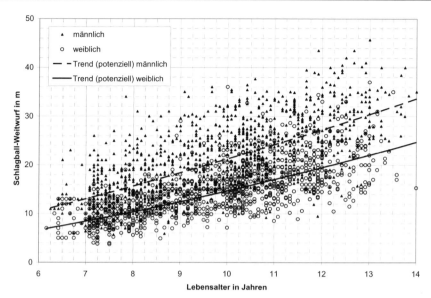

Abb. 150: Ergebnisse 6- bis 13-jähriger Mädchen und Jungen im Schlagball-Weitwurf (Greifswalder gemischte Quer- und Längsschnittstudie 1988 bis 1995)

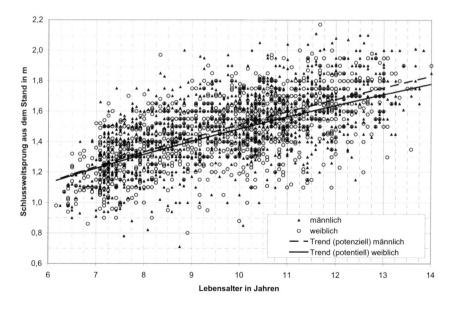

Abb. 151: Ergebnisse 6- bis 13-jähriger Mädchen und Jungen im Schlussweitsprung (Greifswalder gemischte Quer- und Längsschnittstudie 1988 bis 1995)

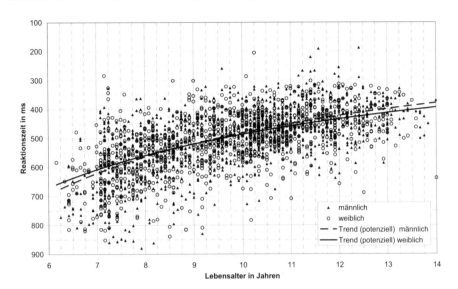

Abb. 152:   *Ergebnisse 6- bis 13-jähriger Mädchen und Jungen in der Reaktionsfähigkeit (Greifswalder gemischte Quer- und Längsschnittstudie 1988 bis 1995)*

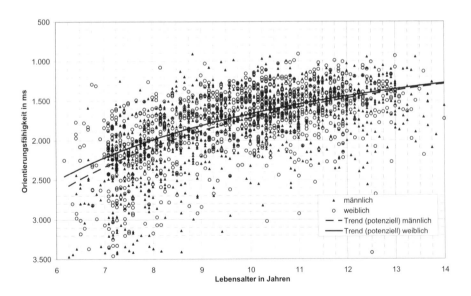

Abb. 153:   *Ergebnisse 6- bis 13-jähriger Mädchen und Jungen in der Orientierungsfähigkeit unter Zeitdruck (Greifswalder gemischte Quer- und Längsschnittstudie 1988 bis 1995)*

Eine ähnliche Tendenz zeigt sich auch in Längsschnittstudien (in Abb. 154 am Beispiel der Gleichgewichtsfähigkeit). Weichen die Leistungen der Stärksten und Schwächsten im jüngeren Schulkindalter noch stark vom Durchschnitt ab, so gleichen sich die Leistungen mit zunehmendem Alter immer mehr an.

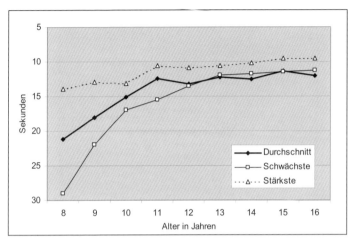

Abb. 154: Entwicklung der Gleichgewichtsleistungen der leistungsstärksten und leistungs-schwächsten Mädchen im Vergleich zum Durchschnitt der Greifswalder Längs-schnittstudie 1975 bis 1983

Dieser Trend wird auch durch Ergebnisse 3- bis 4-mal wöchentlich *trainierender Mädchen und Jungen* im Vergleich zur durchschnittlichen Entwicklung bestätigt, zeigt aber auch – in Abhängigkeit von der Art der Leistungsvoraussetzung – unterschiedliche Tendenzen. Die Trainierenden zeichnen sich nur in geringem Maße durch bessere einfache Reaktionszeiten aus, aber in komplexeren Koordinationsleistungen (Rhythmus, Frequenzschnelligkeit) werden die Differenzen immer deutlicher und kennzeichnen damit das Ausmaß ihrer Plastizität.

Sogar das *Ausmaß der Trainingstätigkeit* ist nachweisbar, wie die Abbildung zur Entwicklung des Zeitgefühls zeigt. Ohne von dem grundsätzlichen Entwicklungsverlauf abzuweichen, zeichnen sich die 3- bis 4-mal wöchentlich trainierenden Jungen durchgehend durch ein deutlich besseres Zeitgefühl aus als die 1- bis 2-mal wöchentlich Trainierenden bzw. die Grundgesamtheit.

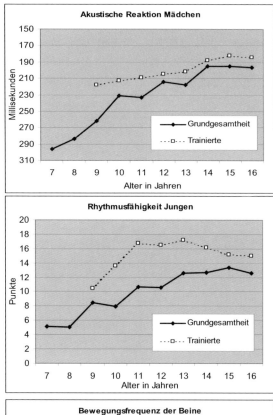

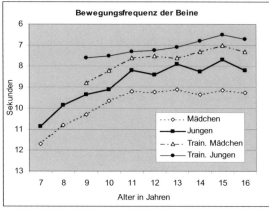

*Abb. 155:   Ergebnisse 3- bis 4-mal wöchentlich Trainierender im Vergleich zur durch-
              schnittlichen Entwicklung (Greifswalder Querschnittstudie 1974)*

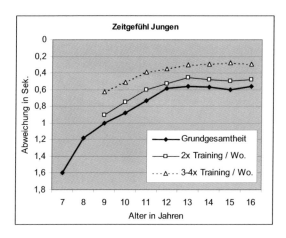

Abb. 156: Differenzierte Entwicklung des Zeitgefühls in Abhängigkeit vom Umfang der Trainingstätigkeit (Greifswalder Querschnittstudie 1974)

Ähnliche Wirkungen wie durch regelmäßiges Training konnten wir auch in pädagogischen Experimenten erzielen. In einem *dreijährigen Experiment* mit einem betonten und kontrollierten Einwirken auf die koordinativ-motorische Leistungsfähigkeit 8- bis 10-jähriger Mädchen und Jungen ausschließlich im Sportunterricht nach dem Grundsatz „vielseitig, variationsreich, ungewohnt" (vgl. Hirtz, 1985) konnten deutliche, statistisch hoch signifikante Effekte hinsichtlich der koordinativen Fähigkeitsentwicklung erzielt werden. Die erreichten Koordinationsleistungen liegen bei der Gleichgewichtsfähigkeit der Mädchen sogar über denen gleichaltriger mehrmals wöchentlich trainierender Schulkinder (vgl. Abb. 157) und bestätigen die große Plastizität der koordinativen Entwicklung im jüngeren Schulkindalter (sensible Phase). Die Leistungen der Teilnehmer an dem dreijährigen Schulversuch wurden nach Beendigung des Experiments in einer Längsschnittstudie bis zum 16. Lebensjahr weiter erfasst. Der durch die betonte koordinative Vervollkommnung im jüngeren Schulkindalter erreichte Effekt konnte bis zum Ende der Schulzeit als „Zugewinn" erhalten bleiben.

Interessant sind auch die in einem weiteren dreijährigen Greifswalder *Experiment zur Ganztagserziehung* erreichten Resultate. Das Ziel der Studie (vgl. Moritz & Sikora, 1982) bestand darin, die Wirkung verschiedener teilgelenkter und gelenkter Formen der ganztägigen Bildung und Erziehung (Sportunterricht, Spiel- und Wettkampfnachmittag, Wandern, Gymnastikminuten, Freispiel u.a.) auf die Gesundheit und körperliche Leistungsfähigkeit zu erproben.

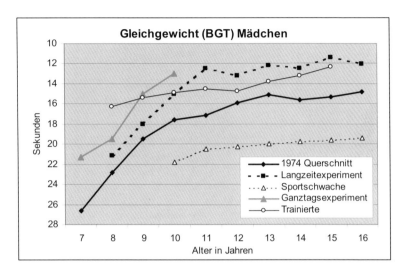

Abb. 157: *Entwicklung der Gleichgewichtsfähigkeit von mehrmals wöchentlich Trainierenden sowie von Teilnehmern an pädagogischen Experimenten im Vergleich zur Grundgesamtheit bzw. zu sportschwachen Schulkindern (Greifswalder Längsschnittstudie 1975 bis 1983)*

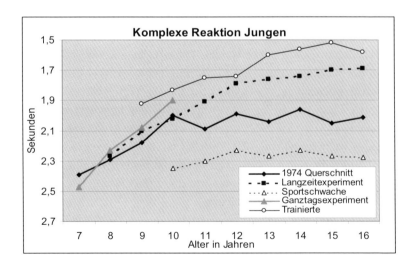

Abb. 158: *Entwicklung der komplexen Reaktionsfähigkeit von mehrmals wöchentlich Trainierenden sowie von Teilnehmern an pädagogischen Experimenten im Vergleich zur Grundgesamtheit bzw. zu sportschwachen Schulkindern (Greifswalder Längsschnittstudie 1975 bis 1983)*

Dabei erweisen sich allein die aus Abbildung 158 ersichtlichen Steigerungsraten im koordinativen Bereich (graue Linien) als sehr beachtlich. Schließlich geben die Leistungen der *Sportschwachen* den Rahmen der Plastizität „nach unten" an. Die Rhythmusleistungen (Rhythmuswechseltest, vgl. Holtz, 1979) konnten durch das dreijährige Experiment (mit allgemeiner koordinativer Befähigung) nicht wie geplant verbessert werden, die spezifischen Reize reichten offensichtlich nicht aus. Mit einem Sonderprogramm mit betonter rhythmischer Beeinflussung im Rahmen des Sportunterrichts konnten dann deutliche Effekte erzielt werden, was hier als Ausdruck der möglichen Plastizität bewertet werden kann (Abb. 159).

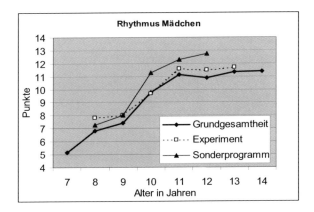

Abb. 159: Rhythmusleistungen der Versuchsschülerinnen im Vergleich zur Grundgesamtheit

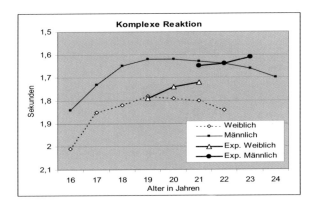

Abb. 160: Wirkung eines zweijährigen pädagogischen Experiments im Studentensport auf die Ausprägung und Entwicklung der komplexen Reaktionsfähigkeit

Das Ausmaß der Plastizität im *jüngeren Erwachsenenalter* wird durch das zweijäh-
rige Experiment von Schielke (1983) mit betonter koordinativ-motorischer Befähigung (wöchentlich 90 Minuten) von Studentinnen und Studenten bestätigt (Abb.
160). Allein mit den Mitteln eines vielseitigen und variationsreichen Übens konnten in der Anfangsphase nachlassender koordinativer Leistungsfähigkeit jüngerer
Erwachsener Steigerungsraten bis zu über 20 % erreicht werden, was darauf hindeutet, dass sich die festgestellte rückläufige Tendenz in diesem Alter keineswegs
als „gesetzmäßig" erweist.

Auch im *Seniorenalter* bleibt die hohe Plastizität bestehen, was Ergebnisse von 32
Probandinnen im Durchschnittsalter von etwa 60 Jahren eines nur sechswöchigen
Greifswalder Experiments mit betonter Gleichgewichtsschulung (bei nur 15 bis 20
Minuten pro Woche) bestätigen (Abb. 161). Im Schwebegehen gab es – besonders
bei den über 60-Jährigen – statistisch gesicherte Fortschritte (vgl. Westphal, 1998).

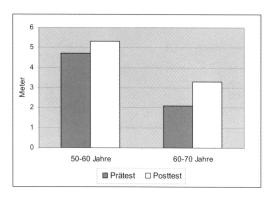

*Abb. 161: Durchschnittsergebnisse im Schwebegehen von Teilnehmern eines sechswöchi-
gen Experiments im Seniorenalter in Greifswald 1998 (n = 32)*

6.3 Plastizität bei der Ausprägung des motorischen Könnens jüngerer Schulkinder

Die im Abschnitt 5.3.6 dargestellte inter- und intraindividuelle Variabilität der
Könnensentwicklung ist gleichermaßen als Ausdruck einer ausgeprägten Plastizität
der individuellen motorischen Entwicklung wie auch des motorischen Lernens zu
werten. Diese äußert sich u.a. im breiten Spektrum der individuellen Aneignungsgrade der zum grundlegenden motorischen Können jüngerer Schulkinder gehören-

den motorischen *Handlungskombinationen* sowie in der unterschiedlichen Entwicklungsdynamik.

Beim *Ballprellen* wird die Plastizität insbesondere in der 1. Klasse in Kombination mit dem Gehen (vorwärts) sowie in Klasse 3 und 4 in Kombination mit dem Gehen im Slalom bzw. mit dem Laufen deutlich (vgl. Abb. 162).

So sind z.B. 31,5 % der Erstklässler nicht in der Lage, die Handlungskombination Ballprellen – Gehen (vorwärts) auszuführen, 5,5 % beherrschen diese Handlungskombination hingegen bereits auf einem hohen Niveau. Während im 4. Schuljahr 47,8 % der Kinder beim Ballprellen in Kombination mit dem Gehen im Slalom ein hohes Könnensniveau erreichen, können wiederum 20,2 % der Mitschüler diese Handlungskombination nicht realisieren.

Von hoher Plastizität ist auch das Könnensniveau bezüglich der *Ganzkörperstreckung beim Absprung* gekennzeichnet. 37 % der Jungen und 15 % der Mädchen erreichen am Ende der 1. Klasse eine vollständige Ganzkörperstreckung. 4 % aller Kinder waren im ersten Schuljahr hingegen nicht in der Lage, das Sprungbein beim Absprung auch nur geringfügig zu strecken (Kniewinkel im Moment des Absprungs von unter 140 Grad).

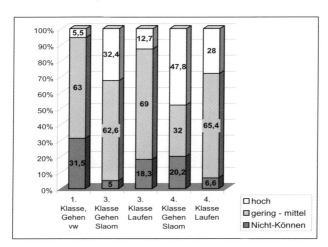

Abb. 162: Relative Häufigkeit unterschiedlicher Niveaustufen beim Ballprellen 7- bis 10-jähriger Schulkinder im Gehen bzw. Laufen

Ebenso deutlich kommt die Plastizität in der Könnensentwicklung bei der interindividuell sehr breit gefächerten Ausprägung der Handlungskombination *Stützen – Schwingen* zum Ausdruck.

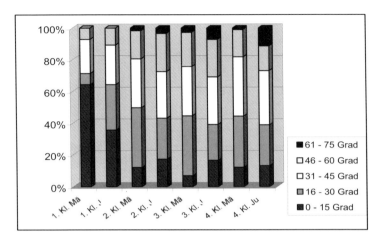

Abb. 163: Relative Häufigkeit unterschiedlicher Ausprägungsgrade beim Schwingen im Stütz; Schwingungsamplitude des Oberkörpers beim Vorschwung

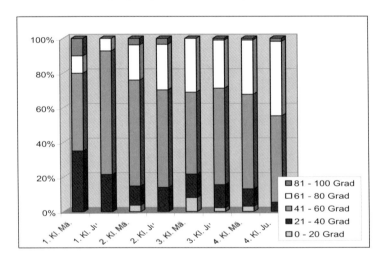

Abb. 164: Relative Häufigkeit unterschiedlicher Ausprägungsgrade beim Schwingen im Stütz; Schwingungsamplitude des Oberkörpers beim Rückschwung

Der Vorschwung gelingt im ersten Schuljahr bei 45 % der Mädchen und 35,7 % der Jungen nicht oder nur minimal (Schwingungsamplitude des Oberkörpers bis 15 Grad), 5 % der Mädchen und 10,7 % der Jungen erreichen hingegen eine relativ große Schwingungsamplitude von bis zu 60 Grad.

Auch in den Klassen 2 bis 4 sind bis zu 17 % der Kinder nicht in der Lage, einen deutlichen Vorschwung auszuführen (Abb. 163), während andere Kinder ihren Oberkörper bis zu 75 Grad vorschwingen. Beim Rückschwung ist eine ähnliche Tendenz zu beobachten (Abb. 164).

Als Ausdruck der Plastizität im Verlauf der durch motorische Aneignungs- und Lernprozesse geprägten motorischen Könnensentwicklung jüngerer Schulkinder ist auch der *differierende durchschnittliche Entwicklungsverlauf* der motorisch-sportlichen Handlungskombinationen zu werten.

Während für die Handlungskombinationen des *Ballprellens* sowohl bei den Jungen als auch bei den Mädchen ein weitgehend kontinuierlicher Anstieg des Könnensniveaus vom 1. bis 4. Schuljahr einschließlich geschlechtsspezifischer Phasen einer beschleunigten bzw. verlangsamten Entwicklung diagnostiziert wurde, ist für die *Ganzkörperstreckung* eine gegenläufige Entwicklung zu konstatieren. Die Mittelwerte der für die Ganzkörperstreckung maßgeblichen Parameter Kniewinkel und Hüftwinkel nehmen bei Jungen und Mädchen von der 1. bis 4. Klasse deutlich ab. Auffällig ist hier außerdem die sprunghafte Verschlechterung des Könnensniveaus im 2. Schuljahr. Die relative Häufigkeit derjenigen Kinder, die eine Ganzkörperstreckung realisieren, reduziert sich von 37 % (Jungen) bzw. 15 % (Mädchen) am Ende der 1. Klasse auf 19 % (Jungen) bzw. 12 % (Mädchen) am Ende des 4. Schuljahres.

Beim *Schwingen im Stütz* ist bei den Jungen vom 1. bis 4. Schuljahr eine deutliche Zunahme der Schwingungsamplitude des Oberkörpers zu verzeichnen. Diese progressive Entwicklung wird im Verlaufe des 3. Schuljahres jedoch von einer Phase der Stagnation unterbrochen. Für die Mädchen ist für denselben Entwicklungszeitraum aufgrund einer nur geringen (nicht signifikanten) Zunahme der Schwingungsamplitude eher eine permanente Stagnation zu konstatieren.

Zusammenfassung

Plastizität äußert sich auch in dem breiten Spektrum der individuellen Aneignungsgrade motorischer Handlungskombinationen, die zum grundlegenden motorischen Können jüngerer Schulkinder zu zählen sind: Ballprellen im Gehen und Laufen, Ganzkörperstreckung als Qualitätsmaßstab der Kombination Laufen – Springen, Schwingen im Stütz. Auch die zwischen den Bewegungskombinationen differierende Entwicklungsdynamik kann als Ausdruck der Plastizität angesehen werden.

6.4 Intraindividuelle Plastizität: Ergebnisse experimenteller Studien zur koordinativen Förderung von erwachsenen Menschen mit einer geistigen Behinderung

Verschiedene experimentelle Studien im Erwachsenenalter dokumentieren, dass durch gezielte Förderung unterschiedlicher motorische Leistungsdispositionen diese – zwar mit unterschiedlicher Intensität – jedoch trainierbar sind. Publikationen von Kirchner und Schaller (1996) und anderen belegen das sowohl für das Erlernen motorischer Fertigkeiten als auch für die Entwicklung motorischer Fähigkeiten. Es stellt sich die Frage, ob diese Plastizität der Entwicklung auch für Erwachsene mit einer geistigen Behinderung nachweisbar ist.

Von besonderem Interesse ist die Frage nach der Trainierbarkeit koordinativer Leistungsdispositionen, also die Bewegungssteuerung betreffender Parameter, die in hohem Maße von der Funktionstüchtigkeit des Zentralnervensystems determiniert sind. Aus medizinisch-psychologischer Sicht wurde und wird geistige Behinderung unter dem Aspekt der Schädigung gesehen, die vor allem das ZNS betreffen und in jeder Lebensphase „auftreten" kann.

Wenn eine Störung im Bereich des ZNS vorliegt, kann dies ganz unterschiedliche Auswirkungen auf die Entwicklung des Menschen in seiner gesamten Persönlichkeit haben. Bei einer geistigen Behinderung sind die Auswirkungen auf die Motorik stark von der intellektuellen Beeinträchtigung abhängig. Dabei sind die Wahrnehmungsprozesse mit ihrem kognitiven Anteil entscheidend. Geistig behinderte Menschen zeigen Auffälligkeiten in der Geschwindigkeit von Wahrnehmungsleistungen sowie Wahrnehmungsintensität, Selektions- und Konzentrationsfähigkeit. So wird beispielsweise die optisch-räumliche Wahrnehmung und die Farb-Orientierungs-Reaktion beeinflusst, wenn Auffälligkeiten durch zentralnervale Minderleistungen zu erkennen sind (vgl. Ludwig, 1994, S. 279).

Die Studien

In verschiedenen Studien mit Mitarbeitern der Fuldaer Caritas-Werkstätten für behinderte Menschen (WfbM) war die Frage zu beantworten, ob sich unterschiedliche koordinative Leistungsvoraussetzungen schwerpunktmäßig durch gezielte motorische Förderung verbessern lassen. Zentrale Zielgröße stellte die Erweiterung der motorischen Handlungskompetenz dar. Zu unterschiedlichen Zeitpunkten erfolgte die motorische Förderung über einen Zeitraum von ca. 3 Monaten à jeweils 16 Übungseinheiten akzentuiert mit den Schwerpunkten der Verbesserung der

- Reaktionsfähigkeit (vgl. Wehrhahn, 2000),
- Räumliche Orientierungsfähigkeit (Knoch, 1999),
- Motorische Handlungskompetenz (Reichel, 2004).

Studie zur Förderung der Reaktionsfähigkeit

Über einen Zeitraum von acht Wochen (Prä-Post-Test einbezogen) standen unterschiedliche Reaktionsübungen im Zentrum des Übungsprogramms. Die Ergebnisse der Studie belegen besonders für die komplexe Reaktionsfähigkeit signifikante Entwicklungsfortschritte (Abb. 165). Mit Hilfe des Förderprogramms konnten die komplexe Reaktionsfähigkeit bzw. die Leistungen im Ballreaktionstest der einzelnen Teilnehmer in unterschiedlichem Maße, aber insgesamt positiv beeinflusst werden. Eine Prüfung der Ergebnisse mit dem Wilcoxon-Test bestätigt, dass sich die Leistungen der Gruppe bei einer Irrtumswahrscheinlichkeit von 5 % signifikant verbessert haben. Zwar verbesserten sich auch die Leistungen im Fallstab-Test, jedoch nicht signifikant. Die wesentlichsten Entwicklungsfortschritte konnten jene Teilnehmer erzielen, die im Prätest noch zu den Reaktionsschwächsten der Gruppe zählten. Sportler, die im Prätest gute Reaktionsleistungen erbrachten, haben ein geringes Potential für Verbesserungen, denn die Steigerungsfähigkeit der Reaktionsleistungen ist durch körperliche und kognitive Voraussetzungen begrenzt.

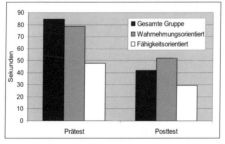

Abb. 165: Entwicklung der Reaktionsleistungen (Reaktions-Studie)

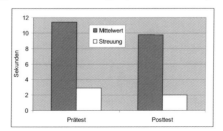

Abb. 166: Entwicklung der Orientierungsleistungen (Orientierungs-Studie)

Studie zur Förderung der räumlichen Orientierungsfähigkeit

Mit der gleichen Sportgruppe wie in der vorherigen Studie erfolgte innerhalb von acht Wochen eine schwerpunktmäßige Beeinflussung der räumlichen Orientierungsfähigkeit nach einem speziellen Stufenprogramm (Ludwig, 1994).

Die *Ergebnisse* des „Stuhl-Farben-Laufs" und deren Überprüfung mittels Wilcoxon-Test dokumentieren eine signifikante Verbesserung der Leistungen in diesem Test. Alle Probanden konnten in dem Posttest ihre Laufzeiten verkürzen, so dass sich die Zeiten vom Mittelwert verbesserten und sich die Streuung verringerte.

Studie zur Verbesserung der motorischen Handlungskompetenz über unterschiedliche didaktische Vorgehensweisen

Anders als die beiden anderen Studien zielte diese nicht auf die Verbesserung einer einzelnen koordinativen Fähigkeit, sondern auf die Erweiterung der motorischen Handlungskompetenz. Zum anderen wurden die Teilnehmer in zwei Gruppen mit unterschiedlichem methodischen Vorgehen eingeteilt (wahrnehmungsorientierte Förderung einerseits in Gruppe 1 und fähigkeitsorientierte Förderung in Gruppe 2 andererseits). Zur Überprüfung der Leistungsvoraussetzungen und Fortschritte wurde ein aus verschiedenen motorischen Tests zusammengestelltes Prä-, Zwischen- und Posttestverfahren eingesetzt. Wahrnehmungsorientierte Förderung zielt nicht vordergründig auf die Verbesserung einzelner motorischer Fähigkeiten, vielmehr bildet die Sensibilisierung für sensorische Prozesse eine Grundlage zur Verbesserung der Funktionstüchtigkeit der Analysatoren und somit auch für eine Erweiterung motorischer Handlungskompetenz. Fähigkeitsorientierte Förderung richtet sich schwerpunktmäßig auf die Verbesserung der räumlichen Orientierungsfähigkeit und der kinästhetischen Differenzierungsfähigkeit.

Ergebnisse Fallstab-Test: Zwar verbesserten sich die Reaktionsleistungen vom Prä- zum Zwischentest bei beiden Gruppen im Fallstab-Test, jedoch nur bei Gruppe 2 signifikant. Diese Fortschritte erklären sich bei Gruppe 2 aus der schwerpunktmäßigen Förderung der räumlichen Orientierungsfähigkeit in diesem Abschnitt mit Aufgaben, auf optische Signale zu reagieren, ähnlich den Anforderungen des Fallstab-Tests (Abb. 167).

Ergebnisse Stuhl-Farben-Lauf: Die Verbesserungen im Stuhl-Farben-Lauf sind für Gruppe 1 vom Prä- zum Post-Test signifikant, können als Auswirkung des Förderprogramms interpretiert werden, während dies für Gruppe 2 nicht gesichert werden kann. Das erklärt sich aus den ohnehin sehr guten Leistungen der Probanden von Gruppe 2 im Prätest (Abb. 169), die kaum noch steigerungsfähig sind.

Ergebnisse Zielwurf-Test: Bei der Überprüfung der Veränderungen mittels Wilco-xon-Test ergab sich sowohl für Gruppe 1 als auch für Gruppe 2 eine Signifikanz, d.h. die Verbesserung der Leistungen vom Prä- zum Post-Test stehen in direktem Zusammenhang zum Übungsprogramm (Abb. 168).

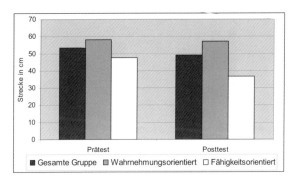

Abb. 167: Leistungsentwicklung im Fallstab-Test (Kompetenzstudie)

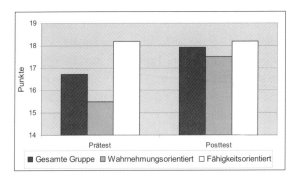

Abb. 168: Leistungsentwicklung im Zielwurf-Test (Kompetenz-Studie)

Die mit ausgewählten Aufgaben der Kurzform der Lincoln-Oseretzky-Skala erfass-te Auge-Hand-Koordination/Feinmotorik und das Körperbewusstsein konnten in Gruppe 1 nicht und in Gruppe 2 nicht signifikant verbessert werden.

Ergebnisse Standgleichgewicht: Sowohl beim Stehen auf dem rechten wie auch auf dem linken Bein vermochten die Probanden aus Gruppe 1 – trotz wahrnehmungs-orientierter Förderung mit Gleichgewichtsanteilen – ihre Leistungen vom Prä- zum Post-Test nicht zu verbessern, während Gruppe 2 sich beim Stehen auf dem rech-ten Bein steigern konnte. Offensichtlich bedarf es zur Verbesserung des Standgleichgewichts für beide Gruppen einer intensiveren und spezifischen Förderung, um wirksame Veränderungen zu erreichen.

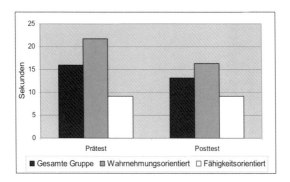

Abb. 169: Leistungsentwicklung im Stuhl-Farben-Lauf (Kompetenzstudie)

Ergebnisse im Komplextest: Bei der Analyse der Ausführungsqualität der Aufgaben des Komplextestes zeigen sich stärkere Verbesserungen bei Gruppe 1, resultierend aus den bemerkenswerten Fortschritten von drei Probanden, die offensichtlich erheblich an Sicherheit bei alltäglichen Bewegungsaufgaben durch das wahrnehmungsorientierte Üben gewannen. Probanden der Gruppe 2 erreichten ohnehin nahezu die maximale Punktzahl von 15, vermochten sich deshalb kaum zu steigern. Anders die Ergebnisse bei der quantitativen Bewertung (Zeit für die Bewältigung). Hierbei vermochten auch die Probanden der Gruppe 2 ihre Leistungen noch zu steigern (Abb. 170).

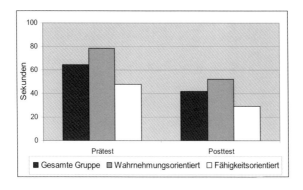

Abb. 170: Leistungsentwicklung im Komplextest (Kompetenz-Studie)

Für den Vergleich der Ergebnisse von Prätest zu Posttest der Gruppen 1 und 2 konnte eine signifikante Verbesserung nachgewiesen werden, beide Übungsprogramme trugen zur Veränderung der Leistungen bei.

Die Ergebnisse zeigen, dass sich auch die motorische Handlungskompetenz durch unterschiedliche Konzepte nachweisbar trainieren lässt.

Zusammenfassung

Die Ergebnisse der drei Studien belegen, dass durch eine gezielte Förderung auch erwachsene Menschen mit einer geistigen Behinderung ihre koordinativ-motorischen Leistungsdispositionen verbessern, die Plastizität in der Entwicklung auch auf die Population Erwachsener mit einer geistigen Behinderung zutrifft.

6.5 Plastizität und Spielräume der Ressourcennutzung im Alter

Die Greifswalder Altersstudie (GASt) lässt im Hinblick auf Leistungsspielräume im Alter Aussagen zur Ausprägung von motorischen Ressourcen wie auch von drei erfassten Kompetenzbereichen (Lösung komplexer alterstypischer alltagsrelevanter motorischer Anforderungen) zu. Neben den üblichen Mittelwertsbetrachtungen bietet die statistische Analyse über Typengruppen (Cluster) und Individualanalysen deutlich genauere Ergebnisse zu Spielräumen und Grenzen der Nutzung von Ressourcen in konkreten motorischen Anforderungssituationen. Hiermit können Aussagen über die Effektivität der Nutzung von Ressourcen in komplexen Anforderungssituationen getroffen und nicht ausgeschöpfte Potentiale aufgedeckt werden, die wiederum ein Indikator für mögliche Trainingsansätze und Leistungspotentiale im Sinne der Plastizität sein können.

Exemplarisch werden hier zur Darstellung von Leistungsspielräumen zwei Individualanalysen charakterisiert, die die Nutzung von Ressourcen bei ähnlich gut bzw. ähnlich schlecht ausgebildeter motorischer Kompetenz darstellen. Abbildung 171 zeigt von zwei Versuchspersonen die Ausprägung der Ressourcen bei ähnlich schwach ausgebildeter motorischer Kompetenz im Kompetenzbereich „komplexe Situation meistern", in der alltagsnahe Handlungen (z.B. Transport eines Wasserglases, Überwinden eines Hindernisses und einbeiniges Stehen mit Binden eines Schnürsenkels) unter Zeit- und Präzisionsdruck ausgeführt werden sollten.

Die erfassten Ressourcen sind nach konditionell-energetisch und koordinativ-informationell determinierten Faktoren sortiert dargestellt. Die C-Skalierung ermöglicht eine Orientierung an der Gesamtstichprobe, deren Mittelwert jeweils mit

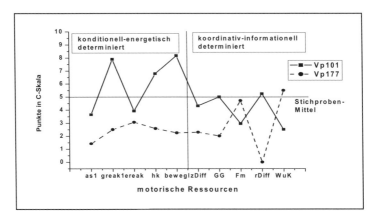

Abb. 171: Ressourcenstruktur zweier Versuchspersonen bei mäßig ausgeprägter motorischer Kompetenz im Bereich „komplexe Situation meistern"[1]

5 Punkten angegeben ist. Es ist erkennbar, dass, obgleich beide Probanden eine ähnlich schwach ausgeprägte motorische Kompetenz aufweisen, die Nutzung der vorhandenen Ressourcen sehr unterschiedlich ausfällt. Proband 177 verfügt über relativ schlechte motorische Ressourcen und ist offenkundig nicht in der Lage, diese auszugleichen. Ein ressourcenförderndes Training könnte hier vorhandene Grenzen nach oben verschieben. Proband 101 hingegen ist nicht imstande, die durchschnittlich (v.a. koordinativ-informationell determinierten) bis gut ausgeprägten (v.a. konditionell-energetisch determinierten) motorischen Ressourcen zu nutzen und in konkreten Anforderungen adäquat einzusetzen. Er könnte aufgrund der durchschnittlich bis guten Ressourcenlage eine deutlich bessere motorische Kompetenz aufweisen, würde er die Potentiale ausreichend nutzen. Er kann somit als „Schwachnutzer" seiner Ressourcen eingestuft werden. Dass schwache Ressourcen überhaupt kompensiert werden können, zeigen je nach Kompetenzbereich 17 bis 22 % der Probanden, die trotz schwacher Ressourcenausprägung überdurchschnittliche Kompetenzleistungen aufweisen können.

---

[1] As1 = Aktionsschnelligkeit, greak1 = Ganzkörperreaktion, ereak = einfache Reaktion, hk = Handkraft, bewegl = Beweglichkeit, zDiff = zeitliche Differenzierung, GG = dynamisches Gleichgewicht, Fm = Feinmotorik, rDiff = räumliche Differenzierung, WuK = Wahrnehmung und Konzentration.

Ein weiteres Beispiel für die deutlichen Leistungsspannen im Bezug auf die sehr differenzierte Nutzung von motorischen Ressourcen zeigt die Individualanalyse in Abbildung 172. Dargestellt ist die Ressourcenausprägung von Probanden mit sehr gut ausgeprägter motorischer Kompetenz (in oben dargestelltem Kompetenzbereich „komplexe Situation meistern").

Alle drei Probanden weisen eine sehr differenzierte Struktur ihrer Ressourcen bei relativ einheitlicher überdurchschnittlicher motorischer Kompetenz auf. Versuchsperson 40 hat deutliche Stärken in koordinativ-informationell determinierten Ressourcen und kann Schwächen in konditionell-energetisch determinierte Ressourcen ausgleichen, Versuchsperson 203 liegt, abgesehen von 2 Ressourcen (Beweglichkeit und Aktionsschnelligkeit), unterhalb des Durchschnitts und kann offenkundig die vorhandenen Ressourcen in besonders hohem Maße in konkreten Anforderungssituationen nutzen, und Versuchsperson 24 zeigt ein sehr uneinheitliches Bild seiner Ressourcenausprägung (stark schwankend von 1 bis 8,5 Punkte), so dass einzelne Schwachpunkte kompensiert werden können.

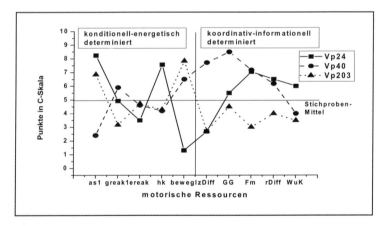

Abb. 172: Ressourcenstruktur bei sehr gut ausgeprägter motorischer Kompetenz im Bereich „komplexe Situation meistern"

Die dargestellten Individualanalysen können also folgende *Kernaussagen* liefern:

• Erkennbar sind sehr breite Leistungsspielräume selbst in einer relativ homogenen Stichprobe (relativ gesunde und bewegungsaktive Senioren) im Ausprägungsgrad einzelner motorischer Ressourcen und in der Nutzung (Kompensation, besonders gute Nutzung bzw. besonders schwache Nutzung) von Ressourcen in konkreten Anforderungssituationen.

- Alters- und krankheitsbedingte „Deckelungen" von einzelnen motorischen Ressourcen können im Sinne der Kompensation ausgeglichen werden.
- Daraus ergibt sich ein Hinweis auf Plastizität bzw. Trainierbarkeit im Hinblick auf einzelne Ressourcenausprägung *und* Ressourcennutzung und damit Optimierung und Kompensation bei alterstypischen und alltagsrelevanten Bewegungshandlungen.
- Deutlich wird die Möglichkeit des Leistungserhalts und der Leistungsverbesserung im Alter.

Zusammenfassung
Die Plastizität motorischer Ressourcen und Kompetenzen im Seniorenalter ergibt sich also nicht nur aus der Verbesserung von Fähigkeiten und Fertigkeiten, sondern insbesondere aus der tatsächlichen Umsetzung der Ressourcen bei komplexen Anforderungssituationen des Alltags im Sinne motorischer Kompetenz. Das Ziel für die Praxis muss also heißen: *fähigkeits- und fertigkeitsorientiertes Kompetenztraining!*

6.6   Zusammenfassung Plastizität

Es ist deutlich geworden, dass auch die motorische Entwicklung nicht vorbestimmt, sondern beeinflussbar, gestaltbar und modifizierbar ist. Auch sie ist durch eine hohe Plastizität gekennzeichnet. Dabei stellt diese Plastizität ein sehr vielgestaltiges Phänomen dar.

Sie äußert sich sowohl in den durch umfangreiche Querschnittstudien ermittelten Verläufen der *Maximal- und Minimalwerte* verschiedener motorischer Parameter oder Fähigkeiten als auch in den durch Längsschnittstudien ermittelten Entwicklungsverläufen *leistungsstarker bzw. sportschwacher* Schulkinder.

Die motorische Entwicklungs-Kapazitäts-Reserve der Heranwachsenden zeigt sich auch in den Leistungen und Entwicklungskurven *trainierender Kinder und Jugendlicher*, besonders wenn sie bis zu viermal wöchentlich zusätzlich an einem leistungsorientierten Training teilnehmen. Dabei zeigt sich, dass der Höhepunkt der Spitzenleistungen bereits deutlich vor der Pubeszenz liegt, während sie danach „stagnieren" und ein gewisses Niveau nicht mehr überschreiten können. Die Differenzen zum durchschnittlichen Verlauf werden mit dem Alter immer geringer. Trainierende zeichnen sich weniger durch deutlich bessere einfache Reaktionszei-

ten als vielmehr durch „antrainierte" eindeutig bessere komplexe Koordinationsleistungen (Rhythmus, Frequenzschnelligkeit, Koordination unter Zeitdruck) aus.
Mehrjährige *pädagogische Experimente* mit betonter koordinativ-motorischer
Befähigung bestätigen eindrucksvoll die bedeutenden Möglichkeiten der Koordina-
tionsförderung im jüngeren Schulkindalter. Für diesen Fähigkeitsbereich kann
dieses Alter durchaus als *„sensible Periode"* im Leben der Heranwachsenden
angesehen werden. Das in dieser Phase „angereicherte" höhere Niveau der koordinativen Leistungsfähigkeit erweist sich – wie die fast zehnjährige Längsschnittstudie bestätigt – als ein „Vorsprung fürs ganze Leben".

Zu diesem viel und kontrovers diskutierten Problembereich sollen hier keine weiteren Aussagen getroffen werden, da unsere auf empirischen Studien beruhenden
Auffassungen hinreichend publiziert wurden (vgl. Hirtz & Starosta, 1989; Hirtz,
2002; Hirtz & Starosta, 2002).

Interessante Ergebnisse zur Plastizität dieses Fähigkeitsbereichs erbrachte das
Experiment mit verschiedenen teilgelenkten und gelenkten Formen der *ganztägigen Bildung und Erziehung*, indem deutliche Wirkungen auch auf die körperliche
Leistungsfähigkeit und beachtliche Steigerungsraten im koordinativen Bereich
nachgewiesen werden konnten. Sonderprogramme mit betonter *Rhythmusschulung*
im Rahmen des Sportunterrichts sicherten spezifische Effekte als Ausdruck besonderer Plastizität.

Wie plastisch die Entwicklung auch im *jüngeren Erwachsenenalter* sein kann,
bestätigt ein Experiment von Schielke (1983) mit Studierenden. In der Anfangsphase nachlassender koordinativer Leistungsfähigkeit gelangen ihm Leistungssteigerungen bis zu über 20 %.

Westphal (1998) verweist mit seiner Studie auf die hohe Plastizität der Motorik im
Seniorenalter bezogen auf deutliche Steigerungen der Gleichgewichtsfähigkeit.

Kopelmann (6.3) weist anhand eines breiten Spektrums individueller Aneignungsgrade motorischer Handlungskombinationen und ihrer differierenden Entwicklungsdynamik die *Plastizität im motorischen Lernen* bei jüngeren Schulkindern
nach.

Ludwig (6.4) bestätigt durch ihre drei Studien, dass im koordinativen Fähigkeitsbereich eine beachtliche Plastizität auch in der Population *Erwachsener mit einer
geistigen Behinderung* besteht.

Eisfeld (6.5) schließlich weist mit ihrer Untersuchung auf das interessante Phänomen hin, dass sich die motorische Plastizität im Seniorenalter besonders auch in

der Umsetzung bzw. Ausnutzung der vorhandenen Ressourcen bei der Bewältigung komplexer motorischer Alltagssituationen zeigt.

Alle Studien bestätigen die hohe Plastizität der motorischen Entwicklung im Lebenslauf, ohne dass damit das Phänomen Plastizität umfassend behandelt werden
konnte.

Literaturverzeichnis

Abesser, B. (2004). *Kulturwandelbezogene Veränderung der motorischen Leistungsfähigkeit von Kindern – eine empirische Studie*. Unveröff. Staatsexamensarbeit, Ernst-Moritz-Arndt-Universität Greifswald.

Baltes, P. B. (1990). Entwicklungspsychologie der Lebensspanne. Theoretische Leitsätze. *Psychologische Rundschau*, 41, 1-24.

Baltes, M. M. & Baltes, P. B. (1989). Erfolgreiches Altern. Mehr Jahr und mehr Leben. In M. M. Baltes (Hrsg.), *Erfolgreiches Altern* (S. 5-10). Bern: Huber.

Baur, J. (1989). *Körper- und Bewegungskarrieren*. Schorndorf: Hofmann.

Baur, J., Bös, K. & Singer, R. (Hrsg.) (1994). *Motorische Entwicklung – ein Handbuch*. Schorndorf: Hofmann.

Bernstein, N. A. (1975). *Bewegungsphysiologie*. Leipzig: Johann-Ambrosius Barth.

Beyer, L. & Pöhlmann, R. (1994). Modellierung des motorischen Verhaltens – Hard- und Software aus neurobiologischer Sicht. In P. Hirtz, G. Kirchner & R. Pöhlmann (Hrsg.), *Sportmotorik – Grundlagen, Anwendungen und Grenzgebiete* (S. 55-96). Kassel: Gesamthochschul-Verlag.

Bortz, J. (2005). *Statistik für Human- und Sozialwissenschaftler*. Heidelberg: Springer.

Bös, K. (2001). Handbuch Motorische Tests. Göttingen, Bern, Toronto, Seattle: Hogrefe.

Bös, K. (2003). Motorische Leistungsfähigkeit von Kindern und Jugendlichen. In Schmidt, W., Hartmann-Tews, I. & Brettschneider, W.-D. (Hrsg.). *Erster Deutscher Kinder- und Jugendsportbericht* (S. 85-107). Schorndorf: Hofmann.

Bös, K. & Mechling, H. (2002). Dimensionen sportmotorischer Leistungen im Längsschnitt. In G. Ludwig & B. Ludwig (Hrsg.), *Koordinative Fähigkeiten – koordinative Kompetenz* (S. 50-58). Kassel: Universitäts-Bibliothek.

Brandtstädter, J. (1990). Entwicklung im Lebensverlauf. Ansätze und Probleme der Lebensspannen-Entwicklungspsychologie. In K. U. Mayer (Hrsg.), *Lebensverläufe und sozialer Wandel* (S. 322-350). Opladen: Westdeutscher Verlag.

Bremer, A. (2004). *Säkulare Akzeleration und motorische Entwicklung*. Unveröff. Magisterarbeit, Ernst-Moritz-Arndt-Universität Greifswald.

Bremer, A. & Hirtz, P. (2004). Binationale Betrachtungen des säkularen Akzelerationsgeschehens – eine vergleichende Studie zu den konstitutionellen und motorischen Veränderungen von südpolnischen und ostdeutschen Kindern zwischen 1975 und 1995. In M. Bugdol, M. Kapica & J. Pospiech (Hrsg.), *Progranicza Edukacji (Grenzgebiete der Bildung)* (S. 33-40). Raciborz: Scriba-Verlag.

Brickenkamp, R. (1962). *Test d2, Aufmerksamkeits-Belastungs-Test.* Göttingen: Hogrefe.

Bühl, A. & Zöfel, P. (2005). SPSS 12: *Einführung in die moderne Datenanalyse unter Windows.* München: Pearson Studium.

Cohen, J. (1988). *Statistical power analysis for the behavioral sciences.* Hillsdale, New York: Erlbaum.

Conzelmann, A. (1999). Plastizität motorischer Fähigkeiten im Lebensverlauf. Theoretisch-methodische Überlegungen und empirische Befunde. *Psychologie und sport,* 3, 76-89.

Crasselt, W. (1998). Entwicklung der körperlich-sportlichen Leistungsfähigkeit von Kindern und Jugendlichen im Zeitraum 1981 bis 1991. In J. Rostock & K. Zimmermann (Hrsg.), *Theorie und Empirie sportmotorischer Fähigkeiten* (S. 50-58). Chemnitz: TU-Druck.

Crasselt, W., Forchel, I. & Stemmler, R. (1985). *Zur körperlichen Entwicklung der Schuljugend in der DDR.* Leipzig: Johann-Ambrosius Barth.

Crasselt, W. et.al. (1990). *Physische Entwicklung der jungen Generation.* Berlin: Sportverlag.

Djatschkow, V. M. (1973). Die Vervollkommnung der Technik der Sportler. *Theorie und Praxis der Körperkultur,* 22, Beiheft 1, 3-99.

Dobbert, J. (2004). *Koordination auf Genauigkeit und Koordination unter Zeitdruck bei Schulkindern.* Unveröff. B.A.-Arbeit, Ernst-Moritz-Arndt-Universität Greifswald.

Dordel, S. (2000). Kindheit heute: Veränderte Lebensbedingungen = reduzierte motorische Leistungsfähigkeit? *Sportunterricht,* 49, 11, 340-349.

Drozdowski, M. (1998). Antropometria w wychowanui fizycznym. Poznan: AWF-Druck.

Drozdowski, M. & Ziolkowska-Ljap, E. (2003). *Secular trend in body adiposity of polish man and women.* Leszno: Uni-Druck.

Eichberg, S. (2003). *Sportaktivität, Fitness und Gesundheit im Lebenslauf. Grundlagen für Prävention und Gesundheitsförderung aus Sicht der Sportwissenschaft.* Hamburg: Kovac.

Eisfeld, K. (2005). *Motorische Kompetenz und motorische Ressourcen im Seniorenalter. Eine Analyse von sportlich aktiven über 60-Jährigen.* Hamburg: Kovac.

Eisfeld, K. & Hirtz, P. (2002). Zur Variabilität der koordinativ-motorischen Entwicklung. In G. Ludwig & B. Ludwig (Hrsg), *Koordinative Fähigkeiten – koordinative Kompetenz* (S. 119-122). Kassel: Universitäts-Bibliothek.

Farfel, W. S. (1979). *Bewegungssteuerung im Sport.* Berlin: Sportverlag.

Fetz, F. (1973). Allgemeines sportmotorisches Leistungsprofil. In J. Recla & K. Koch (Hrsg.), *Sportunterricht auf neuen Wegen* (S. 68-76). Schorndorf: Hofmann.

Fetz, F. (1990). *Sensomotorisches Gleichgewicht im Sport.* Wien: Österreichischer Bundesverlag.

Fischer, K. (1989). *Körpermaße und säkulare Akzeleration im Gebiet der DDR von 1945-1985 – eine Literaturstudie.* Unveröff. Diss., Humboldt-Universität zu Berlin.

Fischer, K. (1997). *Entwicklungstheoretische Perspektiven der Motologie des Kindesalters.* Schorndorf: Hofmann.

Fölling-Albers, M. (1997). Kindheit im Prozess der Modernisierung und Individualisierung. In H. Hommel & H. Hopf (Hrsg.), *Kindheit in der Leichtathletik* (S. 15-29). Darmstadt: Reinheimer.

Fuchs, M. & Winter, K. (1976). Die Veränderung der Fertilitätsphase. *Zeitschrift ärztliche Fortbildung,* 1135-1145.

Glasauer, J. G. (2003). *Koordinationstraining im Basketball. Von Ressourcen über Anforderungen zu Kompetenzen.* Hamburg: Kovac.

Hacker, W. (1998). Action Control and Motor Performance in Work. In P. Blaser (Ed.), *Sport Kinetics '97* (S. 21-43). Hamburg: Czwalina.

Havighurst, R. J. (1982). *Development tasks and education.* New York: McKay.

Havlicek, I. (1985). Vyvinova stabilita motorickej vykonnosti 7-10 rocnych ziakov. In K. Mekota (Hrsg.), *Ontogeneze lidske motoriky* (S. 142-151). Prag: Olympia.

Heckenberger, W. & Seeholzer, T. (1993/1994). *Benutzerhandbuch SIMI-Motion (Version 3.5).* Unterschließheim.

Henning, U. (1987). *Zur Ontogenese psychophysischer Funktionen im Erwachsenenalter unter Berücksichtigung des Berufes und des Trainingszustandes.* Unveröff. Staatsexamensarbeit, Ernst-Moritz-Arndt-Universität Greifswald.

Hirtz, P. (1979). *Untersuchungen zur koordinativ-motorischen Vervollkommnung von Kindern und Jugendlichen.* Unveröff. Habilitationsschrift. Ernst-Moritz-Arndt-Universität Greifswald.

Hirtz, P. (Hrsg.) (1985). *Koordinative Fähigkeiten im Schulsport.* Berlin: Volk und Wissen Verlag.

Hirtz, P. (1994). Vielfalt und Reichtum der Individualentwicklung – die motorische Ontogenese. In P. Hirtz, G. Kirchner & R. Pöhlmann, R. (Hrsg.), *Sportmotorik – Grundlagen, Anwendungen und Grenzgebiete* (S. 207-231). Kassel: Gesamthochschul-Verlag.

Hirtz, P. (1998 a). Motor Research and School Sport. In P. Blaser (Ed.), *Sport Kinetics '97* (S. 147-150). Hamburg: Czwalina.

Hirtz, P. (1998 b). Zur interindividuellen Variabilität der motorischen Entwicklung. In J. Krug & C. Hartmann (Hrsg.), *Praxisorientierte Bewegungslehre als angewandte Sportmotorik* (S. 95-106). Sankt Augustin: Akademia.

Hirtz, P. (2002). Hinreichend früh, rechtzeitig speziell, entwicklungsgemäß und individuell – Der hohe Anspruch an die Talentförderung im Kindes- und Jugendalter. In A. Hohmann, D. Wick & K. Carl (Hrsg.), *Talent im Sport* (S. 69-76). Schorndorf: Hofmann.

Hirtz, P. & Hinsching, J. (1983). Zum Einfluß biologischer und sozialer Faktoren von der Geburt bis zum Schuleintritt auf die koordinativ-motorische Leistungsfähigkeit jüngerer Schulkinder. *Theorie und Praxis der Körperkultur,* 32, 74-77.

Hirtz, P., Hotz, A. & Ludwig, G. (2000). *Gleichgewicht.* Schorndorf: Hofmann.

Hirtz, P., Hotz, A. & Ludwig, G. (2003). *Bewegungsgefühl.* Schorndorf: Hofmann.

Hirtz, P., Kirchner, G. & Pöhlmann, R. (Hrsg.) (1994). *Sportmotorik – Grundlagen, Anwendungen und Grenzgebiete.* Kassel: Gesamthochschul-Verlag.

Hirtz, P., Kopelmann, P. & Sharma, K. D. (1998). An Attempt to Classifying Types of Individual Motor Development of School Children. In P. Blaser (Hrsg.), *Sport Kinetics 97* (S. 151-156). Hamburg: Czwalina.

Hirtz, P. & Nüske, F. (Hrsg.) (1994). *Motorische Entwicklung in der Diskussion.* Sankt Augustin: Academia.

Hirtz, P. & Ockhardt, L. (1986). Untersuchungsergebnisse zur individuellen motorischen Entwicklung. *Körpererziehung,* 36, 81-88.

Hirtz, P. & Sharma, K. D. (1995). *Biologisches Alter und Koordination.* Abschlussbericht des BISp-Projekts 0407/06/07/92-94.

Hirtz, P. & Starosta, W. (1989). Zur Existenz sensibler und kritischer Phasen in der Entwicklung der Bewegungskoordination. *Leistungssport,* 6, 11-16.

Hirtz, P. & Starosta, W. (2002). Sensible und kritische Perioden in der Entwicklung der Bewegungskoordination und das „beste motorische Lernalter". In G. Ludwig & B. Ludwig (Hrsg.), *Koordinative Fähigkeiten – koordinative Kompetenz* (S. 123-127). Kassel: Universitäts-Bibliothek.

Holtz, D. (1979). *Zur Entwicklung und Vervollkommnung der Rhythmusfähigkeit bei Schulkindern.* Unveröff. Diss., Ernst-Moritz-Arndt-Universität Greifswald.

Hummel, A. (2003). Humanontogenese. In P. Röthig & R. Prohl (Hrsg.), *Sportwissenschaftliches Lexikon* (S. 259). Schorndorf: Hofmann.

Hurrelmann, K. (1986). *Einführung in die Sozialisationstheorie.* Weinheim: Beltz.

Irmischer, T. & Fischer, K. (1993). *Psychomotorik in der Entwicklung.* Schorndorf: Hofmann.

Israel, S. (1976). Die Bewegungskoordination frühzeitig ausbilden. *Körpererziehung,* 26, 501-511.

Jokl, E. (1954). *Alter und Leistung.* Springfeld.

Jung, R. (1983). *Zur Diagnostik koordinativer Fähigkeiten bei 6- bis 10-jährigen Schülern.* Unveröff. Diss., Ernst-Moritz-Arndt-Universität Greifswald.

Kasa, J. (1994). Körperliche Entwicklung und Bewegungsleistung der 7- bis 18-jährigen Kinder und Jugendlichen in der Slowakei. In W. Osinski & W. Starosta (Hrsg.), *Procedering of the 3rd Internationale Conference Sport Kinetics '93* (S. 639-650). Poznan: Academia.

Ketelhut, K. & Bittmann, F. (2001). Bewegungsmangel im Kindesalter. *sportunterricht,* 50, 342-344.

Kiphard, E. J. (1984). *Motopädagogik.* Dortmund: verlag modernes lernen.

Kirchner, G. & Schaller, H.-J. (1996). *Motorisches Lernen im Alter.* Aachen: Meyer & Meyer.

Knoch, S. (1999). *Förderung der räumlichen Orientierungsfähigkeit mit geistig behinderten Erwachsenen.* Unveröff. Diplomarbeit, FH Fulda.

Kohoutek, M., Hendl, J., Vele, F. & Hirtz, P. (2005). *Koordinacni schopnosti deti (Koordinative Fähigkeiten der Kinder).* Praha: Univerzita Karlova-Verlag.

Kolb, M. (1999). *Bewegtes Altern – Grundlagen und Perspektiven einer Sportgeragogik.* Schorndorf: Hofmann.

Kopelmann, P. (2000). *Das grundlegende motorische Können jüngerer Schulkinder.* Hamburg: Kovac.

Kossakowski, A. (1991). Theoretische Ansätze zur Periodisierung der psychischen Entwicklung der Persönlichkeit. In U. Schmidt-Denter & W. Manz (Hrsg.), *Entwicklung und Erziehung im ökopsychologischen Kontext* (S. 68-77). München: Reinhardt.

Kretschmer, J. & Giewald, C. (2001). Veränderte Kindheit – veränderter Schulsport? *sportunterricht*, 50, 36-42.

Kruber, D. & Feiertag, T. (1998). Zur Leistungsfähigkeit jugendlicher Leichtathleten. *Die Lehre der Leichtathletik*, 29, 69-70.

Kruse, A. (1987). Kompetenz bei chronischer Krankheit im Alter. *Zeitschrift für Gerontologie*, 20, 355-366.

Kruza, M. (2004). *Zur motorischen Leistungsfähigkeit Heranwachsender. Eine Querschnittstudie unter besonderer Berücksichtigung der koordinativen Fähigkeiten.* Unveröff. Staatsexamensarbeit. Dortmund: Universität.

Lehr, U. (1989). Kompetenz im Alter – Beiträge aus gerontologischer Forschung und Praxis. In C. Rott & F. Oswald (Hrsg.), *Kompetenz im Alter* (S. 1-13). Vaduz: Lichtenstein Verlag AG.

Leontjew, A. N. (1964). *Probleme der Entwicklung des Psychischen.* Berlin: Deutscher Verlag der Wissenschaften.

Loosch, E. (1999). *Allgemeine Bewegungslehre.* Wiebelsheim: Limpert.

Ludwig, G. (1979). *Zur koordinativ-motorischen Vervollkommnung im Sportunterreicht der unteren Klassen.* Unveröff. Diss., Ernst-Moritz-Arndt-Universität Greifswald.

Ludwig, G. (1989). *Untersuchungen zu Auffälligkeiten in der koordinativ-motorischen Entwicklung im Vorschulalter: Ein Beitrag zur Theorie der Rehabilitativen motorischen Erziehung.* Unveröff. Habilitationsschrift, Humboldt-Universität zu Berlin.

Ludwig, G. (1994). *Ein didaktisches Konzept zur Schulung der räumlichen Orientierungsfähigkeit – erprobt bei stotternden Kindern.* Referat auf dem Weltkongress Sport. Veränderungen und Herausforderungen. Berlin.

Ludwig, G. & Ludwig, B. (Hrsg.) (2002). *Koordinative Fähigkeiten – koordinative Kompetenz.* Kassel: Hochschul-Verlag.

Markosjan, A. A. (1985). *Probleme der Entwicklungsphysiologie.* Berlin: Volk und Wissen.

Marcusson, H. (1961). *Das Wachstum von Kindern und Jugendlichen in der DDR.* Berlin: Volk und Wissen.

Martin, D., Nicolaus, J., Ostrowski, C. & Rost, K. (1999). *Handbuch Kinder- und Jugendtraining*. Schorndorf: Hofmann.

Medvedjev, V. V. (1967). Schnelligkeit und Genauigkeit visueller Wahrnehmungen in Abhängigkeit vom Trainingszustand. *Teorija i praktika fiz. kul't.* Moskau 30, 9, 41-43.

Meinel, K. & Schnabel, G. (1998). *Bewegungslehre – Sportmotorik. Abriss einer Theorie der sportlichen Motorik unter pädagogischem Aspekt* (Jubiläumsausgabe). Berlin: Sportverlag.

Mekota, K. (1992). Die Forschungsabsichten und einige Forschungsergebnisse der motorischen Leistungsfähigkeit der Mittel- und Hochschuljugend in der Tschechoslowakei. *Gymnica*, 22, 39-53.

Mekota, K. & Zahradnik, D. (2003). Generation changes in physical fitness in University Freshman during last forty years. In Starosta, W. & Osinski, W. (Hrsg.), *New ideas in sport sciences* (S. 178-181). Poznan: Art & Print.

Mester, J. (1996). Bewegungs- und Gleichgewichtsregulation im Sport. In U. Bartmus (Hrsg.), *Aspekte der Sinnes- und Neurophysiologie im Sport* (S. 317-341). Köln: Sport und Buch. Strauß.

Michaelis, R., Erlewein, R. & Michaelis, U. (1996). Variabilität und Individualität in der motorischen Entwicklung. *Motorik*, 19, 4-11.

Michaelis, R., Kahle, H. & Michaelis, U. (1993). Variabilität in der frühen motorischen Entwicklung. *Kindheit und Entwicklung*, 2, 215-221.

Michaelis, R. & Niemann, G. (1995). *Entwicklungsneurologie und Neuropädiatrie*. Stuttgart: Kohlhammer.

Möckelmann, H. (1981). *Leibeserziehung und jugendliche Entwicklung: ein Beitrag zur Didaktik der Leibeserziehung unter Berücksichtigung von Alter und Geschlecht*. Schorndorf: Hofmann.

Moritz, H. & Sikora, W. (1982). *Körperlich-sportliche Tätigkeit 6- bis 10-jähriger Schüler im Prozeß ganztägiger Bildung und Erziehung*. Unveröff. Habilitationsschrift, Ernst-Moritz-Arndt-Universität Greifswald.

Müller, T. (1950). Die Körperproportionen und ihre Veränderungen im Kleinkindalter. *Archiv Klaus-Stiftung*, 25, 12-18.

Nickel, H. (1985). *Entwicklungspsychologie des Kindes- und Jugendalters*. Bern.

Nüske, F. (1993). *Kognitive Aspekte der Bewegungssteuerung bei jüngeren Schulkindern*. Kassel: Gesamthochschul-Bibliothek.

Oerter, R. & Montada, L. (2002). *Entwicklungspsychologie*. 5., vollständig überarbeitete Auflage. Weinheim, Basel, Berlin: Beltz.

Olbrich, E. (1987). Kompetenz im Alter. *Zeitschrift für Gerontologie*, 20, 319-330.

Olbrich, E. (1990). Zur Förderung von Kompetenz im höheren Lebensalter. In R. Schmitz-Scherzer, A. Kruse & E. Olbrich (Hrsg.), *Altern – Ein lebenslanger Prozess der sozialen Interaktion* (S. 7-28). Darmstadt: Steinkopff.

Oschütz, H. & Belinová, K. (2003). Training im Alter. In: H. Denk, D. Pache & H.-J. Schaller (Hrsg.), *Handbuch Alterssport* (S.147-198). Schorndorf: Hofmann.

Pauer, T. (2001). *Die motorische Entwicklung leistungssportlich trainierender Jugendlicher.* Schorndorf: Hofmann.

Peters, H. (1963). *Untersuchungen über die sportliche Leistungsentwicklung und die allseitige körperliche Grundausbildung an Kindern des zweiten bis vierten Schuljahres.* Unveröff. Diss., Ernst-Moritz-Arndt-Universität Greifswald.

Raczek, J. (1995). The Tendencies of Change in Motor Fitness in the School Population of Upper Silesia. In J. Chytrackova & M. Kohoutek (Hrsg.), *Sport kinetics '95* (S. 369-373). Prag: Charles University.

Raczek, J. (2002a). Entwicklungsveränderungen der motorischen Leistungsfähigkeit der Schuljugend in drei Jahrzehnten (1965-1995). *Sportwissenschaft, 32, 201-213.*

Raczek, J. (2002b). Besonderheiten und Tendenzen der koordinativ-motorischen Leistungsentwicklung bei Kindern und Jugendlichen. In G. Ludwig & B. Ludwig (Hrsg.), *Koordinative Fähigkeiten – koordinative Kompetenz* (S. 113-118). Kassel: Universitätsbibliothek.

Raczek, J., Mynarski, W. & Ljach, W. (1998). *Teoretyczno-empiryczne podstawy ksztaltowania i diagnozowania koordynacyjnych zdolnosci motorycznych.* Katowice: Universitäts-Verlag.

Reichel, A. (2004). *Erweiterung der motorischen Handlungskompetenz Erwachsener mit einer geistigen Behinderung;* Unveröff. Diplomarbeit, FH Fulda.

Reißig, M. (1985). *Körperliche Entwicklung und Akzeleration Jugendlicher: Ergebnisse einer Längsschnittuntersuchung an Schülern vom 12. bis 16. Lebensjahr.* Berlin: Volk und Wissen.

Rieder, H., Kuchenbecker, R. & Rompe, G. (1986). *Motorische Entwicklung, Haltungsschwächen und Sozialisationsbedingungen.* Schorndorf: Hofmann.

Robertson, C & Winter, C. (Hrsg.) (2002). *Kulturwandel und Globalisierung.* Baden-Baden: Nomos Verlagsgesellschaft.

Roth, K. & Winter, R. (1994). Entwicklung koordinativer Fähigkeiten. In J. Baur, K. Bös & R. Singer (Hrsg.), *Motorische Entwicklung – Ein Handbuch*. Schorndorf: Hofmann.

Roth, K. & Winter, R. (2002). Entwicklung koordinativer Fähigkeiten. In G. Ludwig & B. Ludwig (Hrsg.), *Koordinative Fähigkeiten – koordinative Kompetenz* (S. 97-103). Kassel: Universitäts-Bibliothek.

Roth, K. & Wollny, R. (1999). Motorische Entwicklung in der Lebensspanne – Forschungsmethodische Perspektiven. *Psychologie und Sport*, 6, 102-112.

Rubinstein, S. L. (1958). *Grundlagen der allgemeinen Psychologie*. Berlin: Volk und Wissen.

Rudder, B. de (1960). Zur Frage nach der Akzelerationsursache. *Deutsche medizinische Wochenzeitschrift*, 85, 8-38.

Rudolf, M. & Müller, J. (2004). *Multivariate Verfahren – Eine praxisorientierte Einführung mit Anwendungsbeispielen in SPSS*. Göttingen: Hogrefe.

Rusch, H. & Irrgang, W. (2002). Aufschwung oder Abschwung? Verändert sich die körperliche Leistungsfähigkeit von Kindern und Jugendlichen oder nicht? *Haltung und Bewegung*, 22, 5-10.

Schaller, H.-J. (2003). Bewegungskoordination im Alter. In H. Denk, D. Pache & H.-J. Schaller (Hrsg.), *Handbuch Alterssport* (S. 199-241). Schorndorf: Hofmann.

Scheid, V. (1994). Motorische Entwicklung in der frühen Kindheit. In J. Baur, K. Bös & R. Singer (Hrsg.), *Motorische Entwicklung – Ein Handbuch* (S. 260-275). Schorndorf: Hofmann.

Scheid, V. (2003). Entwicklung. In P. Röthig & R. Prohl (Hrsg.), *Sportwissenschaftliches Lexikon*. 7. Auflage. (S. 169-173). Schorndorf: Hofmann.

Schielke, E. (1983). *Zur koordinativ-motorischen Vervollkommnung Studierender im Sportunterricht*. Unveröff. Diss., Ernst-Moritz-Arndt-Universität Greifswald.

Schielke, E. & Vilkner, H.-J. (1994). Koordinative Fähigkeiten im Seniorenalter. In P. Hirtz & F. Nüske (Hrsg.), *Motorische Entwicklung in der Diskussion* (S. 169-176). Sankt Augustin: Academia.

Schiötz, C. (1929). *Massenuntersuchung über die sportliche Leistungsfähigkeit von Knaben und Mädchen an höheren Schulen*. Berlin.

Schmidtbleicher, D. (1994). Entwicklung der Kraft und der Schnelligkeit. In J. Baur, K. Bös & R. Singer (Hrsg.), *Motorische Entwicklung – Ein Handbuch* (S. 129-150). Schorndorf: Hofmann.

Schmidt-Kolmer, E. (1984). *Frühe Kindheit*. Berlin: Volk und Wissen.

Schminder, R. & Fritz, A. (1993). Tobias „bewegt" sich im Spiel. *Praxis der Psychomotorik*, 1, 15-22.

Schneider, D. (2001). *Möglichkeiten zur Verbesserung des Bewegungsgefühls bei geistig behinderten Erwachsenen*. Unveröff. Diplomarbeit, FH Fulda.

Schwock, K. (2004). Stand der motorischen Handlungskompetenz bei Vorschulkindern der Stadt Greifswald. In D.-C. Mahlitz, L. Bomirska & M. Stepinski, (Hrsg.), *Bewegung, Sport und Gesundheit im regionalen Bezug* (S. 23-30). Hamburg: Czwalina.

Sharma, K. D. (1993). *Biologisches Alter und koordinative Entwicklung in der Pubertät*. Kassel: Gesamthochschul-Bibliothek.

Sharma, K. D. & Hirtz, P. (1994). Beziehungen zwischen biologischem Alter, Körperbaumerkmalen und motorischen Fähigkeiten bei 7- bis 11jährigen Mädchen. In W. Osinski & W. Starosta (Hrsg.), *Sport Kinetics '93* (427-433). Warszawa: Academy.

Singer, R. & Bös, K. (1994). Motorische Entwicklung: Gegenstandsbereich und Entwicklungseinflüsse. In J. Baur, K. Bös & R. Singer: *Motorische Entwicklung – Ein Handbuch* (S. 15-26).

Starosta, W. & Hirtz, P. (1989). Sensitive and critical periods in development of coordination abilities in children and youths. *Biology and Sport*, 6, 276-282.

Starosta, W., Hirtz, P. & Kos, H. (2003). Relationship between selected global coordination abilities in athletes practising various sport disciplines. In W. Starosta & W. Osinski (Hrsg.), *New Ideas in Sport Sciences* (S. 255-258). Warsaw, Poznan, Leszno: State School Print.

Stemmler, R. (1962). Die Entwicklung einer Punkttabelle für die Leichtathletik im Kindes- und Jugendalter. *Theorie und Praxis der Körperkultur*, 11, 936-939.

Sternad, D. (1997). Die amerikanische Bernstein-Rezeption und die US-Konferenz „Bernstein's Traditions in Motor Control". In P. Hirtz & F. Nüske (Hrsg.), *Bewegungskoordination und sportliche Leistung integrativ betrachtet* (S. 22-32). Hamburg: Czwalina.

Strauß, A. (1996). *Säkulare Akzeleration bei ostdeutschen Jungen im Alter von 10 bis 16 Jahren zwischen 1953 und 1991*. Unveröff. Diss., Humboldt-Universität zu Berlin.

Tembrock, G. (1987). Verhaltensbiologie und Humanwissenschaften. *Wissenschaftliche Zeitschrift der Humboldt-Universität zu Berlin, Biopsychosoziale Einheit Mensch*, 36, 576.

Tembrock, G. & Wessel, K.-F. (1998). Aus besonderem Anlaß. Geleitwort. *Zeitschrift für Humanontogenetik*, 1, 3-4.

Tittlbach, S. (2002). *Entwicklung der körperlichen Leistungsfähigkeit. Eine prospektive Längsschnittstudie mit Personen im mittleren und späteren Erwachsenenalter.* Schorndorf: Hofmann.

Touwen, B. C. L. (1984). Normale neurologische Entwicklung: Die nicht bestehenden Inter- und Intra-Item-Beziehungen. In R. Michaelis et. al. (Hrsg.), *Entwicklungsneurologie* (S. 17-24). Stuttgart: Kohlhammer.

Trautner, H. M. (1992). *Lehrbuch der Entwicklungspsychologie.* Bd. 2: Theorien und Befunde. Göttingen: Hogrefe.

Vilkner, H.-J. (1980). *Zur Erfassung und Entwicklung der motorischen Reaktionsfähigkeit bei Schulkindern.* Unveröff. Diss., Ernst-Moritz-Arndt-Universität Greifswald.

Vogt, U. (1978). *Die Motorik 3- bis 6-jähriger Kinder.* Schorndorf: Hofmann.

Wehrhahn, A. (2000). *Zur Schulung der Reaktionsfähigkeit mit einer Gruppe geistig behinderter Erwachsener.* Unveröff. Diplomarbeit, FH Fulda.

Weidner, A. (1985). Geschlechtsdifferenzen der Leistungsfähigkeit und der Adaptabilität im Alternsgang. *Wissenschaftliche Zeitschrift der Deutschen Hochschule für Körperkultur Leipzig*, 26, Sonderheft 1, 47-73.

Weineck, J. (2000). *Optimales Training.* Erlangen: Perimed.

Wellnitz, I. (1983). *Untersuchungen zur koordinativen Fähigkeitsentwicklung und zum motorischen Lernen in den Klassen 5 und 6.* Unveröff. Diss., Ernst-Moritz-Arndt-Universität Greifswald.

Wessel, K.-F. (1994). Zum Verhältnis von ganzheitlicher und differentieller Betrachtung individueller Entwicklung. In P. Hirtz & F. Nüske (Hrsg.), *Motorische Entwicklung in der Diskussion* (S. 13-24). Sankt Augustin: Academia.

Wessel, K.-F. (1998). Humanontogenetik – neue Überlegungen zu alten Fragen. *Zeitschrift für Humanontogenetik*, 1, 17-40.

Westphal, R. (1998). *Möglichkeiten der Vervollkommnung koordinativer Fähigkeiten im Seniorenalter.* Unveröff. Staatsex.-Arbeit, Ernst-Moritz-Arndt-Universität Greifswald.

Willimczik, K. & Conzelmann, A. (1998). Motorische Entwicklung in der Lebensspanne. Kernannahmen und Leitorientierungen. *Psychologie und sport*, 2, 60-70.

Willimczik, K. & Grosser, M. (1979). *Die motorische Entwicklung im Kindes- und Jugendalter.* Schorndorf: Hofmann.

Winter, R. (2002). Für die koordinative Befähigung des Kindes gibt es kein „zu früh". In G. Ludwig & B. Ludwig (Hrsg.), *Koordinative Fähigkeiten – koordinative Kompetenz* (S. 136-140). Kassel: Universitäts-Bibliothek.

Winter, R. & Hartmann, C. (2004). Die motorische Entwicklung des Menschen von der Geburt bis ins hohe Alter (Überblick). In K. Meinel & G. Schnabel, *Bewegungslehre – Sportmotorik* (S. 237-349). München: Südwest.

Wollny, R. (2002). *Motorische Entwicklung in der Lebensspanne.* Schorndorf: Hofmann.

Wutscherk, H. (1974). Die Bestimmung des biologischen Alters. *Theorie und Praxis der Körperkultur,* 23, 159-170.

Zimmermann, K. W. & Kaul, P. (1998). *Einführung in die Psychomotorik.* Kassel: Gesamthochschul-Bibliothek.

Bundesinstitut für Sportwissenschaft **76**

Reinhard Daugs
Heinz Mechling
Klaus Blischke
Norbert Olivier
(Hrsg.)

Sportmotorisches
Lernen und
Techniktraining

Band 1

DIN A5, 224 Seiten
ISBN 978-3-7780-8761-9
Bestell-Nr. 8761   € 15.80

Prof. Dr. Reinhard Daugs / Prof. Dr. Heinz Mechling /
Dr. Klaus Blischke / Prof. Dr. Norbert Olivier (Hrsg.)

Sportmotorisches Lernen und Techniktraining Bd. 1

Internationales Symposium „Motorik und Bewegungsforschung" 1989 in Saarbrücken

Ziel des Saarbrücker Motoriksymposiums war es, einen aktuellen Überblick über Forschungsstand und Technologieentwicklung zum motorischen Lernen und Techniktraining zu präsentieren und dabei sowohl die Mutter- und Kontaktwissenschaften als auch die Trainingspraxis einzubeziehen. Die Veranstaltung dokumentierte eindrucksvoll die große und zunehmende Bedeutung gerade des Techniktrainings für die sportliche Höchstleistung.

Bundesinstitut für Sportwissenschaft **77**

Reinhard Daugs
Heinz Mechling
Klaus Blischke
Norbert Olivier
(Hrsg.)

Sportmotorisches
Lernen und
Techniktraining

Band 2

DIN A5, 284 Seiten
ISBN 978-3-7780-8771-8
Bestell-Nr. 8771   € 16.80

Prof. Dr. Reinhard Daugs / Prof. Dr. Heinz Mechling /
Dr. Klaus Blischke / Prof. Dr. Norbert Olivier (Hrsg.)

Sportmotorisches Lernen und Techniktraining Bd. 2

Internationales Symposium „Motorik und Bewegungsforschung" 1989 in Saarbrücken

Ziel des Saarbrücker Motoriksymposiums war es, einen aktuellen Überblick über Forschungsstand und Technologieentwicklung zum motorischen Lernen und Techniktraining zu präsentieren und dabei sowohl die Mutter- und Kontaktwissenschaften als auch die Trainingspraxis einzubeziehen. Die Veranstaltung dokumentierte eindrucksvoll die große und zunehmende Bedeutung gerade des Techniktrainings für die sportliche Höchstleistung.

 **hofmann.** VERLAG

Steinwasenstraße 6–8 · 73614 Schorndorf
Telefon (07181) 402-125 · Telefax (07181) 402-111
Internet: www.hofmann-verlag.de · E-Mail: bestellung@hofmann-verlag.de

DIN A5, 352 Seiten
ISBN 978-3-7780-4530-5
Bestell-Nr. 4530   € 29.90

Dr. Maike Tietjens / Prof. Dr. Bernd Strauß (Hrsg.)

Handbuch Sportpsychologie

Das Handbuch geht auf die klassischen Grundlagen der (Sport-)Psychologie und zentrale angewandte Themen ein und möchte in kurzer und knapper Form Orientierung über Inhalte des Faches bieten. Es ist in folgende Kapitel unterteilt: Kapitel A Einleitung; Kapitel B Informationsverarbeitung; Kapitel C Entwicklung und Persönlichkeit; Kapitel D Motivation und Emotion; Kapitel E Soziale Aspekte; Kapitel F Förderung von Spitzenleistungen; Kapitel G Freizeit und Gesundheit. Das Handbuch richtet sich sowohl an Fachkolleginnen und Kollegen, an Studentinnen und Studenten, an Sportlehrkräfte, Trainerinnen und Trainer als auch an Übungsleiterinnen und Übungsleiter im Breiten-, Leistungs- und Schulsport.

Format 15,1 x 21 cm, 388 Seiten
ISBN 978-3-7780-7723-8
Bestell-Nr. 7724   € 36.00

Prof. Dr. Hartmut Gabler / Prof. Dr. Jürgen R. Nitsch / Prof. Dr. Roland Singer

Einführung in die Sportpsychologie

Teil 1: Grundthemen

4. Auflage 2004

In diesem ersten Halbband wird anhand von Grundthemen, die für das Verständnis psychologischer Phänomene im Sport von allgemeiner Bedeutung sind, in die Sportpsychologie eingeführt. Nach einem Überblick über die Entwicklung der Sportpsychologie, ihr Grundverständnis sowie ihren Gegenstandsbereich werden kognitive und motivationale Aspekte sportlicher Handlungen, Lernen und Persönlichkeit behandelt.

Steinwasenstraße 6–8 · 73614 Schorndorf
Telefon (07181) 402-125 · Telefax (07181) 402-111
Internet: www.hofmann-verlag.de · E-Mail: bestellung@hofmann-verlag.de